"十三五"江苏省重点出版物出版规划项目

走向深蓝·海上执法系列

海上渔事纠纷与治安案件调处

裴兆斌 刘 洋 等著

大连海洋大学2019年校级规划建设教材项目资助
大连海洋大学东北亚研究中心（教育部备案GQ17091）资助
大连海洋大学社会科学界联合会资助
辽宁省社会科学界联合会：辽宁省区域经济发展研究重点基地（海洋经济发展与法律政策研究）项目资助
中国太平洋学会海洋维权与执法研究分会资助
辽宁省法学会海洋法学研究会资助
大连市社会科学界联合会、大连市国际法学会资助

东南大学出版社
SOUTHEAST UNIVERSITY PRESS
·南京·

图书在版编目(CIP)数据

海上渔事纠纷与治安案件调处 / 裴兆斌等著. —南京:东南大学出版社,2020.8
(走向深蓝 / 姚杰,裴兆斌主编. 海上执法系列)
ISBN 978-7-5641-9018-7

Ⅰ. ①海… Ⅱ. ①裴… Ⅲ. ①海洋渔业-海事处理-国际公约-研究-中国 Ⅳ. ①D993.5

中国版本图书馆 CIP 数据核字(2020)第 132367 号

海上渔事纠纷与治安案件调处
Haishang Yushi Jiufen Yu Zhian Anjian Tiaochu

出版发行	东南大学出版社
出 版 人	江建中
社　　址	南京市四牌楼 2 号(邮编:210096)
网　　址	http://www.seupress.com
责任编辑	孙松茜(E-mail:ssq19972002@aliyun.com)
经　　销	全国各地新华书店
印　　刷	虎彩印艺股份有限公司
开　　本	700mm×1000mm　1/16
印　　张	11.75
字　　数	237 千字
版　　次	2020 年 8 月第 1 版
印　　次	2020 年 8 月第 1 次印刷
书　　号	ISBN 978-7-5641-9018-7
定　　价	68.00 元

(本社图书若有印装质量问题,请直接与营销部联系。电话:025-83791830)

走向深蓝·海上执法系列编委会名单

主　任：姚　杰
副主任：宋林生　张国琛　胡玉才　赵乐天
　　　　裴兆斌

编　委（按姓氏笔画排序）：
　　　　王　君　王太海　王祖峰　田春艳
　　　　刘　臣　刘　鹰　刘海廷　刘新山
　　　　朱　晖　李文旭　李　巍　郭云峰
　　　　高雪梅　常亚青　彭绪梅　蔡　静

总　序

人类社会发展史上,海权与世界强国伴生,互为倚重。无海权,便无真正的世界强国;而无强大的国力,则无法形成和维持强大的海权。海洋权益是海洋权利和海洋利益的总称。按照《联合国海洋法公约》规定,国家的海洋权利包括:沿海国在国家自己管辖海域(领海、毗连区、专属经济区和大陆架)享有的主权、主权权利和管辖权;在国家自己管辖之外海域(公海、国际海底区域、他国管辖海域)依法享有航行自由和捕鱼、深海底资源勘探开发等权利。国家海洋利益主要是指维护国家主权和领土完整的政治利益,以及开发利用领海、专属经济区、大陆架、公海、国际海底等所获得的收益。

伴随着《联合国海洋法公约》的生效,世界沿海各国不断加强对国家管辖海域的管理,随着世界各国对海洋问题的重视程度不断加深,沿海国家相继调整海洋战略,制定相对完善的海洋法律体系,强化海洋综合管理与执法,以维护本国在海洋上的利益。纵观世界各国,随着管理内容的变化,世界各国逐渐形成了各自独特的海洋管理与执法体制,主要有以下发展模式:

第一,"管理部门集中—执法权集中"模式。"管理部门集中—执法权集中"模式是指一个行政机关或法定组织通过一定的法律程序,集中行使几个行政机关的行政检查权和行政处罚权的一种行政执法体制,[①]具体而言,就是指由一个部门统一管理全国的各项涉海事务,同时也由一个部门集中行使执法权。其具有以下特点:一是有覆盖海洋管理各个方面的专门国家海洋管理机构;二是有健全、完善的海洋管理体系;三是有较为系统和完善的国家海洋法律法规及海洋政策;四是有统一的海上执法队伍。美国是"管理部门集中—执法权集中"模式的典型代表。

第二,"管理部门分散—执法权集中"模式。"管理部门分散—执法权集中"模式是指虽然没有一个能够完全管理国家海洋事务的机关,但是它却有一个能管理大部分或绝大部分海洋事务的组织,在发展趋势上,是不断向"管理部门集中—执法权集中"模式发展的。其具有以下特点:一是全国没有统一的海洋管理职能部

---

① 刘磊,仇超.行政综合执法问题略论[J].泰安教育学院学报岱宗学刊,2004,8(1):45-47.

门;二是建有海洋工作的协调机构,负责协调解决涉海部门间的各种矛盾;三是已经建立了统一的海上执法队伍。日本是"管理部门分散—执法权集中"模式的典型代表。

第三,"管理部门分散—执法权分散"模式。"管理部门分散—执法权分散"模式是指海洋管理工作分散在政府的各个部门,中央政府没有负责管理海洋事务的统一职能部门,也没有形成统一的执法体系。其具有以下特点:一是全国没有统一的海洋管理职能部门,海洋管理分散在较多的部门;二是没有统一的法规、规划、政策等;三是没有统一的海上执法队伍。此种模式在世界上相对来说是非常少的。加拿大是"管理部门分散—执法权分散"模式的典型代表。

这三种不同管理与执法体制模式虽然呈现出不同的特点,但是目前仍然属于"管理部门分散—执法权分散"模式的国家少之又少,并且"管理部门分散—执法权集中"模式也在向着"管理部门集中—执法权集中"模式转变,因而"管理部门集中—执法权集中"模式是国际大趋势。

我国现行的海上行政执法体制是在我国社会主义建设初期的行政管理框架下形成的,其根源可推至我国计划经济时期形成的以行业执法和管理为主的模式,是陆地各行业部门管理职能向海洋领域的延伸。[①] 自新中国成立以来,我国海洋管理体制大概经历了四个阶段:

第一阶段大致为新中国成立至20世纪60年代中期,分散管理阶段。对海洋管理体制实行分散管理,主要是由于新中国刚刚成立,对于机构设置、人员结构的调整还处于摸索和探索时期,其主要效仿苏联的管理模式,导致海洋政策并不明确,海上执法建设相对落后,又随着海洋事务的增多,海洋管理规模的扩大,部门与部门之间、区域与区域之间出现了职责交叉重叠、力量分散、管理真空的现象。[②]

第二阶段是海军统管阶段。从1964年到1978年,我国海洋管理工作由海军统一管理,并且成立国务院直属的对整个海洋事业进行管理的国家海洋局,集中全国海洋管理力量,统一组织管理全国海洋工作。此时的海洋管理体制仍是局部统一管理基础上的分散管理体制。

第三阶段是海洋行政管理形成阶段。这一阶段的突出特点是地方海洋管理机构开始建立。至1992年年底,地(市)县(市)级海洋机构已达42个,分级海洋管理局面初步形成。海上行政执法管理与涉海行业或产业管理权力混淆在一起,

---

① 刘凯军.关于海洋综合执法的探讨[J].南方经济,2004(2):19-22.
② 宋国勇.我国海上行政执法体制研究[D].上海:复旦大学,2008.

中央及地方海洋行政主管部门、中央及地方各涉海行业部门各自为政、多头执法、管理分散。

第四阶段是综合管理酝酿阶段。国家制定实施战略、政策、规划、区划协调机制以及实施行政监督检查等行为时,开始注重以海洋整体利益和海洋的可持续发展为目标,但海洋执法机构仍呈现条块结合、权力过于分散的复杂局面。① 这一阶段仍然无法改变现实中多头执法、职能交叉、权力划分不清等状况。

2013年3月10日《国务院机构改革和职能转变方案》公布,为进一步提高我国海上执法成效,国务院将国家海洋局的中国海监、公安部边防海警、农业部中国渔政、海关总署海上缉私警察的职责整合,重新组建国家海洋局,由国土资源部管理,国家海洋局以中国海警局的名义开展海上维权执法,接受公安部的业务指导。② 重组后的海警具备了原有海监、渔政、边防海警的多项职能。从《国务院机构改革和职能转变方案》以及实践来看,中国海警局是海上执法的执法主体之一。在这一轮的改革中,虽然整合了原有的海监、渔政等力量形成海警局,但目前在海洋执法方面还是平行地存在两个执法机构,即海警局和海事局。同时,在整个海洋执法体系中也存在一定的地方政府海洋执法力量。

总之,为了建设强大的海洋国家,实现中华民族的伟大复兴,更好地维护我国海洋权益和保障我国海上安全,有效地遏制有关国家在海上对我国的侵扰和公然挑衅,尽快完善我国海洋管理与执法体系显得尤为必要,也是现阶段的紧迫要求和时代赋予我们的神圣使命。

为使我国海洋执法有一个基本的指导与理论依据,大连海洋大学法学院、海警学院组织部分教师对海上执法工作进行研究,形成了以下成果:

1.《海上安全与执法》
2.《海上治安案件查处》
3.《海上行政案件查处》
4.《海上犯罪侦查实务》
5.《海洋行政处罚通论》
6.《海洋行政案件证据规范指南》
7.《海上治安执法实务若干问题研究》
8.《蔚蓝的秩序——西非渔事咨询案评析》
9.《海上渔事纠纷与治安案件调处》

---

① 仲雯雯.我国海洋管理体制的演进分析(1949—2009)[J].理论月刊,2013(2):121-124.
② 《海洋世界》综合报道.中国告别五龙治海[J].海洋世界,2013(3):6-7.

10.《最新海洋执法实务实用手册》

丛书编委会主任由姚杰担任。宋林生、张国琛、胡玉才、赵乐天、裴兆斌担任丛书编委会副主任。王君、王太海、王祖峰、田春艳、刘臣、刘鹰、刘海廷、刘新山、朱晖、李文旭、李巍、郭云峰、高雪梅、常亚青、彭绪梅、蔡静担任丛书编委会编委。

丛书主要作者裴兆斌系大连海洋大学法学院院长、海警学院院长,长期从事海上安全与执法、海上维权与综合执法、海洋行政法、海洋法教学与科研工作,理论基础雄厚。其余作者均系大连海洋大学法学院、海警学院等部门教师、研究生及其他院校教师、研究生,且均从事海上安全与执法、海上维权与综合执法、海洋行政法、海洋法教学与科研工作,经验十分丰富。

本丛书的最大特点:准确体现海上执法内涵;体系完整,涵盖海上执法所有内容;理论联系实际,理论指导实际,具有操作性。既可以作为海警和其他海上执法部门执法办案的必备工具书,又可作为海警和其他海上执法部门的培训用书;既可以作为海洋大学法学专业本科生、研究生的教学参考书,又可作为海洋大学法学专业本科生、研究生的专业方向课的教材。

希望该丛书的出版,对提高我国海上执法水平与能力提供一些有益的帮助和智力支持,更希望海洋管理法治化迈上新台阶。

大连海洋大学校长、教授

姚杰

二〇一五年十月于大连

前　言[*]

《中共中央关于构建社会主义和谐社会若干重大问题的决定》中指出要"完善矛盾纠纷排查调处工作制度,建立党和政府主导的维护群众权益机制,实现人民调解、行政调解、司法调解有机结合……把矛盾化解在基层、解决在萌芽状态"。因此,行政调解能成为建设社会主义和谐社会的重要方式、手段的原因在于行政调解在三个维度上实现了和谐:当事人之间的和谐和行政机关与相对人之间的和谐、遵守法律本身实现的和谐和监督法律实施实现的和谐、行政调解制度的存在保证社会冲突解决机制体系内在的和谐。总之,行政调解是全方位的"三和谐"。中国海警作为海上维权执法的重要力量,其社会背景、法定职责和提高执法效率的多重背景决定了中国海警的治安调解构成了行政调解不可或缺的重要组成部分。海上治安案件查处是中国海警为加强治安管理,维护社会秩序,保障公共安全,保护公民、法人和其他组织的合法权益的一项重要手段,涉及社会生活的各个领域。2018年6月22日,第十三届全国人民代表大会常务委员会第三次会

---

* 基金项目:

(一)科研项目:

1. 2019年辽宁省高等学校国(境)外培养项目《海洋法律和政策中加合作研究计划》(项目号2019GJWYB019);2. 教育部备案2017年度国别与区域研究中心项目"海洋法律与政策东北亚研究中心"(GQ17091);3. 2017年度国家社科基金重大项目"构建中国特色境外追逃追赃国际合作法律机制研究"(17ZDA136);4. 湖南省社科基金重点项目"构建中国特色境外追赃之资产直接追回国际合作法律机制"(19ZDB34);5. 辽宁省教育厅2019年度科学研究经费项目"我省涉外渔业管控困境及法律对策研究"(DW201903);6. 2020辽宁省经济社会发展研究课题"辽宁省涉外渔业管控法律问题研究"(2020slktjdzd-014);7. 2018年度大连海洋大学第三届蔚蓝英才工程项目;8. 2019年度辽宁省教育厅立项课题"辽宁省民族自治地区乡村振兴路径选择研究"。

(二)教改项目:

1. 大连海洋大学2019年校级规划建设教材项目;2. "辽宁省高校优质教育资源共享机制建设研究",辽宁省教育科学"十三五"立项规划2018年度课题(JG18DB0066);3. "卓越海洋法治人才培养研究与实践",2018年度辽宁省普通高等教育本科教学改革研究项目(辽教函〔2018〕471号);4. 卓越海洋法治人才教育培养计划的探索与实践",中国学位与研究生教育学会农林学科工作委员会2019年研究课题立项(2019-NLZX-YB52);5. "新时代海洋强国背景下海洋法治人才培养体系创新与实践",大连海洋大学2019年度校级本科教育教学改革研究项目(大海大校发〔2019〕152号);6. 2020年大学生创新创业训练计划项目(水生野生动物禁食法律问题研究)国家项目;7. "行政管理专业'专业思政'教学改革的探索与实践",2018年度辽宁省普通高等教育本科教学改革研究项目(辽教函〔2018〕471号);8. 2020年大学生创新创业训练计划项目("另眼相看"盲人智能手杖)省级项目。

议通过了《全国人民代表大会常务委员会关于中国海警局行使海上维权执法职权的决定》(以下简称《决定》)。《决定》指出:"为了贯彻落实党的十九大和十九届三中全会精神,按照党中央批准的《深化党和国家机构改革方案》和《武警部队改革实施方案》决策部署,海警队伍整体划归中国人民武装警察部队领导指挥,调整组建中国人民武装警察部队海警总队,称中国海警局,中国海警局统一履行海上维权执法职责。"

我国是海洋大国。近年来,由于我国海洋渔业体制的变化和渔船增多、渔场拥挤的矛盾日益突出,造成海上渔事纠纷增多。同时,由于海上渔事纠纷不能得到妥善处理而引发的治安案件数量也呈上升趋势,给渔民生命财产造成了不必要的损失,已成为影响我国渔区社会稳定的消极因素,广大渔民对此反应强烈。因此,结合我国国情、民情以及海上治安现状,加大对海上渔事纠纷和治安案件处理的研究,对全面贯彻落实党的十九大精神,建立健全"社会矛盾预警机制、利益表达机制、协商沟通机制、救济救助机制,畅通群众利益协调、权益保障法律渠道"和党中央提出的"执政为民"构建社会主义和谐社会的要求,更好地维护我国海上正常的渔业作业秩序,防止和减少海上渔事纠纷及由此引发的治安案件发生,保障渔民的生命财产安全具有十分重要的意义。

基于上述考虑,我产生了对海上渔事纠纷和治安案件调处进行深入研究的想法。同时,利用我带领学院部分教师前往海警、渔政等实务部门进行调研的机会,我们虚心地向实务部门的领导和执法者进行了请教,在实务部门的领导和部分执法者的帮助下,我与刘洋(教师)、戴雅婷(研究生)、刘洋(研究生)、刘一祎、王悦、白燕云、徐添琪等通力合作,完成了本书。

本书的付梓得益于大连海洋大学党委书记姚杰的鼎力支持与指导,也受益于农业农村部渔业渔政管理局等部门领导和执法者的无私帮助与启迪,大连海洋大学海洋法律与人文学院诸多老师都给予了大力帮助,在此深表衷心的谢意!东南大学出版社的编辑孙松茜老师任劳任怨,不辞劳苦逐字逐句予以核校勘正,在此也表达我们深深谢忱!本书在撰写过程中,参阅了许多教材、著作和学术论文。在此向引用的有关教材、文章和资料的编著者表示衷心的感谢。

当然,作者愿望良好,但效果尚待实践中去检验。本书难免存在一些不足与疏漏之处,恳请诸位热心读者发现、提出、指正,我们一定会倾听各界的批评与建议,希望各位读者不吝赐教。

二○二○年元月于大连

目 录

第一章 海上渔事纠纷调处研究的理论基础 ·················· 1

  第一节 思想基础 ·················· 2

  第二节 法律基础 ·················· 4

  第三节 价值基础 ·················· 5

第二章 海上渔事纠纷调解概述 ·················· 7

  第一节 海上渔事纠纷调解的概念与特征 ·················· 7

  第二节 海上渔事纠纷调解的基本原则 ·················· 9

  第三节 海上渔事纠纷调解制度的发展 ·················· 11

第三章 海上渔事纠纷与治安案件 ·················· 13

  第一节 海上渔事纠纷概述 ·················· 13

  第二节 海上渔事纠纷调处机构及要求 ·················· 16

  第三节 海上渔事纠纷调处程序 ·················· 18

  第四节 海上渔事纠纷与治安案件的关系 ·················· 20

  第五节 海上渔事纠纷调处与治安案件调解 ·················· 23

第四章 涉外海上渔事纠纷 ·················· 26

  第一节 涉外海上渔事纠纷现状及特点 ·················· 26

  第二节 涉外海上渔事纠纷形成的原因 ·················· 28

  第三节 涉外海上渔事纠纷处理 ·················· 31

第五章 海上渔事纠纷案例分析 ·················· 33

  第一节 同海区海上渔事纠纷案件评析 ·················· 33

第二节　跨海区海上渔事纠纷案件评析 ……………………… 35
   第三节　跨省区海上渔事纠纷案件评析 ……………………… 37
   第四节　涉外海上渔事纠纷案件评析 ………………………… 41

第六章　治安调解制度概述 ……………………………………… 44
   第一节　治安调解的历史考察 ………………………………… 44
   第二节　治安调解的概念解析 ………………………………… 47
   第三节　治安调解适用的原则 ………………………………… 49
   第四节　治安调解应符合的要求 ……………………………… 51
   第五节　治安调解的功能 ……………………………………… 54

第七章　治安调解的适用条件 …………………………………… 58
   第一节　治安调解适用条件的演变与特点 …………………… 58
   第二节　治安调解适用条件演变的背后 ……………………… 60
   第三节　治安调解的适用条件解读与重构 …………………… 61
   第四节　新形势下治安调解的适用对公安民警的要求 ……… 66

第八章　中美治安调解制度之比较 ……………………………… 69
   第一节　浅析中美治安调解制度 ……………………………… 69
   第二节　美国警察调解现状对我国治安调解工作的启示 …… 73

第九章　治安调解制度的完善 …………………………………… 77
   第一节　法律依据层面的完善 ………………………………… 77
   第二节　程序设置层面的完善 ………………………………… 81
   第三节　工作制度层面的完善 ………………………………… 85

第十章　治安调解与和谐社会 …………………………………… 89
   第一节　中西方和谐社会理念考察 …………………………… 89
   第二节　治安调解制度对于建设和谐社会的重要意义 ……… 94
   第三节　社会治理格局下治安调解的新理念 ………………… 97

第十一章　和谐社会与多元化纠纷解决机制 …………………… 102
   第一节　多元化纠纷解决机制概述 …………………………… 102

第二节　多元化纠纷解决机制存在与发展的合理性 …………… 105
　　第三节　我国多元化纠纷解决机制的发展现状 ………………… 109
　　第四节　多元化纠纷解决机制与和谐社会构建 ………………… 111

第十二章　治安调解在多元化纠纷解决机制中的现实意义 ………… 117
　　第一节　治安调解与行政调解 …………………………………… 117
　　第二节　治安调解与人民调解 …………………………………… 125
　　第三节　治安调解与司法调解 …………………………………… 129

第十三章　社会转型期的中国调解制度 ………………………………… 132
　　第一节　转型期的中国社会基本特征 …………………………… 132
　　第二节　社会转型期调解制度存在的不足 ……………………… 136
　　第三节　社会转型期调解制度的改进和完善 …………………… 139

第十四章　ADR 国际研究与最新进展 …………………………………… 145
　　第一节　ADR 简介 ………………………………………………… 145
　　第二节　日本 ADR 的发展 ………………………………………… 147
　　第三节　现代型 ADR 在美国的兴起与发展 …………………… 149
　　第四节　英国 ADR 的发展 ………………………………………… 156
　　第五节　德国 ADR 的发展 ………………………………………… 158
　　第六节　澳大利亚 ADR 的发展 …………………………………… 161
　　第七节　ADR 在中国的发展 ……………………………………… 162

参考文献 ……………………………………………………………………… 167

第一章
海上渔事纠纷调处研究的理论基础

近年来,随着渔场狭窄拥挤、渔船增多和海洋渔业体制的改革,我国的海上渔事纠纷及其不能得到恰当处理所产生的矛盾日益突出,使得广大渔民的生命财产受到严重损害,极大地影响了渔区的稳定和谐及海域使用安全。同时,由于海上渔事纠纷不能得到妥善处理而引发的治安案件数量也呈上升趋势,给渔民生命财产造成了不必要的损失,已成为影响渔区涉海稳定的消极因素。为了全面贯彻落实党中央提出的"执政为民"和构建社会主义和谐社会的要求,更好地维护海上正常的渔业作业秩序,防止和减少海上渔事纠纷及由此引发的治安案件的发生,保障渔民群众的生命财产安全,加强海上渔事纠纷调处工作势在必行。目前,我国调解的渠道主要有三种:人民调解、司法调解、行政调解。海上渔事纠纷调解作为行政调解的一种重要途径被广泛适用,在没有任何利害关系第三方的主持下,查清楚事实和是非,在互相体谅和包容的前提下达成协议,是便捷高效地处理渔事纠纷的主要手段。由于解决海上渔事纠纷需要具有高度的专业性和技术性,所以要统筹一切可利用、联合的力量,发挥专长,进行纠纷调解。海上渔事调解通常分为群众调解、行业协会调解和海事机构调解。多年来,调解在妥善而有效地平息纠纷、缓解和化解渔民矛盾、减少对抗和潜在的隐患、避免因个别渔船摩擦矛盾激化而转化为大规模渔村对抗案件的发生、维护海域使用安全、及时解决海事纠纷等方面发挥了重要的作用。与仲裁及诉讼相较而言,调解能够减少费用支出,省略更为复杂的程序,及时处理海上渔业纠纷。因此,目前多数国家在解决海上渔事纠纷时已经开始采用此种方法。

随着中华人民共和国渔政渔港监督管理局和公安部联合发出的《关于加强海上渔事纠纷和治安案件处理工作的通知》(农渔发〔2005〕33号)以及《中国渔政渔港监督管理局关于加强海上渔事纠纷调处工作的通知》(国渔调〔2006〕13号)的相继出台,对海上渔事纠纷工作要求、调解工作原则和程序、调解的适用条件等做出了相关规定,使得各级渔业行政主管部门在调解中有了相对明确的操作规范。但是由于现行法律规定在一些方面还不够完善具体,目前除了带有交通事故属性的渔事纠纷可以依法处理外,对其他性质渔事纠纷的处理还没有相关的依据,这在一定程度上影响了调解这一职能作用的发挥。所以,很有必要结合最新的理论研究成果和工作实际对渔事纠纷调解进行系统的分析和研究,以便于更好地指导实践工作。而首先要分析和解决的就是海上渔事纠纷调处研究的理论基础问题,这主要包括思想、法律和价值三方面的内容。

第一节 思想基础

海上渔事纠纷调处符合古代"和谐"的传统文化理念,是儒家传统文化"无讼""中庸""和为贵"的延续。可以说,传统的儒家文化奠定了其思想基础。

一、"无讼"观念

子曰:"听讼,吾犹人也,必也使无讼乎!"语出《论语·颜渊》,大意是说:"我审判案件和别人没有不同,但我的目标在于使人们不争讼。""无讼"观念反映了古代中国追寻秩序与和谐的不懈努力,表达了人们希望在一个没有纷争的社会中生活的美好愿望。这是无讼最本质的东西,也是人类的天性使然。例如,"君子喻于义,小人喻于利"就较好地诠释了这一点。百姓在这些儒家文化思想的熏陶下,把好讼之人视为"小人",不习惯对簿公堂式的激烈对抗,多习惯找寻缓和的途径解决矛盾纠纷。不然,一场官司下来,朋友变仇人、伙伴变对手、亲人成陌路的现象时有发生。所以,"无讼"既是以孔子为代表的儒家学派所憧憬的理想社会,也是几千年来在儒家思想支配下的当权者所追求的治世目标。正因为如此,不仅在注重调解、力行德治、追求无讼的东方国家,无讼的努力一直在延续,就是在法制健全发达的西方社会,现在也兴起了一股反思过度诉讼引发的经济成本和社会问题的思潮,如"诉讼是一种必不可少的恶""诉讼会吞噬时间、金钱、安逸和朋友"等,而将诉讼视为一种"负价值"[①],开始寻求诉讼之外的各种矛盾纠纷解决机制。毕竟大家已经意识到解决矛盾纠纷的方式完全可以是多样化的,诉讼只不过是其中的一种而已。现在诉讼率最高的美国,ADR(Alternative Dispute Resolution)即替代性纠纷解决方式也普遍存在并流行,这一事实或许一定程度反衬了海上渔事纠纷调处制度存在的合理性和必要性。

二、"中庸"思想

"中庸之为德也,其至矣乎! 民鲜久矣",语出《论语·雍也》。在儒家思想中,中庸是最高的道德标准,是人们立身行事的重要准则。《中庸》指出,"君子中庸,

---

① "诉讼具有负价值,这一点隐含在下述前提中,即错误成本与直接成本大于程序利益。尽管个别的原告能够获得损害赔偿和其他救济,从而从诉讼中受益,但全面地看,诉讼纯粹是一种损失。因此,从社会的立场或从潜在的原告或被告的立场看,应避免打官司"。参见[美]迈克尔·D.贝勒斯著,张文显译:《法律的原则——一个规范的分析》,中国大百科全书出版社1996年版,第37页。

小人反庸",主张处事公平,不偏不倚,既无过又无不及。也就是手持两端,要兼顾保守的和激进的、正面的和反面的、好的和坏的意见。毛泽东曾说:中庸是孔子的一大发现,一大功绩,是哲学的重要范畴,值得很好地解释一番。受中庸思想的影响,人们的处事态度趋向于宁人息事、以德立身。可以说,中庸是儒家学派提倡的一种积极而不激进、执著而不偏执的哲学思维,是一种均衡与调和的"中和"思想。正是这种"中和"思想,从某种意义上说,体现了社会变迁进程和事物进化过程的自然规律,渐渐演变成"中庸之道"。其目的正是强调万事万物间的和谐相处,讲究自然社会的和谐秩序,而这一点也恰恰是海上渔事纠纷调处制度要实现的目的。

三、"和为贵"理念

"礼之用,和为贵",语出《论语·学而》,意思是礼的作用,贵在能够和顺。著名的儒学大师钱穆曾指出:"中国人乃在异中求同,其文化特征乃为——和合性"。[①] 以和为本、以和为贵应该说是国人最熟悉、最常用的古语之一。大到国际事务,中国奉行的和平共处五项原则,离不开"和为贵";小到矛盾纠纷,更是倡导"和为贵"。当代中国的治国理念就是构建和谐社会,这与儒家的"和为贵"思想是一脉相承的。与西方社会提倡的法治精神不同,"和"是儒家礼学的内在精神价值,倡导的是道德教化、以德治国。受此影响,人们多奉行"和为贵"的处世哲学,遇到矛盾纠纷不主张、不提倡以打官司的诉讼方式解决问题,而习惯于用平和的调解方式解决民间矛盾纠纷,因为诉讼本身代表着冲突与对抗。正是这种"和"的理念,形成了海上渔事纠纷调处制度的独特文化氛围。

因此,即便如今,人们对这种传统的"无讼""中庸""和为贵"的文化底蕴依然能产生共鸣。因为作为个体的人,都处在现实的生活中,周围环绕着各种各样的复杂社会关系。就治安处罚而言,其只是对发生过的治安案件、纠纷等进行依法查处,能调整的也仅仅是当事人众多法律关系中的一种或一部分,难以也不可能对当事人的全部法律关系予以综合考虑和评估,且往往容易导致双方当事人对立情绪的加剧、隔阂的加深以及对抗性的加强。但是海上渔事纠纷调解则不仅仅是从当事人争议的焦点出发,而且常常将当事人间的整个法律关系纳入考虑范围,从大局、长远的角度谋求一种更合理有效的解决对策,甚至于避开引起当事人双方关系破裂的法律规范。以这样一种"化干戈为玉帛"的调解方式,在友好和平的氛围下促使双方当事人互谅互让,尽量避免和减少对簿公堂给当事人带来的情感伤害,有利于继续存续原本的合作关系、业务关系、友好关系等,并且妥善处理家庭、邻里纷争,维护和谐安定的社会治安秩序。

---

① 刘翼.治安调解制度研究[D].长沙:湖南师范大学,2009.

第二节 法律基础

为了及时妥善解决海上渔事纠纷,有效合理处置海上渔事纠纷治安案件,我国在法律规范层面于 1990 年开始,陆续发布了《农业部、公安部关于加强海上渔事纠纷和治安案件处理工作的通知》《渔政渔港管理局关于加强海上渔事纠纷调处工作的通知》,同时明确授予了海事机构开展渔事纠纷调解的权力,对调解制度的改进主要体现在以下几个方面:

1. 1990 年 3 月 3 日交通部发布的《中华人民共和国海上交通事故调查处理条例》主要针对的是水上交通事故和船舶污染事故引发纠纷的调解。

2. 2005 年 10 月 25 日中国农业部和公安部联合发布的《农业部、公安部关于加强海上渔事纠纷和治安案件处理工作的通知》,积极探索协商解决的方法,明确各部门的责任及加强合作机制,但该通知中并没有提出关于海上渔事纠纷调解的具体解决方法和程序。

3. 2006 年 2 月 24 日渔政渔港监督管理局发布的《关于加强海上渔事纠纷调处工作的通知》确立了海上渔事纠纷调处程序:海上纠纷接报—纠纷处置—调解(—仲裁—司法程序)—处理结果公告。但该规定对于调解程序缺乏具体规定,并欠缺细致的程序要求,需要进一步予以完善。

4. 2006 年 12 月 11 日江苏、上海、浙江、福建省(市)海洋与渔业局(水产办)发布的《关于加强东海区海上渔事纠纷调处工作的通知》决定成立东海区重大海上渔事纠纷调解机构,确定了具体的组织机构、工作原则、受理范围、调处程序,更注重理论与实践的衔接、加强实践中的应用。

5. 2002 年国务院发布的《中华人民共和国内河交通安全管理条例》排除了海事机构在内河的调解权。现行海事行政法律中,主要包括对水上交通事故和船舶污染事故引发纠纷的两类调解(详见《海上交通事故调查处理条例》《防治船舶污染海洋环境管理条例》的有关规定),新的《内河交通安全管理条例》(国务院发〔2002〕355 号)排除了海事机构在内河的调解权。因此,发生在内河水域的水上交通事故导致的民事纠纷,并未给予海事部门法定的调解权力。[①]

6. 2017 年修订的《中华人民共和国内河交通安全管理条例》,明确了海事管理机构接到内河交通事故报告后,必须立即派员前往现场进行调查和取证。海事管理机构进行内河交通事故调查和取证,应当全面、客观、公正。海事管理机构在调查处理内河交通事故的过程中,应当采取有效措施,保证航路畅通,防止发生其他事故。

---

① 徐锦.我国海事行政调解制度存废论[J].海大法律评论,2007(0):378-395.

第三节 价值基础

海上渔事纠纷调处制度作为一种特殊的调处制度,符合当代社会价值取向和追求,有着十分重要的现实意义,主要体现在以下三个方面:

一、自由、平等价值

自由、平等是人类原始本性的要求,也一直是法治国家不懈追求的目标。在海上渔事纠纷调解制度中,尊重并实现自由与平等的价值是其最基本的要求。自由价值一般表现在自主选择和自主处分两个方面。

1. 自主选择。伴随着法治化的进程,矛盾纠纷解决的方式不再是单一的,而是越来越趋向多元化。现在矛盾纠纷不仅可以通过国家行政权、司法权解决,也可以采取其他方式解决,如调解、仲裁等方式。加之当事人的情况各有千秋,利益诉求自然不尽相同,所以在选择矛盾纠纷的解决方式时,每个人都会根据各自的不同喜好自主选择。就海上渔事纠纷调解而言,当事人是以调解方式解决海上渔事纠纷案件,还是进入行政处罚程序,或就相关民事赔偿等诉求法律完全是当事人的自主选择。

2. 自主处分。从民法意义上说,当事人在法无禁止的范围内可以自由处分属于自己的实体权利。这不仅是民法的精髓所在,也是社会市场经济发展的必然产物。而海上渔事纠纷调处制度则充分体现了这一点:是否调解,由当事人自主决定;是否达成调解合意,由当事人自主决定;是否履行调解协议,由当事人自主决定。可以说,海上渔事纠纷调解的过程就是当事人自主处分自己权利的过程。不管成功与否,都是当事人自由意志的表现,亦是当事人自主处分的结果。

另外,就平等价值而言,当事人双方及调解中间人在调解中并没有等级之分或管理与被管理之别,相互间也不存在隶属关系或强迫压制,体现了各方地位上的平等。就海上渔事纠纷调解而言,更重要的是相关主体在担当调解中间人角色的时候,与当事人双方在地位上是平等的,一改以往管理者和惩罚者的角色。

二、效益价值

效益的核心是多、快、好、省。从海上渔事纠纷与治安案件调解的角度来说,其体现的就是一种低成本、高效率的纠纷解决方式,因此自然蕴含着效益价值。"迟到的正义为非正义",案件查办的效率对公正的实现有很大的影响。查办时间越长,效率就会越低,当事人应有权利受到损害的可能性就会越大。加之,随着海洋经济的不断发展,海上渔事纠纷案件呈逐年大幅度递增趋势(其中相当一部分是符合海上渔事纠纷调解条件的),但由于各种因素的影响,如海警警力缺乏、财力保障不足等,致使案件的查办率不高,越来越多的案件无法如期办结,甚至被束之高阁,不了了之。相对于处罚、诉讼等方式而言,调解内容没有相对严格的程序规定和僵硬条文,在解决矛盾纠纷方面往往具有很强的随意性和灵活性。并且,调解协议是基于当事双方的意思合意,履行起来应该会较处罚、诉讼顺利,在一定程度上会加快结案进度,因而也就能有效减少案件查处成本;对于当事人来说,也都希望能以较少的时间和精力解决矛盾纠纷,这样双方更能获得一种心理平衡。另外,就办案效率而言,调解更有利于提高治安案件的查办力度。所以,如果能够将那些符合条件的,并非一定要通过罚款、拘留等治安处罚措施来解决的案件加以分流,通过海上渔事纠纷与治安案件调解程序加以解决,则会在很大程度上有效缓解查办压力,提高查办效率。

三、社会价值

海上渔事纠纷与治安案件调解的广泛运用,在化解海上渔事矛盾纠纷、维护社会稳定方面有着不可或缺的作用。一方面,有利于化解个案纠纷,将矛盾解决在萌芽状态。时任中央政法委书记的罗干曾说过,调解工作是社会矛盾的"减震器"。多年的调解实践表明,矛盾主要集中发生在基层,而基层也恰恰是化解矛盾的难点,因为基层是司法资源最为缺乏、司法能力最为薄弱的地方。在这种情况下,调解更易发挥作用,更易获得"双赢"的结果。因为在标榜强制性的行政处罚或制裁的情况下,几乎不可能得到当事双方都满意的结果。相反,调解作为一种当事人通过相互谅解、协商达成合意来解决矛盾纠纷的方法,更容易获得贴近个案实际情况的效果,实现双方都认可的"双赢"结果。因此,调解对于防止和避免矛盾纠纷的进一步激化,有着积极作用。另一方面,有利于最大限度地缓和社会冲突,减少社会对立。"与诉讼不同之处在于,诉讼着眼于过去,而调解更强调未来"①。棚濑孝雄认为:"在对调解的期待中,经常表现出来的圆满解决纠纷的理想,就超越了合意不过是当事者就眼前的纠纷作出暂定妥协这一理解,而包含了解除感情上的对立、恢复友好关系等强调共同体内秩序的内容。"②如在涉及人身关系的处理上,行政处罚或制裁往往在强制性解决矛盾纠纷的同时,其"是非分明"的刚性执法也会破坏原本和谐友好的人际关系,甚至可能会破坏当事人之间的信任情感或基本道德。而调解正是在双方当事人都认同的基础上实施的,因而当事人能明辨是非、互谅互让,既弄清了事实真相,维护了当事人的合法权益,又有效化解了矛盾,促进了社会关系的和谐发展。

---

① [美]克丽斯蒂娜·沃波鲁格.替代诉讼的纠纷解决方式(ADR)[J].河北法学,1998,16(1):58-59.
② [日]棚濑孝雄.纠纷的解决与审判制度[M].王亚新,译.北京:中国政法大学出版社,2004:49.

第二章
海上渔事纠纷调解概述

第一节 海上渔事纠纷调解的概念与特征

一、海上渔事纠纷调解的概念

海上渔事纠纷是指海上渔业船舶在生产、航行过程中因船只碰撞、网具纠缠、穿越养殖水域以及跨界交叉水域因捕鱼权争议等原因引发的渔事纠纷。

调解是指第三者及一定的组织或个人,依据一定的道德、法律规范和政策,对发生纠纷的当事人摆事实、讲道理、排解疏导,促使双方在相互谅解和让步的基础上,自愿达成协议,达到最终解决纠纷的一种活动。其以调解机构或调解人的性质为分类标准,主要分为三大类:行政调解、司法调解、人民调解。行政调解是行政主体在争议双方当事人自愿的基础上,根据国家的政策、法律,在分清责任、明辨是非的基础上,主持双方进行协商,达成和解协议,从而解决争议的活动。司法调解,也可称法院调解、诉讼调解,主要指在法院审理案件时,由法院主持,当事人平等协商,达成协议,从而解决纠纷的活动。人民调解,亦可称之为社会性或社会化调解,指民间社会组织所从事的调解活动,是一种群众性活动。本文中提及的海上渔事纠纷调解很显然是属于这三大基本分类中的行政调解。调解这一概念可以在不同意义上进行诠释,既可以理解为一种纠纷解决的方式或方法,也可以理解为一种制度或程序。

1. 作为纠纷解决方式的调解

从纠纷解决的角度看,调解,是在第三方协助下,以当事人自主协商为主的纠纷解决活动或方式。调解人的作用则是调解区别于审判和仲裁的决定性因素。

发生纠纷就要解决,纠纷的解决方式有很多,调解是人类社会的一种最为常见的纠纷解决方式,无论在东方国家还是西方国家,调解的历史都很悠久。古代社会的调解以家族、村落、宗教组织、行会等共同体为主,同时得到地方政府和国家的支持。当代社会的调解则越来越多地发展为由专门机构、民间组织或行政、司法机关主导或参与的制度化调节和多元化机制。

2. 作为纠纷解决制度的调解

从制度的角度,可以将调解表述为通过第三方(调解机构或调解人)的调停、斡旋、劝说等,帮助纠纷当事人达成和解、解决纠纷的制度。调解制度是由一系列原理、原则、程序和规范构成的,并依托于特定的组织和人员。当代的调解已经逐步实现制度化,成为现代 ADR(Alternative Dispute Resolution,代替性纠纷解决方式)最重要的组成部分,并被纳入广义的司法体系,与司法程序形成有机衔接。当然,这一定义并不能否定非制度化的调解的存在和意义。

综上,海上渔事纠纷调解制度可以理解为:当发生因生产、航行中的渔事纠纷所引起的海上渔事纠纷事故时,海洋与渔业主管部门在纠纷双方当事人自愿的基础上,依据国家的政策、法律规范,对纠纷双方进行说服教育、规劝疏导,居中主持双方进行平等协商、达成和解协议从而解决纠纷的行政机制。

二、海上渔事纠纷调解的特征

1. 海上渔事纠纷调解具有自愿性

自愿性指发生纠纷后,必须出于当事人自愿,同意通过行政机关来调解解决;调解中达成的协议,必须是双方当事人协商一致的意见;调解协议的履行,必须出于当事人的自愿。可见,从调解的开始进行到最后达成或不能达成调解协议,争议双方当事人的意志完全处于自治状态,行政机关不能强迫。

2. 海上渔事纠纷调解属于行政调解

海上渔事纠纷调解的主体是行政主体,那么相应的,其程序在法律性质上归属于行政程序。但是调解行为不同于行政行为。海上渔事纠纷调解虽然由行政机关主持,但是却不具有行政权力的强制性。无论是在调解程序的进行过程中还是在最终达成调解协议时,行政机关始终处于"居中第三人"的地位。但是,我们认为目前的海事行政调解虽是在行政主体主持下进行的,但从性质上来讲,仅是一种司法辅助制度,并不属于行政行为,依然要遵循双方自愿、事实清楚、合理合法的原则,因此当事人之间积极谋求解决争端是关键,海事管理机构运用的应是专业知识和公信力,而并不是行政权力。① 所以,海上渔事纠纷行政调解允许"行政"与"调解",两者是相容和并立的。

3. 海上渔事纠纷调解具有专业性和综合性

海上渔事纠纷调解的专业性是指行政机关及其工作人员,依照法律法规的规定,对海上渔事纠纷进行调解,从事调解工作需要与渔民群众直接接触,也需要掌握一定的调解技巧,具有一定的业务水平,因此海上渔事纠纷调解更具有专业性。海洋与渔业部门一向编制偏少,具体从事行政调解的人员往往行政许可、行政执

---

① 侯钢.浅析我国海事行政调解制度[J].中国水运(下半月),2010,10(5):49-50.

法、行政监督工作相互交叉。个别调解人员对治安调解的范围认识不足,随意扩大范围,对不属于民事纠纷的治安案件或刑事案件进行治安调解,对当事人以调解代替处罚,对案件进行降格处理。海上渔事纠纷调解的综合性是指随着社会的不断发展,海上渔事纠纷涉及的内容也越来越复杂,纠纷的形式呈现出多样性,海上渔事纠纷调解往往具有行政、民事和技术等综合性质。

4. 海上渔事纠纷调解不具有法律上的强制力

海上渔事纠纷调解中达成的调解协议一般不具有强制执行力,是否为当事人履行,完全由当事人自主决定,行政机关不得强迫。调解协议的效力主要靠双方当事人的承诺、信用和社会舆论等道德力量来维护。海上渔事纠纷调解协议缺乏相应的法律效力,调解双方随时拥有对调解协议的反悔权,一旦其中一方选择反悔,那么为调解而准备的证据也不能进行二次使用,加上由于海上环境与陆上环境的不同,因调解所耽误的时间,还容易造成海上渔事纠纷相关重要证据的丧失。

5. 海上渔事纠纷调解双方承担的责任比例不符合纠纷事实

调解往往是在调解人循序渐进、有理有据的劝导下,纠纷双方基于自愿做出的让步和谅解,从而达成调解协议,有利于缓和双方的紧张关系,并推进调解协议的顺利履行。但是,在行政调解和司法判决中,一般以"查明原因、判明责任"为前提来处理民事纠纷。但在海洋与渔业主管部门直接参与民事纠纷的调解中,《中华人民共和国海上交通安全法》并没有将"查明原因、判明责任"作为调解的基础,往往会造成责任与赔偿不一致的现象。在实际海事调解过程中,受经济利益等多种因素的影响,一些个人和小公司宁可对事故所引起的损失承担全部或绝大部分的责任而多索取赔偿,而应承担较大责任的事故一方则愿意多赔偿少承担责任。因此有时这种调解协议看上去很容易理解,似乎也很"公平",但是责任比例不符合基本事实,这将损害国家和集体的合法权益,也违背了海洋与渔业主管部门进行事故调查的工作准则。

第二节　海上渔事纠纷调解的基本原则

无规矩不成方圆,无论是自然界还是人类社会的一切运动、活动,都遵循着一定的法则。调解作为人类社会解决纠纷的一种重要方式,更要遵循一定的原则。海上渔事纠纷调解的基本原则,是指从海上渔事纠纷调解的法律规范和海上渔事纠纷调解的实践中总结出来的,对海上渔事纠纷调解工作具有普遍指导意义的行为准则,它贯穿于海上渔事纠纷调解的全过程。海上渔事纠纷调解应遵循以下原则:

一、合法原则

调解的内容和方式必须符合法律规定,不得与法律相抵触,不仅要遵守实体法规范,而且要遵守程序法规范,调解应当按照法律规定的程序进行,双方当事人达成的协议必须符合法律规定。

二、公正原则

公正原则,一是要求调解人员平等对待纠纷双方当事人,即同样情况,同样对待;不同情况,不同对待;不因相对人的不同身份、民族、种族、性别或者不同宗教信仰而予以歧视。二是不单方接触,即调解同时涉及两个或者两个以上相对人的利益时,不能在一方当事人不在场的情况下,单独与另一方当事人接触和听取其陈述,接受其证据。调解人员应当以事实为依据,以法律为准绳,合理考虑相关因素,分清责任,实事求是地提出调解意见,不得偏袒任何一方。

三、公开原则

公开原则是指调解人员应当让双方当事人均了解案件的事实和违法的性质,以及依据法律应当给予违法当事人何种治安管理处罚等情况,在双方当事人都在场的情况下进行调解。调解应当公开进行,涉及国家机密、商业秘密或者个人隐私,以及双方当事人要求不公开的,可以不公开。

四、自愿原则

自愿包括程序上的自愿和内容上的自愿。渔民发生纠纷时,双方都有权根据自己的真实意愿自主选择解决纠纷的方式,调解应当在双方当事人自愿的基础上进行,任何人都不得采用威逼、恐吓等方式强迫任何一方选择调解作为解决纠纷的方式。同时,达成协议的内容,必须是双方当事人的真实意思表示,系自愿达成。

五、及时原则

及时原则是指调解应当及时进行,使当事人尽快达成协议,解决纠纷。调解不成应当在法定的办案期限内及时依法处罚,不得久拖不决,提高执法效率,节约执法成本。

六、教育原则

教育原则是指调解应当多做教育、疏导工作。要帮助双方当事人学习有关法律,分清是非,明确责任,摆事实讲道理,以理以法服人,指出当事人的错误和违法之处;在语言表达和表情态度上,使当事人认识到我们的严肃认真、诚恳热情、句句在理。通过耐心细致的教育、疏导工作,化解矛盾,缓和对立情绪,心平气和地协商解决纠纷,避免冲突发生,教育当事人自觉守法并通过合法途径解决纠纷,有效发挥"调解一案、教育一片、引导一方"的积极作用。

第三节　海上渔事纠纷调解制度的发展

自人类社会形成以来,调解就作为一种纠纷解决方式相伴而生。在人类社会早期,当时的矛盾、纠纷还并不复杂,调解便成为当时有效的解决纠纷的方式,因此,调解是一种古老的解决纠纷的方式。人类学家和社会学家通过田野调查和实证研究发现,人类社会自形成基本社会形态以来,就具备了纠纷解决的能力和相应机制。[①] 我国的传统文化与道德均提倡以和为贵,以让为贤。所以遇到民事权益纠纷,双方当事人习惯于在当地邀集同乡、同族中长辈耆老进行调解、鉴证。从婚丧嫁娶到买卖土地房产、继承遗产等纠纷,一般都愿意在当地调解解决,可以说中国的调解历史悠久,调解从最初制度化程度并不那么高,发展到日益完善和系统化。海上渔事纠纷的调解也经历了这样一个发展过程。

中国是一个海洋大国,自古以来沿海地区的民众以出海捕鱼为生。进入20世纪以后,随着经济快速发展,渔船增多,各种渔事纠纷层出不穷,无论是对渔民个人人身财产安全还是对社会稳定都造成了不良的影响。为维护海上正常的渔业作业秩序,防止和减少海上渔事纠纷及由此引发的社会治安案件发生,保障渔民群众的生命财产安全,2005年10月21日,农业部和公安部联合发出《关于加强海上渔事纠纷和治安案件处理工作的通知》,要求加强海上渔事纠纷及由此引发的社会治安案件处理工作,明确了渔业行政主管部门和公安边防管理部门的职责分工,并要求两个部门加强合作,建立协作机制。2006年渔政渔港监督管理局颁布《关于加强海上渔事纠纷调处工作的通知》,提出"建立并逐步完善海上渔事纠纷调处机制",确定了海上渔事纠纷行政调解及仲裁程序的法律依据。通知指出由渔业行政主管部门指派人员负责海上渔事纠纷调处工作,并确立了海上渔事纠纷调处程序:海上纠纷接报—纠纷处置—调解(—仲裁—司法程序)—处理结果公告。但该规定对于调解程序缺乏具体规定,需要进一步予以完善。2007年农业部办公厅发出《关于加强渔业海事处理工作的通知》规定,各地要在现有渔业海事处理渠道的基础上,整合各类社会资源,倡导协商、调解、行政处理、仲裁、诉讼等多元化解决方式,发挥行业协会和渔民自发组织的协调处理功能,逐步实现人民调解、行政调解、司法调解的有机结合。

与此同时,各地方为有效解决海上渔事纠纷,也出台了相关文件通知。如东海区渔政渔港监督管理局于2006年发布《关于加强东海区海上渔事纠纷调处工

[①] 范愉,史长青,邱星美.调解制度与调解人行为规范——比较与借鉴[M].北京:清华大学出版社,2010:23.

作的通知》,决定成立东海区重大渔事纠纷调解机构。该通知中规定了组织机构、工作原则、受理范围、调处程序等具体事项。而海南省也于2014年颁布《实施〈中华人民共和国渔业法〉办法》,就政府、渔业行政主管部门、渔业监管部门的分工做了进一步明确。

第三章
海上渔事纠纷与治安案件

第一节 海上渔事纠纷概述

一、海上渔事纠纷与海事纠纷的概念辨析

海上渔事纠纷是指海上渔业船舶在生产、航行过程中因网具纠缠、穿越养殖水域以及跨界交叉水域因捕鱼权争议等原因引发的渔事纠纷。① 而海事纠纷的概念,从狭义的角度上来讲,指的是海损事故,尤其是指那些产生人身伤亡及有损财产的海上发生的事故。而从广义的角度上来讲,海事纠纷是指海上发生的所有的状况,包括与船舶活动有关的及海上运输所涉及的所有法律事实在有关当事人之间所引起的纠纷。所以通过概念来看,海上渔事纠纷包含于海事纠纷的概念中,是海事纠纷概念中与渔民的生活最为息息相关的一部分。

二、海上渔事纠纷的特点

1. 海上渔事纠纷具有季节性特点

春季和冬季两个季节,是渔民们开船打鱼的旺盛季节,加之每个海洋区域上的各个渔场内的海洋资源是不均衡的,随着多种形式的渔船生产作业在此季节陆续较为集中的开展,渔民们捕鱼的方式也有所区别,并且船身的作业在海上,是运动的,不能限定其活动范围。所以相对应的,生产过程中渔船之间不可避免的网具纠缠、船身磕碰等各种无法提前预料的事件发生的概率也在春、冬这两个季节比夏、秋两个季节呈现更为上升的趋势。春汛和冬汛时发生的渔事纠纷事故,在全年案件数量中的比例大约占到75%,其中冬汛是捕捞的旺盛时节,渔事纠纷事故频发,在全年事故数量中的比例占到55%左右,所以海上渔事纠纷的发生具有明显的季节性特点。

---

① 协调处置重大渔事纠纷作业指导书[S].海南省海洋与渔业厅质量管理体系第三次文件作业指导书,HNHY/ZY-YJ-02-2010.

2. 海上渔事纠纷具有集体性特点

在进行海上作业的渔船上，一般都是拥有相同钱财利益的家人、朋友等，一旦发生海上渔事纠纷事故，渔民们为了讨个说法，就会召集同村渔船或者同海区的渔民，壮大自己的声势。因为缺乏合理的解决机制，没有其他更好的解决办法，渔民们为了保护自己的利益，自发达成默契，会以同船、同渔村、同海区更甚者同省市的人为阵营集结起来，整个集体积极地加入渔事纠纷事故的战斗当中去。在这种情况下，往往由不能良好协商解决的个别船只摩擦磕碰的小事故演变成一方当事人先进行打、砸、抢、夺，另一方当事人集合本地的渔船进行反击的群体性船只斗殴的大事故。这种大型船只斗殴的群体性事故对渔民们的生产所造成的影响十分恶劣，其盲目性对渔民们生活所造成的损失非常惨重，不利于相邻区域渔民们的团结和海上生活的稳定。

3. 海上渔事纠纷具有暴力性特点

海上渔事纠纷因网具纠缠、船身发生磕碰等捕捞时发生的意外事件，一般情况而言，损失不是很大，只要双方当事人能够冷静地依据事实、坐下来心平气和地进行协商沟通，过错方不逃避责任、受损方不肆意讹诈，往往可以较为简便地处理好渔事纠纷，大事化小，小事化了，不至于造成更大的损失和额外的人员伤亡。可是往往由于双方当事人都各怀心思，过错方担心赔偿金额过大以至于被讹诈，所幸一走了之，受损方被其做法惹怒，非要讨个说法；又或者过错方勇于承认错误，准备进行合理赔偿，然而受损方抓住把柄，借机敲诈一笔额外不义之财等各种各样的情况。双方不能做到实事求是，就赔偿数额谈不拢，再加上各地区语言上的差异，使得沟通不能很好地进行下去，造成协商失败。这时在不能很好地控制情绪的状况下，受损一方又或者是人多势众的一方可能会有先下手为强的考虑，使用打、砸、抢、夺等暴力手段破坏对方的财物，更有甚者以对方人员的生命安全作为双方谈判的筹码，在追逐船舶的过程中，以有意撞船的方式逼迫对方船舶停下，往往造成损失更为惨重、手段更为激烈、结果更为血腥的海上群体性器械斗争。暴力色彩被卷入战局，无疑使得海上渔事纠纷事故愈演愈烈，以至于最后变成双方都无法控制的局面。

4. 海上渔事纠纷具有突发性特点

海上渔事纠纷属于意外事件，常常是因渔业作业生产中偶然性的网具纠缠、船身碰撞而发生纠纷，一般不可预见，不能提前做出预防事故的措施，但是事后可以通过协商沟通避免损失扩大。但是一旦双方因一念之差选择了错误的处理方式，比如过错方因害怕或者规避责任而选择逃避，又或者是受损方、人多的一方选择以暴力的方式意图去解决纠纷，双方一言不合或者不经意的推搡都极容易造成两者矛盾的突然爆发，进而引发不必要的严重损失和人员伤亡。渔事纠纷突发性的特点，难以使各个海区的渔民们做好防范及应对突发状况的措施，会对后续的生产生活造成难以在短时间内恢复的极坏影响。

5. 海上渔事纠纷具有犯罪性特点

在海上发生的多起渔事纠纷中,有不少不法分子以渔事纠纷为借口,进行犯罪活动。有些渔民因海洋资源分配不均、争抢他人海区、之前有过渔事纠纷而未调解一致等,故意对他方海区的渔网、渔具、照明设备等捕鱼设施搞破坏,有意挑起事端,在这种情况下,很难说服双方心平气和地去接受调解,双方往往于争吵中演变成群架,由群架演变成海上渔船战斗,造成渔民双方的人身伤亡以及财产损失。

二、海上渔事纠纷的类型

为快速有效地处置海上渔事纠纷治安案件,保障渔民群众的合法权益和生命财产安全,维护渔区的社会稳定,促进渔业经济发展,对于海上渔事纠纷的类型要进行区分和界定。

1. 根据海上渔事纠纷主体双方是否属于同一海区,可将海上渔事纠纷分为以下几种类型:

(1) 同海区的海上渔事纠纷。渔民们在同一海区打鱼,多数可能因渔网缠连、船体磕碰而造成纠纷,但事故通常较小,而且因为在同一海区,很多当事人双方都互相认识,甚至是亲属朋友关系,所以大多数人会选择自行调解,不会做过多无意义的纠缠。基于此,这类海上渔事纠纷是最容易解决的。

(2) 跨海区的海上渔事纠纷。由于海洋是运动的,海区的划界并不是绝对的清晰且固定,在渔船互相穿行海区或者越界捕鱼时,渔事纠纷常常发生在两个不同海区的渔民之间,对于海区的具体划界,当事人双方各执一词,不会选择放弃海区的争夺,调解不下陷入僵局的时候,容易激化双方的矛盾。跨海区的海上渔事纠纷相对较为复杂。

(3) 跨省的海上渔事纠纷。由于对海洋丰富资源的争夺,往往渔船在捕鱼时会行至其他省海区进行捕鱼,渔事纠纷常常会发生在两个不同省的渔民之间,这时由于穿行海区而造成的渔事纠纷很难取证,在面对损害赔偿时,最终很难达成调解一致的结果。尤其是涉及跨省海区的争夺时,为了不能让"自家人"吃亏以及自身的利益受损,两个省的渔民们自发纠集起来,进行海区的争抢,往往造成大规模的人身伤亡以及财产损失。

(4) 涉外海上渔事纠纷。即双方当事人中其中一方属于外国船舶、设施的,海上渔事纠纷发生在中国籍船舶和外国籍船舶之间,这就涉及涉外程序,在处理这类案件时适用法律的问题较为突出,冲突法规范的差异性导致处理案件的标准不同,也必然导致处罚程度不同。在近 20 年的时间里,由于大马力渔船的迅速发展、近海渔区海洋资源的匮乏,许多渔民在外海作业时与他国渔船发生网具纠纷及误入他国领海的现象越来越多,加上一些渔民缺少法制观念,私自地扣留他国渔船的渔民和渔具等,进而引发涉外海上渔事纠纷。

2. 根据海上渔事纠纷双方所引起的结果,可将海上渔事纠纷分为以下类型:

(1) 引起治安案件的海上渔事纠纷

它是指在海上、港口发生的渔业船舶因船只碰撞、网具纠纷等引发的扰乱社会秩序、妨害公共安全、侵犯公民人身权利、侵犯公私财产、拒绝阻碍国家公务人员依法执行职务等行为,情节轻微尚不够刑事处罚的,依照有关法律、法规规定,应当给予治安管理处罚的海上渔事纠纷。

(2) 引起刑事案件的海上渔事纠纷

它是指在海上、港口发生的渔业船舶因船只碰撞、网具纠纷等引发的扰乱社会秩序、妨害公共安全、侵犯公民人身权利、侵犯公私财产、拒绝阻碍国家公务人员依法执行职务等行为,情节严重已达到刑事处罚的程度,依照有关法律、法规规定,应当给予刑事处罚的海上渔事纠纷。

第二节 海上渔事纠纷调处机构及要求

一、海上渔事纠纷调处机构组成

1. 以农业农村部中国渔政管理指挥中心为领导,负责全国渔业统一综合执法行动的指挥、协调工作,并根据农业农村部授权,对重大渔业违规案件进行调查处理。同时对于跨省、跨海区的重大海上渔事纠纷案件,下设"海上渔事纠纷调解处理领导小组"(以下简称"调处领导小组"),负责各个海区海上重大渔事纠纷调处的组织、领导与协调。调处领导小组由农业农村部渔业局各海区分管局长任组长,各省(市)渔业行政主管部门(总队)分管负责同志为小组成员。

2. 渔政管理指挥中心下设调处工作办公室(以下简称"调处办公室"),负责接报、调查、调解和处置等日常工作。调处办公室由农业农村部渔业局各海区渔政处处长任主任,成员由农业农村部渔业局渔港监督处与电信处及省(市)渔政处(各省渔政执法总队)、渔监机构、沿海地区各级公安边防部门等机构成员组成。

3. 各海区调处办公室下设海上渔事纠纷调处专门机构,派人轮流进行值班,发生纠纷时,迅速联系通信导航,渔政人员到场后,能迅速处理问题,遏制大的冲突发生。渔场管理专门机构要有相应的战备船和飞机来管理,能迅速赶到现场拍摄,进行喊话问询,便于当时解决;如若不能当时解决的,则命令双方到指定地点接受调查。

二、海上渔事纠纷调处机构的相关要求

1. 建立一个完善、合事宜、规范的事故纠纷调处机制

一个完善的、合事宜的机制,能规范人员行为,使各项工作有章可循,提高纠纷调解的效率与质量,形成一个良好的调处氛围,并且能让当事人对调处机构产生信赖感。而正确的机制建设,可以有效提高渔政部门的管理效力、决策与实施的速度,提高调处机构解决问题的能力与生存能力。规范化的机构制度流程与机构人员调解工作行为,会形成一个融洽有序的工作环境。这也就要求此机构制度要具有可操作性、简便性且易于实施。目前很多机构的制度要么很简单,无任何价值;要么杂乱无章,让人摸不着头脑;要么很空洞,抓不住实质;导致在制度的落实和执行上有章难循,无法操作。最主要的原因是对制度要调处的纠纷或工作没有深入的理解、掌握和感悟,因而制定的制度自然难以切合实际,操作性差是不可避免的。机构制度制定者应该在制定制度前进行深入的了解和分析,把机构制度所要调处的纠纷或工作按照环节、步骤、方面进行层层细分,让调处工作的条理性、分工的细致性、制度的逻辑性在其中得以体现,为建立一个好的机构制度奠定基础。

2. 在建立事故调处机制时,要充分考虑到地方保护主义对事件处理带来的难度,确立机制的权威性与可行性

地方保护主义是指各地方政府或其所属的渔业行政管理部门,为了保护其地方局部经济利益或政治利益,违背国家的法律法规,利用行政权力干涉海上渔事纠纷,操纵事故解决的正常走向,设置他方渔民维权障碍,破坏事故调处解决机制,限制非本地渔民的行为。从本质上看,地方保护主义是地方政府渔业行政管理部门只顾局部利益,不顾国家和集体利益,在事故解决过程中滥用行政权力的表现。它会导致他方渔民难以维护自己的合法权益,对政府的调处工作产生不信任,让后续调处工作的进展难度增大,甚至引发更大的冲突和矛盾。

3. 各级渔业行政主管部门要指定专人负责领导海上渔事纠纷调处工作

负责的领导要明确具体负责日常工作的机构,制定渔事纠纷接报、处置和调解等工作程序,并向社会公告。在发生海上渔事纠纷时,渔民的经济利益能否得到维护是广大渔民最关心的问题,虽然国家制定了一系列保护渔民利益的措施,对维护渔民的经济利益起到了一定的积极作用,但是在一些具体问题上由于缺乏沟通和必要的监督,某些政策没能落实到位。各级调处机构领导要立足本职岗位,厘清各自职责,认认真真抓落实,一抓到底,抓出成效,全力推动海上渔事纠纷调处工作的科学发展。

4. 各部门明确职责,加强合作,积极化解渔民矛盾和渔区社会矛盾

在之前的渔政管理部门中,对海上管理的很多工作存在着一责多岗或一岗多

责的情况,工作内容存在交叉和重叠。这就需要在制度中做到职责明确、分工到人、权限清晰,工作安排要具体到每个岗位和人员,要保证工作落实到位。渔业行政主管部门接到海上渔事纠纷的报告,必须无条件受理,根据不同情况妥善处置,避免事态恶化,这是海上渔事纠纷调处必须坚持的基本原则。要切实做到海上渔事纠纷"渔民报案有渠道,主管部门有人管"。

5. 强化培训,增强渔民协商解决海上渔事纠纷的意识

近年来,海上渔事纠纷的矛盾越来越突出。各级渔业行政主管部门应通过强化对渔民的培训教育,增强渔民的法制意识、安全生产意识和协商解决海上渔事纠纷的意识,正确对待海上突发的渔事纠纷,避免因不理智行为导致渔事纠纷升级为治安案件,进一步提高渔民们运用法律、法规维护自身合法权益的能力,降低纠纷的风险。通过各种有效途径,例如针对渔民的合法权益、设施保护等经常遇到的一些棘手维权案例,可以聘请检察院、律师等法律专业人士,选取渔事纠纷人身损害赔偿、海区划界合同纠纷、渔船设施保护等渔民们关心的热点和难点问题,通过举办培训班、律师点评和法律法规考试等形式,强化对部门工作人员和渔民们的法律法规意识培训,让他们都熟知自身的权利与责任,掌握合理运用法律武器的行为方式。

6. 海上渔事纠纷调处工作涉及渔区社会的各个方面,需要渔业管理部门、渔民、政府相关部门和其他社会组织的共同努力

要充分发挥渔民协会和互助保险机构在渔事纠纷调处中的积极作用。渔民所从事的工作具有特殊性,从事海洋捕捞的渔民,其承担的风险较大,生产安全及生活的安定问题尤为突出。尽管最近几年国家实施渔船的保险制度,但由于保费过高及宣传还不到位,以及某些渔民的保险意识不强等原因,有些渔船还没有参加保险,这样就使得部分渔民的安全得不到保障。渔民协会是渔民自发建立起来的民间互助合作组织,渔民可以通过渔民协会来参与这种保障体系,让每个渔民都能够处于协会的团体统一保险中。海上渔事纠纷调处工作涉及渔区社会的各个方面,需要渔业管理部门、渔民、政府相关部门和其他社会组织的共同努力。各级渔业行政主管部门在加强自身工作的同时,还要积极争取政府相关部门和其他社会组织的支持,要深入渔区,加强与渔民、渔民社团组织的联系与沟通,了解渔民的想法和愿望,争取渔民社团组织对海上渔事纠纷调处工作的支持和配合,充分发挥渔民社团组织的作用。

第三节 海上渔事纠纷调处程序

一、受理

接到报案,渔政管理中心通知渔船纠纷发生地的调处办公室受理。调处办公室受理后,制作《海上渔事纠纷受理审批表》,报渔政指挥中心备案,对于跨省、跨海区的案件还要报调处领导小组审批。对经查属于本辖区无权管辖的海上渔事纠纷,制作《海上渔事纠纷移送函》,移送有管辖权的部门,并协助有关部门开展相关调查处理。

二、处置

1. 调处办公室将案情简单的渔事纠纷向调处领导小组报告并向渔政指挥中心备案

属于跨海区的渔事纠纷,要向农业农村部渔业局、渔政指挥中心报告,还要同时通报纠纷发生地、当事渔船船籍港或设施所在地所属的海区局、省级渔业行政主管部门及其负责海上渔事纠纷调处的机构协作调查。属于涉外海上渔事纠纷的,向农业农村部渔业局、渔政指挥中心报告,并向当事渔船船籍所在地省级渔业行政主管部门及其负责海上渔事调处的机构通报。

2. 指定调查办公室,组成调处小组

调处办公室和当事渔船纠纷发生地负责海上渔事纠纷调处的专门机构的人员组成调处小组,独立开展工作。而跨省、跨海区及涉外海上渔事纠纷需要调处小组与上级或其他海区的相应机构配合开展工作。

3. 采取措施,防止事态恶化

调处小组要立即与纠纷当事各方所在地的渔业行政主管部门或渔民社团组织或有关机构取得联系,通过他们做好当事各方的安抚工作,指导当事各方协商解决纠纷。必要时与纠纷发生地附近的渔船或渔政船联系,要求其赶往现场控制局面。

4. 开展调查,查清事实

(1) 调查、询问有关人员并制作询问笔录。

(2) 要求被调查人员提供船舶所有权证、船舶证书、捕捞许可证。

(3) 要求有关当事方提供航海日志、轮机日志、车钟记录、报务日志、航迹图、船舶资料、航行设备仪器的性能以及其他必要的文书资料。

(4) 检查船舶、设施及其有关设备的证书、船员证书和核实纠纷发生前船舶的适航状况以及水上设施的技术状况。

(5) 检查船舶、设施、渔具的损害情况和人员伤亡情况。

(6) 制作纠纷现场图,搜集有关物证。

(7) 使用录音、照相、录像及法律允许的其他手段。

5. 形成报告,判明责任

根据调查情况,制作《海上渔事纠纷调查报告书》,判明当事人的责任。《海上渔事纠纷调查报告书》应包括以下内容:

(1) 船舶、设施的概况和主要数据。

(2) 船舶、设施所有人或经营人的名称和地址。
(3) 纠纷发生的时间、地点、过程、气象、海况、损害情况等。
(4) 纠纷发生的原因。
(5) 当事各方的责任。
(6) 与纠纷有关的证据及其他有关情况。

6. 开展调解工作

(1) 工作日内,组织调解。当事一方在 30 日内不来参加调解的或自收到当事方申请之日起 3 个月内,未能使当事各方达成调解协议的,可以宣布调解不成。纠纷发生日起 30 天内当事各方未申请调解或调解不成的,调处小组应告知当事各方申请仲裁或提起诉讼。

(2) 经调解达成协议的,当事各方应共同签署调解协议书。调解协议书应写明当事方的姓名、住所、法定代表人(船主)或代理人的姓名及职务、纠纷的主要事实、当事各方的责任、赔偿金额及履行期限等。

(3) 凡当事方已向法院提起诉讼或申请仲裁机构仲裁的,调解工作应立即中止。

7. 指示办理

农业农村部渔业渔政管理局、渔政指挥中心对调处工作另有指示的,按照指示办理。

8. 制作报告书

纠纷处理完毕,制作《××海区海上渔事纠纷处理结案报告书》,内容主要包括:事由、调查情况、调解情况、调处结果、经办人员等。

9. 通报存档

将调处结果通报当事渔船或设施所在地的调处办公室和纠纷发生地所属的省级渔业行政主管部门,并向农业农村部渔业渔政管理局、渔政指挥中心报告。

第四节 海上渔事纠纷与治安案件的关系

海上渔事纠纷是指海上渔业船舶在生产、航行过程中因船只碰撞、网具纠缠、穿越养殖水域以及跨界交叉水域因捕鱼权争议等原因引发的渔事纠纷。治安案件是指违反治安管理法律、法规,依法应当受到治安行政处罚,由公安机关依法立案查处的违反治安管理行为构成的案件。海上渔事纠纷与治安案件存在交叉重叠的关系(详见图 3-1)。

一、海上渔事纠纷引发的治安案件概念

海上渔事纠纷引发的治安案件是指在海上、港口发生的,船舶因船只碰撞、网

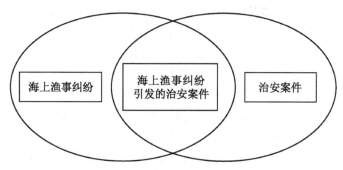

图 3-1　海上渔事纠纷与治安案件的关系

具纠纷等引发的扰乱社会秩序、妨害公共安全、侵犯公民人身权利、侵犯公私财产、拒绝阻碍国家公务人员依法执行职务,情节轻微,尚不够刑事处罚,依照有关法律、法规规定,应当给予治安管理处罚的案件。[1]

近年来,我国的海洋渔业体制不断发生重大的变化,渔船日益增多,造成渔场拥挤不堪,爆发了越来越多的矛盾。而在加大渔业生产作业竞争的同时,因船体碰撞、网具纠缠、渔船在养殖水域航行以及跨界交叉水域捕鱼权争议等引起的海上渔事纠纷增多,随之引发的治安案件经常发生,使得海上治安秩序被严重扰乱,妨害了渔业生产的健康发展,也影响了各捕渔区的社会安全与稳定。如何积极有效地预防和控制海上渔事纠纷引发的各种治安案件已经成为沿海地区各级公安边防部门需要解决的紧迫问题之一。

二、海上渔事纠纷引发治安案件的原因

海上渔事纠纷引发治安案件的原因是多方面的,而在不一样的时期、不同海区引发治安案件的原因也不尽相同。从近年来发生的海上渔事纠纷所引发的治安案件来看,由渔事纠纷引发治安案件的主要原因如下:

1. 渔业体制发生变化,渔船民利益与渔业生产不可分割

第一,渔业体制改革后,产权明晰。碰船、损网直接关系到渔船民个人的经济利益,一旦双方难以就赔偿问题达成协议,普通纠纷一时间则会演变成殴打他人、扣船扣人等治安案件,甚至会扩大成两船相撞,造成财损人伤甚至船沉人亡等恶性结果。第二,由于经济利益的直接化,许多渔船民的排外思想严重。本地渔船民一旦发现自己的"势力范围"遭到外地渔船民"侵入"后,为了维护自身及小团体的经济利益,通常会以各种借口"组织"起来排挤外地船舶,在这种情况下容易引发跨区域的群体性治安案件。第三,渔业生产体制实行股份制改革后,渔船民经

---

[1]　杨波.海上渔事纠纷引发的治安案件的预防与控制[J].海洋开发与管理,2007,24(2):58-62.

济利益直接化导致部分渔船民心理失衡,渔船民之间出现了相对的贫富分化。捕捞劳动技能高、资金比较充足的渔船民自然生产效益好,收入也较高。而捕捞劳动技能差、资金相对较少的渔船民收入普遍较低。利益分配上的不均衡,使一些渔船民心理产生不满。尤其是那些少数没有资金或海上技术不过关、有前科或有严重不劳而获思想的渔船民,通常会挖空心思想出不正当的手段,如以海上渔事纠纷为借口,故意挑起事端,以达到其非法夺得他人财物的目的。

2. 渔业生产迅猛发展,渔场情况日趋复杂

第一,船多鱼少的矛盾日益突出。近年来,随着渔业船舶数量的不断增加、渔船捕捞能力的不断加强,我国近海渔业资源日渐枯竭,船多鱼少的矛盾日渐突出。尤其是《中日渔业协定》《中韩渔业协定》生效后,我国外海传统渔区面积逐步缩小,外海大部分渔船转到内海生产,致使近海许多渔场因大量外海渔船的加入而出现"过载"现象,这不仅加剧了海上"船多""海小""鱼少"的矛盾,同时也埋下了安全隐患。第二,海上作业人员的构成日益复杂。近年来,随着渔业生产的发展,沿海地区从事海上生产的劳动力比较缺乏。于是,许多非沿海省份的外地民工纷纷加入捕鱼大军的行列。但是,这些外来人员的构成较为复杂,其中不乏一些有恶习或前科的人员。在海上生产作业过程中,一旦发生渔事纠纷,这些人往往会在部分船老大等人的鼓动下,不计后果地实施打、砸、抢等违法行为。第三,部分渔民缺乏法制教育,法律意识淡薄。由于海上生活环境闭塞,部分渔民只顾生产,不问政治,缺乏相关的法律、法规教育,海洋开发与管理意识淡薄。同时,人长期生活在海上,容易形成脾气暴躁、易冲动的性格。因此,发生渔事纠纷时,这些人往往不能理智地去处理,甚至有人认为打人白打、割网白割,哄抢他人财物也无所谓。为了在纠纷中不吃亏,有的人甚至私藏铁棍、砍刀、炸药,一旦发生渔事纠纷,就拿起这些"防身工具"实施暴力违法行为。

3. 案件处置效率低,缺乏有效的处置手段

第一,由于受经费、装备、警力不足的制约,公安边防部门在海上执法中存在现场勘查难、提取证据难、调查核实难、堵截追击难、打击处理难的"五难"现象。只要纠纷的肇事双方不及时回港或在调查取证前订立攻守同盟,拒不交代事实真相,案件往往会因证据不足而得不到有效处理,这在一定程度上助长了违法人员的侥幸心理,致使海上违法行为屡禁不止。第二,跨区域的治安案件得不到及时处理。一方面,由于部分沿海省区之间缺乏有效的协调机制以及受地方保护主义的影响,涉及省区之间因渔事纠纷引发的治安案件往往得不到及时公正的处理,受害人的权益得不到切实保障。另一方面,打官司不仅要耗时、耗精力,同时还会增加一定的经济负担,所以,有些群众宁愿吃小亏也不愿举报违法人员,使得部分违法人员逍遥法外,也是治安案件多发的原因之一。

三、海上渔事纠纷引发的治安案件的特点

1. 案发具有季节性和区域性

每年春、冬两季鱼汛期是渔业生产的旺季。在鱼汛期间,各种生产作业渔船较为集中,且渔船的捕捞方式各不相同,活动范围大小不一,相互之间发生网具纠缠、船舶碰撞等各种意外事件的概率较大,由此引发的治安案件的数量相对其他时期来说更多。此外,由于各海区的渔业资源分布不均,渔业资源丰富的海区生产作业渔船相对较多,如浙江台州、舟山渔场和南海北部湾渔场等。这些海区的船舶密度过大,也是导致上述渔场治安案件案发率居高不下的原因之一。

2. 违法主体群体化

在一般情况下,海上生产作业船舶上少则几人、十几人,多则几十人。由于在同一海区作业的同籍船舶较多,一旦发生船舶间渔事纠纷,当事人往往通过通信工具呼应同籍船只前来"帮忙"。而且,实行渔业生产体制改革后,一条船上的人员组合又多为父子、兄弟以及亲朋好友,他们有着共同的经济利益。当发生渔事纠纷时,为维护自身的利益,同船人员会响应起来共同参与纠纷。在这种情况下,一旦纠纷不能协商解决,极易导致大规模的群体性事件的发生。

3. 违法行为手段过激,后果严重

海上渔事纠纷发生后,当事人的利益受损,若纠纷双方难以就赔偿金额达成一致,又不能心平气和地协商,加上有时双方方言不通,就很容易导致沟通失败。在情绪失控的情况下,受损方或船大人多一方常常会采取过激的行为,使用打、砸、抢等性质恶劣的手段,造成人身伤害、财产损失等严重后果,给之后的调查处理工作带来很大的难度。

4. 取证调查处理难

海上渔事纠纷引发的治安案件的复杂性反映在海上纠纷的起因、经过、直接责任人认定及取证等各个环节上。首先,海面上没有明确的标志,案发现场难以保护,给侦查取证工作增加了难度。其次,受交通通信等条件的限制,海上渔事纠纷引发治安案件后,渔船民不能及时报案;即使报了案,公安边防船艇也难以立即赶到几十海里甚至上百海里外的现场。最后,在案件调查处理过程中,通常没有第三人作证,案发后双方各执一词,办案人员难以认定案件事实,再加上受地方保护主义的影响,少数执法部门在处理跨区域的治安案件时存在袒护本地渔船民的现象,使案件很难得到及时公正的处理。

第五节 海上渔事纠纷调处与治安案件调解

通过对海上渔事纠纷调处现状、存在的问题及其成因探讨的论述,可以发现

治安案件调解对于海上渔事纠纷调处有很多值得借鉴的做法。有必要建立与治安案件调解同样的保障海上渔事纠纷协议执行的措施,保障执行措施的建立能够有效提高渔事纠纷调解的成功率,节约资源,使渔政机关更能集中精力处理大案、疑难案。

一、牢固树立"调处优先"的理念

对于可以调解处理的海上渔事纠纷案件,首先要将治安调解手段运用到海上渔事纠纷案件中,讲究方式方法,有效化解矛盾,促进海洋环境和谐。同时,要牢固树立"调解也是执法"的观念,在任何时候都必须依据法律规定。必须根据当事人的真实意愿,从维护群众合法权益的角度出发开展海上渔事纠纷调处。要完善调解考评体系,不仅要考查调解率,还要考查调解自动履行率和调解信访率;不仅要考查调解案件数量,还要考查调解的法律效果和社会效果,防止片面追究调解率。要积极融入行政调解、人民调解、司法调解三位一体的"大调解"工程体系,加强与渔民协会组织的沟通协调,形成合理化解海上渔船矛盾的机制。

二、牢记海上渔事纠纷调处作为纠纷的先行处理程序

可以考虑把海上渔事纠纷作为案件的先行处理程序,当某些纠纷产生时,当事人必须要先申请进行治安调解,当调解不成功时,才可以选择其他救济措施。这种方法表面上看起来是与调解制度的自愿原则不一致,实际上是一种理性的权宜之计。因为把调解作为部分纠纷的先行处理程序,并没有剥夺当事人的实体性权利,也谈不上剥夺当事人的程序性权利,一旦当事人没有调解成功,仍然可以选择其他救济程序来保障其权利。海上渔事纠纷调处是渔政机构在管理过程中对发生的相关纠纷进行的调解,先行处理程序的设置只是给了渔政机构一个积极主动介入调解的机会。现在虽然没有明确的法律政策规定将海上渔事纠纷调解作为先行处理程序,但是在治安案件的实践中,很多行政机构遇到纠纷或者群体性上访事件时,根据相关政策的引导都会积极采取先行调解的措施。矛盾纠纷能够通过调解解决的,就不进入诉讼程序,把矛盾解决在基层、化解在基层。这样一来,基于渔政机构的服务职能及其对海上渔事纠纷的了解,就能更方便有效地解决纠纷。

三、赋予海上渔事纠纷调解协议合同的法律效力

人民调解协议具有合同的法律效力,若一方当事人不履行调解协议,另一方当事人可以就此向法院起诉。《人民调解工作若干规定》第三十七条第(三)项规定:"对经督促仍不履行人民调解协议的,应当告知当事人可以请求基层人民政府处理,也可以就调解协议的履行、变更、撤销向人民法院起诉。"海上渔事纠纷调处

协议没有法律约束力,协议的执行完全依靠当事人的自觉。人民调解协议都具有合同的法律效力,而海上渔事纠纷调处协议却对双方当事人没有任何约束力,这似乎有些不公平。无论从行政调解主体的权威性,还是从达成调解协议的正式性来看,都应赋予海上渔事纠纷调处协议合同的法律效力。双方当事人最终没有达成调解协议的原因有以下两种情况:一种是双方当事人对纠纷的认定、权利义务的认定以及责任的分配有异议,使调解无法进行;另外一种是渔民之间达成调解协议,一方或双方反悔不予履行。对于第一种情况,双方当事人根本就没有达成调解协议,当然就可以选择其他救济方式,不存在是否赋予合同的法律效力的问题。就第二种情况而言,双方既然已达成调解,那么这个调解协议就是双方当事人意思自治的表现,如果在达成调解协议后的一定期限内,又有新的证据和要求,可以请求有关机关再次进行调解,如果在这个期限内既没有提交新的证据要求等,又不履行所达成的调解协议,那么当事人可以就调解协议中的争议提起诉讼,而不是对原来双方之间的纠纷再次进行解决。根据合法、自愿原则达成的调解协议是双方意思自治的表示,应该具有合同的法律效力。

第四章
涉外海上渔事纠纷

第一节 涉外海上渔事纠纷现状及特点

一、涉外海上渔事纠纷现状

随着海洋经济地位的日渐提升,海上渔业资源日益枯竭与国内外渔业捕捞能力不断增强的矛盾凸显。因船体碰撞、刮损渔网、打击斗殴、争夺渔业资源等原因引发的纠纷不断增多,成为涉外海上各种治安刑事案件、群体性事件的一大重要诱因,严重影响了沿海地区治安稳定、社会经济持续健康发展与和谐社会的构建。近年来,我国渔民频频遭遇沿海邻国抓扣:2010年9月7日,中日在钓鱼岛海域发生撞船事件,日方逮捕中方船长;2011年3月3日,韩国海警扣押两艘涉嫌"非法作业"的中国渔船,在登船检查中韩国海警公然开枪,击伤中国船员。在黄海,我国渔民与韩国海警之间的冲突日益激烈,而朝鲜针对中国渔民的暴力事件也渐出水面。在东海,中国、日本、韩国三方海域划界久悬未决,日本对我国渔民的抓扣也由来已久。而在南海,菲律宾、越南、印度尼西亚等国在南海争端的背景下,对中国渔民虎视眈眈,轻则扣押渔民、没收财产,重则动用武力、伤及生命。2012年4月8日,菲律宾军舰在黄岩岛附近将中国渔船非法堵在潟湖内,试图抓扣我国渔民,由此引发中菲黄岩岛对峙。据农业农村部南海区渔政局不完全统计,1989年至2010年,周边国家在南沙海域袭击、抢劫、抓扣、枪杀我国渔船渔民事件达380多宗,涉及渔船750多艘、渔民11 300人,其中,25名渔民被打死或失踪,24名渔民被打伤,800多名渔民被抓扣判刑。从黄海到东海,再到南海,我国渔民频频遭到沿海邻国抓扣。渔业争端在我国与沿海邻国领土主权争端和海洋权益纠纷中扮演着越来越重要的角色,回答如何解决渔业争端的问题,从未像当前这样紧迫。①

涉外渔事纠纷骤增,是近几年沿海治安呈现的新特点。国外公权力的介入,

---

① 王青.浅析涉外渔事纠纷及其对策[J].海洋科学,2000,24(3):28-30.

使得渔事纠纷极具复杂化。近年来,随着近海渔业资源的锐减与周边国家海洋权益意识的增强,中国与周边国家的渔业纠纷频繁发生,不仅给双方渔业企业和渔民的生命财产造成重大损失,而且为域外大国插手中国周边事务制造了时机与借口,使中国与周边国家的海洋主权博弈复杂化。远洋渔民的安全保护与涉外渔事纠纷处理成为中国与周边国家外交面临的新课题。中国与周边国家的渔业纠纷既有我国渔民非法捕捞的原因,也有周边国家渔业执法部门的粗暴执法问题,甚至还与周边国家领海主权争议相关。在中国快速崛起与美国战略重心向亚太地区转移的大背景下,中国政府应加强与周边国家在渔业纠纷上的协调与合作,建立一套涉及远洋渔业资源管理、开发、冲突预防与解决的长效合作机制,为中国的和平崛起营造一个和谐的周边环境。

二、涉外海上渔事纠纷的特点

1. 涉外性

我国的涉外海上渔事纠纷,都是发生在中国籍船舶和外国籍船舶之间,外国籍船舶主要是韩国和日本等国籍的船舶。在处理涉外海上渔事纠纷时会涉及对于法律的选择及适用问题。如果依据案情两国可适用的法律规范相互冲突,那么两种法律规范之间存在的明显差异性会使得纠纷处理的标准不相等同,这就意味着适用不同的法律规范会使得渔事纠纷的处理结果不同。如对渔民自作主张私自扣人、扣物的情况,我国法律规定的是只有当案情达到了情节严重的程度时才可以追究刑事责任,没有达到情节严重程度的可以归类到治安案件进行调解处理;可是依照韩国或者日本的法律规范,就有被判为抢劫(海盗)罪的可能性。

2. 季节性

从目前已经发生的案件来看,涉外渔事纠纷有着相当明显的季节性特征,通常纠纷事故多发于春汛和冬汛时节。相关涉外渔事纠纷案件统计资料显示,近几年全部纠纷事故的90%都是发生在冬季带鱼汛的黄金季节。在春汛和冬汛捕鱼的黄金季节,每个国家的渔船都集中起来进行捕鱼作业,很难避免网具纠纷、船体磕碰等纠纷事故的发生,这时如果当事人双方渔民不能够采取正确的方法来对待事故的发生,而是使用"船大为王"的非正确手段,简单粗暴地处理网具纠纷或船体碰撞事故,那么随之而来的结果肯定会恶化原本正常的纠纷事故,使之升级成两方恶斗事件。

3. 暴力性

在正常情况下,在涉外海上渔事纠纷发生的时候,如果双方当事人可以平心静气地商议,那么双方一般可以就纠纷的相关赔偿事项达成一致的责任协议。但是因为渔民分属不同的国家,双方之间的交流会存在障碍,只能使用手势等身体语言来相互交谈。在互相不能理解语言的前提下,非常容易造成彼此的误会,会使得双方之间的矛盾突然爆发。一些渔民不主动去与相关职能部门联系,反而莽撞地使用先下手为强的方法,私自扣留对方船员、船用仪器设备等,甚至还会造成双方大规模的持械斗殴。以 2010 年 9 月 19 日拖捞船辽章渔 25068 号(41 吨级)渔船与韩方纠纷案为例,根据济州海洋警察厅介绍,该中国渔船涉嫌于 9 月 18 日上午 7 时许在济州市翰京面西南方 92 公里海域进行捕鱼作业。另外,该渔船还使用了小于 50 毫米网目的渔网。韩国警方计划将该船"押往"济州港,对船长周某(44 岁,中国辽宁省)进行"调查",并"追究刑事责任"。韩国济州海洋警察厅相关负责人称,目前 44 岁的船长已被移送至济州地方检察部门。检察部门将根据事件情况研究处罚决定。根据韩国相关法律,中国渔船船长或被处以罚金,金额约为 1 500 万韩元(约合 87 万元人民币)。交过罚金之后即可返回中国。该负责人还称,如果渔船船长暂时无法凑齐罚金,可能会被拘留,直到罚金交纳为止。①

第二节　涉外海上渔事纠纷形成的原因

一、中国与周边国家领海划界有争议

近年来,中国与周边沿海国家的领海划界问题矛盾突出,这其中也包含了专属经济区等制度的发展、跨国的渔业纠纷,渐渐成为我国与邻国海权争端的导火索。从我国东部海岸线开始,自北向南,依次经黄海、东海、南海三个海域,我国与周边 8 个国家的领海划界争议不断,导致渔事纠纷频发。在黄海海域,我国分别与朝鲜、韩国存在领海划界争议;在东海海域,钓鱼岛的主权相争也曾掀起我国与日本激烈的大规模游行示威;在南海海域,菲律宾、越南、马来西亚等国对我国部分南沙岛礁进行非法侵占,武力抓捕我国渔民,破坏双边关系。中国与周边国家领海划界的争议导致我国渔民在这些海域的生产、生活活动乃至财产、生命安全等都得不到应有的保护,常常受到邻国的非法武力抓捕和伤害。目前,我国已与日本、韩国和越南分别签订了《中韩渔业协定》《中日渔业协定》《中华人民共和国政府和越南社会主义共和国政府北部湾渔业合作协定》。虽然渔业协定保障了一部分渔船可进入邻国的专属经济区进行作业,但与之相对应的,有大量的渔船要退出原有作业的领域,另觅海洋领域进行捕捞活动。同时随着专属经济区制度的确立和海洋主权意识的提高,周边国家对入渔的条件要求也越来越高,有的国家甚至从自身的立场出发,故意挑起纠纷,加强对争议海域的掌控与实际占领。据统计,目前南沙群岛的几十个岛礁陆续被周边一些国家侵占,真正被中国有效控

---

① 参见:新闻晚报.韩国海警扣押一艘中国渔船[EB/OL].新浪网站转载.2010 年 9 月 20 日.http://news.sina.com.cn/c/2010-09-20/130018139727s.shtml.作者于 2020 年 1 月 10 日 18:37 访问该网站.

制的岛礁仅 7 个。近几年,各国均加快步伐强化对岛礁周围海域进行油气资源勘探开发,中国与周边国家的海洋主权争端日益突出。

二、诸多外界因素导致渔民违规作业

首先,由于海洋资源开发力度的不断加大以及沿海地区工业化、城市化进程的加快,我国周边海洋生态环境遭到严重破坏,近海渔业生物资源不断减少并面临枯竭的危险,大大削弱了传统渔民生存的资源基础。其次,《联合国海洋法公约》规定沿海国家在划定 200 海里的专属经济区内行使渔业资源管辖权,他国渔民想要在其专属经济区内从事渔业活动,必须取得该国的批准,并遵守该国的相关规定。由于大部分渔区都被划分到双方的专属经济区内,我国渔民出外捕鱼的主要作业地点便不可避免地也位于别国的专属经济区内,在这些专属经济区内从事捕鱼作业,需要遵守相关国家的法律法规,并交纳相应的费用。同时多数周边国家都通过国内立法对其专属经济区内他国渔船入渔条件即捕鱼的种类、数量和时间进行了限制,所以造成我国近海渔业生存空间的萎缩,大量渔民迫于生计进行远洋捕捞和违规操作。由于各地渔民交叉捕捞作业的情况越来越多,互相之间由于争抢作业区域、网具缠绕、船只撞损等原因经常发生海上渔事纠纷,而发生涉外渔事纠纷时,又不按有关操作规程来处置,造成矛盾激化。

三、渔民及远洋船员法制观念淡薄

首先,渔民的法制观念淡薄。在传统上,各渔区会组织选任渔老大,定期进行思想和法律教育、培训,把新的政策、新的法律法规,实时传达到各个渔区。近几年,随着渔业股份合作制的发展,各个渔区的渔老大选择模式变成了按股份比重来推选,由此选择出的渔老大,不可避免地出现政治素养良莠不齐的现象。很多被选出的渔老大对国家主权只有领土观念,而无领海、领空等知识,常常只顾个人利益,不懂政治,不学法律,导致屡屡发生我国渔民误入他国领海、与他国渔民之间产生性质恶劣的海上涉外渔事纠纷事件,甚至还有些渔老大利用海洋环境进行犯罪活动被追究刑事责任。其次,除了渔民之外,我国远洋企业对于派遣出海、进行远洋作业人员的培训及管理也欠缺相应系统的课程。虽然远洋船员也会经过一些培训,但常常过于敷衍,远洋船员在应付新的国际海洋环境、独立解决涉外渔事纠纷、保护自己的人身财产安全等方面,还显得力不从心。很多远洋船员并没有系统地学习过国际海洋法,对其他沿海国家的渔业规定一无所知,加之其存有偷捕的侥幸心理,致使涉外渔事纠纷处于一触即发的状态。最后,我国渔船航海仪器不够精准,常常误入他国领海,很多船员在发生涉外渔事纠纷时,不能运用他国语言进行交流与解释,没办法与他国调查人员沟通,往往会产生误会,导致原本通过交流、解释就可以解决的事情变得复杂,甚至使纠纷激化。

四、周边国家非法使用武力粗暴执法

近年来,中国与周边国家海上渔事纠纷事件频繁发生。在解决海上渔事纠纷事件时,周边国家的海上执法部门对中国渔民采取了大量非法扣押、逮捕甚至体罚等粗暴执法的方式,甚至伴随着人员伤亡的严重后果发生。其实,在 1982 年颁布的《联合国海洋法公约》中就规定:外国渔船违反其根据《联合国海洋法公约》制定的法律和规章时,应该首先采取非武力管制措施,如对进入其专属经济区非法捕鱼的渔船采取拦截、驱逐、紧追、登临、检查、司法审判等管制措施,不得使用武力伤及船上渔民。周边国家进行非法武力管制渔事纠纷的错误做法,不仅已危及我国渔民的人身、财产安全,还破坏了与我国之间良好的海上合作交流关系,同时也扰乱了和谐稳定的海上治安秩序。例如,在东海海域,韩国海警在执法时,时常出动武装舰艇和直升机,并对中国渔民使用高压水枪、橡皮子弹等武器,变换各种手段来达到压制和打击中国渔船的目的,严重地侵犯了中国渔民的合法权益,中国渔民必然采取激烈的措施反抗,以此来维护自己的人身安全与财产权利,这类事件常常造成双方人员伤亡的后果。

五、国内相关部门处理不妥导致恶性循环

首先,与陆地相比,海上的环境比较特殊。海上面积辽阔,人口稀疏,作案后不易被发现,而远海还是销赃的最好场所,在远海,赃物和罪证都难以收集。受地方保护主义的影响,国内发生的相当一部分渔事纠纷案件得不到公正处理,甚至许多大案和要案无法得到处理,加之有些政府机构和职能部门明知本地渔民的扣人、扣物行为,也不加以批评教育或以罚代刑,使得一些违法犯罪分子溜之大吉,得不到应有的惩处。部分渔民与外国籍船舶发生纠纷后,通常也采取暴力扣人、扣物的方法,结果被外国司法机关追究刑事责任。这应该引起我国执法机关和渔民群众的反思。其次,管理不善是制约我国远洋渔业事业走向国际化、规范化的瓶颈问题。在复杂的国际渔业合作环境中,必须要有一支具有国际交往能力,懂生产、会经营、善管理的干部队伍。目前,我国涉外管理人员缺乏,管理不力,从事渔业的管理人才也严重不足,加上境外作业的渔业单位,既有国营的也有民营的,又各自为政,管理力量分散,所以涉外渔业管理工作一直滞后。最后,我国部分渔船对国际渔业协定重视不够。一些渔业单位的渔船或者无证作业,或者忽视我国与邻近国家达成的渔业协定。如在韩国专属经济海域作业时,许多渔船由于产量等记录不实,被韩国方面扣留。

第三节 涉外海上渔事纠纷处理

一、加快与周边国家讨论划界问题的进程

中国在外交政策上,一直秉持着求同存异的大局观,对很多涉外问题采取了观望、搁置及回避的办法。随着全球经济的快速发展及各个国家的领海主权意识的提升,很多由领海划界的历史遗留问题所引起的海洋主权争端及涉外渔事纠纷等问题越来越突出,难以再采取回避和搁置的态度来应对。基于此,我国要摆出积极的态度,主动去推动与周边国家的磋商、谈判的进程,以此来逐步化解海洋主权争议问题。同时,中国需要投入大量的准备工作,包括开展环境资源调查和进行领海划界的法理历史研究,以便与邻国的海洋划界谈判时拿出强有力的法理依据,来证明我国的领海划界的合理性,并在可能的情况下,做出相应部分的妥协。目前,我国已与日本、韩国和越南分别签订了渔业协定,但仍然存在许多亟待明确的灰色地带,导致渔民对捕鱼界限模糊不清。因此,我国相关部门要认真研究渔业协定,主要加强灰色地带内的划界及共同渔区的使用等问题的研究和讨论,并就中国与周边国家在专属经济区内发生的涉外案例进行深入分析,遏制邻国别有用心地提高入渔条件,强化海警部队对于我国岛礁的巡航,加快推进岛礁周围海域的油气资源勘探开发活动,以此来加强我国政府对于岛礁的实际控制和管理。

二、加强海上执法队伍的维权能力建设

我国政府需要着眼于远洋渔民群体的社会保障与就业问题,防止渔民为了生计而冒险违规作业,加强海上执法队伍的维权能力建设,保护渔民的合法权益。为维护远洋渔船和渔民的正当权益与生命财产安全,需要加强现行海上执法队伍的维权能力建设,把海监、海事、渔政、海关、边防海警等整编为新的海上综合管理执法队伍统一执法。将几支不同职能、不同隶属、不同构成的队伍整合在一起,在新的平台上适用统一的规范和流程,通盘考虑能力建设和条件保障,不仅可以使我国海上执法力量步调一致、形成强大的战斗力,还可以以此传递我国维护远洋渔船与渔民切身利益的立场和决心。与此同时,基于中国渔民在周边地区频频遭遇涉外渔事纠纷的现实,我们提出建立中国海岸警备队的设想,以期维持我国领海、专属经济区和大陆架内的海事、渔业有序运转,更好地维护我国的海洋权益和海上渔民的生命财产安全。

三、强化对渔民、远洋企业及管理人员的教育管理

政府有关部门要采取多种方式,例如对渔老大进行集中培训,以各渔区为单

位开展奖惩活动,并利用休渔期及开展群众工作期间,向各渔区发放新规的宣传资料。渔民在渔场生产、进出港航行途中以及在邻国渔场周边作业时,都要严格遵守渔船安全管理制度和《联合国海洋法公约》。一旦发生纠纷,应及时和中国相关职能部门取得联系,不要因轻举妄动而造成无法挽回的后果。各远洋渔业单位要加强对远洋渔船的管理和职工队伍的培训教育。远洋渔业风险大、环境苦、文化生活贫乏,这就要求合理组建领导小组,培养一支品德正、善管理并具有一定涉外法律知识和交往能力的人才队伍。建议各地远洋企业结合我国与周边国家渔业协定的实施和远洋渔业管理等工作,制订培训计划,积极开展涉外渔业教育培训。培训工作应主要着眼于国际海洋渔业法律法规、外语以及我国与相关国家签署的具有法律效力的渔业协定等涉外知识的培训,要求涉外远洋船员适应境外作业环境,严格遵守相关的渔业协定及渔业管理制度。另外,在企业内部制定奖罚制度,评先树优、从严管理,对不良苗头及时进行处理,对参与赌、嫖、偷的船员,或给予经济处罚,或自费遣返。从而逐步增强涉外管理人员交涉能力和管理水平,提高渔船船员文化素质和法律意识,加强涉外渔业船员队伍建设。

四、与周边国家共同构建合作机制,加强信息互通

目前,随着我国渔业技术的不断创新、渔业生产能力的提高以及从事远洋捕捞的渔民数量逐步增加,与其他国家发生的海上渔事纠纷逐年递增。因此,构建双边或多边的国际渔业合作机制迫在眉睫,以维护渔区的渔业生产秩序,并对渔民的合法权益进行保障。首先,中国政府可以尝试与周边国家建立由各方人员共同组成的联合执法队伍,及时准确地将执法过程中发生的情况和问题上报各自的渔政机关,这样不仅便于沟通、协调,而且还可以相互监督,避免乱执法行为的发生。其次,要对已发生的纠纷案件,积极地予以解决,并吸取成功的经验和失败的教训,编发案例教育当事国渔民群众。目前,发生渔事纠纷后,我国渔民违规被外国执法机关查处时,不但面临着要交纳罚款的后果,而且还可能面临判刑监禁的境况。因此,中国与周边国家可由国家、海区、省市区渔业管理部门组成相应机构,接受违规渔民的请求,维护渔民的合法权益。最后,中国政府要提供相应的国际公共产品,使自身的发展更好地惠及周边国家。每个国家的发展与安宁都离不开周边国家。近年来,中国经济、军事实力不断增强,周边国家尤其是与中国有海上争端的国家相继出台限制中国渔民捕捞的政策,并企图牵扯不相干的大国来制衡中国。所以,要消除周边国家对中国和平崛起的认知偏差,除了需要进一步发展与周边国家的经贸关系,更要注重互惠、互利与让利,在渔业资源开发与管理方面更多地考虑周边国家的实际情况,使自身的发展与周边国家相协调和呼应,从而与周边国家形成真正的利益共同体与命运共同体。

第五章
海上渔事纠纷案例分析

第一节 同海区海上渔事纠纷案件评析

一、江苏太仓渔政及时调处渔损事故纠纷

【基本案情】

2009年3月24日清晨,苏太渔13××号船在渔场捕捞的8条流刺网被偏离航向误入渔场的溧水机8××号运输船损坏,双方僵持,要求渔政现场调处。接报后,江苏省太仓市渔政站立即派员出动快艇,奔赴事故现场,通过执法人员对事故现场和双方当事人的调查核实,苏太渔13××号船来电反映基本属实,渔具直接经济损失近4 000元。经执法人员现场调解,双方船长最终达成一致赔偿意见,由溧水机8××号船赔偿苏太渔13××号船网具损失费3 800元。

【案例评析】

在长江捕捞刀鲚,而因其流域捕捞季节短、渔场紧,容易产生各种渔业纠纷。在本案例中,其实只要双方或一方具有航行安全意识,在思想上重视安全,驾驶人员和轮机人员认真负责,切实履行值班职责,此类碰撞事故是完全可以避免的。在《国际海上避碰规则》第十九条中规定:以安全航速行使,必要时应该把船完全停住。航速过高,无法争取更多的时间采取有效避让措施,一旦有碰撞危险时,不能够将船停住,导致船舶碰撞。而在《渔船作业避让暂行条例》第二十三条中规定:多对渔船在相对拖网作业相遇时,如一方或双方两侧都有同向平行拖网中的渔船,转向避让确有困难,双方应及时缩小网档或采取其他有效的措施,谨慎地从双方网档的外侧通过,直到双方的网具让清为止。另外,《渔船作业避让暂行条例》第二十五条规定:采取大角度转向的拖网中渔船,不得妨碍附近渔船的正常作业。因为双方对当时的状况处理不当,在紧迫局面形成后,没有能够保持清醒头脑,对形成的紧迫局面做出相应的判断,从而导致事故发生,并且在事故发生后,都没有保持冷静的态度,去做出相应的处理。

针对长江渔业生产的特殊性,太仓渔政站提出解决方案:一是在刀鲚捕捞期间

组织一个专业小组,负责维护刀鲚专项捕捞秩序,调处渔业纠纷;二是提供专业小组成员跟踪服务,实施 24 小时动态管理,为构建平安、和谐渔区奠定坚实的基础。

二、辽宁省丹东市东港渔政管理站及时调解渔民纠纷

【基本案情】

2012 年 9 月 14 日晚间,辽宁省丹东市东港椅圈镇一贝类养殖户的 8 条吸蛤渔船在其所承包的滩涂上进行作业,其中一条作业渔船误入此滩涂上的定置网地区域,导致网具大面积破损,给定置网地渔民造成经济损失近万元。次日,渔民李某发现后,立即向东港市边防派出所报案。由于作业渔船是在天黑时无意中损坏了网具,边防部门无法立案,该渔民随后便将此事反映到了当地渔政所,椅圈渔政所了解情况后及时向处领导进行了汇报,本着维护定置网地渔民的合法权益、维护和谐稳定的海上作业环境的原则,积极进行组织协调,工作人员于第一时间把滩涂承包人、吸蛤渔船船主及定置网地渔民三方召集到一起。经过努力调解,很快达成协议,最终由吸蛤渔船船主向定置网地渔民赔偿了网具破损损失,并表示以后在作业中避免此类事件发生。

【案例评析】

在本案例中,作业渔船的行动不够规范和谨慎,在能见度不良的情况下,船舶应当遵守以下行动规则:船舶定时鸣雾号,派船员在船头瞭望,掌握好本船船位,注意附近船舶动态。在能见度不良的情况下,往往会发生船舶碰撞或者毁损网具等海损事故。所以通过此事故,应该主动吸取教训:第一,应该不断强化渔民的安全意识,开展应对海上风险与认真履行职责的相关培训和教育,增强渔民的安全责任心,要让渔民掌握其所需遵守的法则和各种规章,并在海上航行及生产中严格执行。第二,必须严格遵守《国际海上避碰规则》和《渔船作业避让暂行条例》,并按规定施放雾号和显示号灯。第三,航行时一定要根据渔船的操纵性能以及当时的航行环境和实际情况决定合适的安全航道,使能在适合当时环境和实际情况的距离内把船停住。第四,一旦渔船处于紧迫的状态下,负责驾驶的渔民一定要运用良好的船艺,果断采取措施,避免或者减轻碰撞事故损失。第五,在此类事件发生后,渔政执法人员要及时为渔民妥善调解纠纷,通过讲事实,摆道理,剖析事件起因、结果以及实际损失,客观分析要承担的法律责任和造成的不利影响,维护他们的合法权益,挽回经济损失。

三、"2·23"渔事纠纷事件

【基本案情】

2005 年 2 月 22 日晚上 11 时,A 渔船在××渔区进行单拖作业时,不慎将 B 渔船曳纲拉断,随后 A 渔船逃离现场,B 渔船和 C 渔船(与 B 渔船为同一船队的

渔船)对其进行追赶,在追赶过程中三船发生碰撞,A渔船被迫停船。三船靠帮后,双方当事人就损失的赔偿问题进行交涉,但未达成一致。随后,B渔船船长带领船员登上A渔船,欲将其强行拖往××渔港处理,结果反被A渔船船员捆绑并在此期间发生过激行为,致使6名××省籍船员被滞留在A渔船上,其中3人受伤。此后双方渔船再次相互追逐并发生碰撞,从而引发双方渔船所在两省百余艘渔船在海上群体对峙(以下简称"2·23"渔事纠纷)。事发后,农业部渔政指挥中心与两省渔业行政主管部门迅速协调,海上紧张局面得到及时化解。2月27日和3月1日,在农业部渔政指挥中心的统一安排下,滞留在A渔船上的6名××省籍船员先后分两批被安全送抵家乡,伤员也得到及时治疗。至此,"2·23"渔事纠纷平息。

【案例评析】

"2·23"渔事纠纷是一起典型的海上渔事作业纠纷事件。由于双方当事人头脑不冷静,分别召集当地渔民在海上形成剑拔弩张之势,造成现场气氛异常紧张,但农业部和地方有关部门及时采取有效措施,避免了一场海上恶性事件的发生。鉴于此次海上渔事纠纷造成的恶劣影响,为维护海上正常的作业秩序,农业部向沿海各省、自治区、直辖市渔业主管厅(局),各海区渔政渔港监督管理局印发了《关于"2·23"渔事纠纷处理情况的通报》。

《关于加强海上渔事纠纷和治安案件处理工作的通知》要求处理海上渔事纠纷应坚持公正、公平、公开的原则,坚决杜绝地方保护主义。各部门一旦接到海上渔事纠纷或由此引发的治安案件报告,应及时向当地渔业船舶船籍港渔业行政主管部门和公安边防部门或就近的渔业行政主管部门和公安边防部门通报。沿海各级渔业行政主管部门和公安边防部门要进一步加强合作,建立定期或不定期的联席会议制度,加强沟通,及时研究、解决管理中存在的问题。在当地政府的领导下,积极探索建立包括其他相关部门参加的海上渔事纠纷处理协调机制,制定海上渔事纠纷及由此引发的治安案件处理工作程序。各部门应进一步加大对渔民的宣传教育力度,提高渔民的法制意识,教育渔民严格按照《渔船作业避让暂行条例》的规定作业,发生纠纷时当事人应友好协商解决,如不能协商解决,应及时向有关部门报告。

第二节 跨海区海上渔事纠纷案件评析

一、浙江舟山市定海区成功调处一起跨市渔业纠纷事件

【基本案情】

2007年3月26日上午5时,舟山市定海区金塘镇所属的浙定渔02××号船

在17××海区海域航行时,不慎与温岭市石塘镇的浙岭渔23××号船发生碰撞,造成两船各有不同程度的损坏。浙定渔02××号船因害怕对方闹事而逃离现场,浙岭渔23××号船遂将金塘镇所属的另一艘浙定渔03××号船连船带人扣押驶往石塘。

接到金塘镇政府报告后,舟山市定海区海洋与渔业局立即与温岭市当地政府及有关部门取得实时联系,积极做好浙岭渔23××号船船员的工作,并保证将严肃追查肇事渔船,浙岭渔23××号船最终于3月26日上午放回所扣押的浙定渔03××号船。3月27日肇事渔船浙定渔02××号船到港后,舟山市定海区海洋与渔业局随即对该事件进行了调查取证,对船长在肇事后逃逸的做法给予了严厉的批评教育,并当场扣留了该船只有关证书。4月2日,舟山市定海区海洋与渔业局主动与温岭市石塘镇海事办取得联系,并派人员到石塘镇,根据相关法律法规规定对该事件进行上门调处。

【案例评析】

在本案例中,暴露出海洋渔船在安全生产工作中存在的一些必须要注意的问题:第一,浙定渔02××号船的船长安全意识相对淡薄,遵守法律法规的自觉性不高,不能切实履行安全生产主体的责任。具体表现主要有:渔船未能保持良好的适航、适渔状态,在发生事故后没有采取冷静的解决措施,承担相应的责任,而是逃离现场。第二,对于渔船的安全监管工作有待进一步加强。当前的突出问题主要有:渔船安全管理长效机制尚不健全,漏管、失管现象时有发生;渔船安全管理的法律制度尤其是渔船进出港签证、渔船检验、渔船船员持证上岗等的贯彻执行不尽如人意,安全隐患较多,安全事故屡有发生;并且对于养殖渔船及本案例中的小型渔船监管工作相对滞后,缺乏切实可行的监督制度和办法,导致相当部分养殖渔船和小型渔船漏管失管。

在本案例中,对海上渔事纠纷的妥善解决避免了恶性事件的发生,对保障渔民生命财产安全和维护"双塘联谊"成果都起到了积极作用。

二、山东省寿光市渔港监督管理机构成功调解跨地区渔业海损事故纠纷

【基本案情】

2010年10月5日上午,鲁潍渔32××号船在北纬37°43′、东经119°41′海域航行时,因操作人员疏忽大意,将在此海域作业的鲁莱州渔24××号船左舷机舱碰撞,导致该船毁坏,机舱大量进水,当即沉没。鲁潍渔32××号船立即组织施救,将落水人员全部救起,事故造成近20万元的直接经济损失。事故发生后,鲁潍渔32××号船返回羊口港,立即向寿光渔港监督管理机构报案,并请求寿光渔港监督管理机构对双方进行调解。

【案例评析】

由于生产环境以及作业方式的特殊性,对于渔业生产这种高风险的行业来说,生产性事故的发生率大大超过陆地的其他行业。通过分析此次事故,可以发现:第一,渔船船长对于渔业安全生产的投入不够。当前,不少渔船船长在经济利益的驱使下,为减少生产成本,不重视机械设备的维修保养,不规范要求配备救生、通信和导航等设备,这种重视生产、轻视安全的行为大大降低了渔船的安全性能,致使一旦发生船舶倾覆、沉没等祸事时,渔船船员根本没有足够的安全救生设备可用来自救,在这种情况下,必定会造成人员伤亡,造成海损事故进一步扩大。第二,渔船安全技术操作水平较低,操作失误、违章操作也是导致生产性事故多发的一个重要原因。当前,随着渔业经济体制改革的不断深入,渔船经营主体的变换和渔工流动都比较频繁,导致渔船船员配备不足;而内陆非渔业劳动力的大量涌入又使得当前渔业从业人员的构成更加复杂,其技术素质参差不齐。类似于本案例中的这种操作失误给当前的渔业安全生产埋下了很大的隐患。

在本案例中,由于事故双方都不是寿光当地船舶,为减少当事双方往返路途太远造成的麻烦,避免拖延时间过长造成恶劣影响,使这一事故尽快得到解决,寿光渔港监督机构的工作人员根据有关程序,详细询问双方的船员,对事故进行调查了解,查看肇事船舶受损状况,认真做好笔录,根据事故造成的损失和双方的责任比例,对当事双方做了耐心细致的思想工作,最终在双方自愿的情况下达成了和解。

第三节 跨省区海上渔事纠纷案件评析

一、南海区渔政渔港监督管理局协调处理粤桂渔船海上纠纷案件

【基本案情】

2006年4月10日,南海区渔政渔港监督管理局接广西北海渔民陈某某来电,称桂北渔18××号船(船上共8人)于6时在海南省铜鼓渔场与粤湛江00××号渔船发生网具纠纷,遭粤湛江00××号渔船及其招来的一艘无船名牌铁壳渔船和另两艘木质渔船围攻、碰撞,已被打伤两人,渔船被撞漏水,情况危急。接报后,南海区渔政渔港监督管理局一方面要求报案人立即向海上110报案;另一方面向事发海域所在地海南省海洋与渔业厅通报了相关情况,要求其派出渔政船前往控制局势,同时要求广西区水产畜牧局和广东省渔政总队湛江支队尽快与当事船只取得联系,协调渔民妥善解决纠纷。当晚,中国渔政船及边防官兵赶到现场,成功控制了当事双方的对立情绪,并将随时有沉没可能的桂北渔18××号船安全拖回清澜渔港。据调查,此次事件对双方皆造成了财产损失并致3人受伤,其

中粤湛江00××号渔船有2人需要留院治疗。

【案例评析】

在此次案件中,海南省有关渔政渔港监督执法人员协助公安边防部门做事故的调查取证及善后处理工作,并且成功协调广东、广西、海南三省(区)有关单位,妥善处置了粤桂渔船在海南省水域发生的网具纠纷案件,避免了恶性事件的发生。

《中华人民共和国治安管理处罚法》第二十六条规定:有下列行为之一的,处五日以上十日以下拘留,可以并处五百元以下罚款;情节较重的,处十日以上十五日以下拘留,可以并处一千元以下罚款:(一)结伙斗殴的;(二)追逐、拦截他人的;(三)强拿硬要或者任意损毁、占用公私财物的;(四)其他寻衅滋事行为。第四十三条规定:殴打他人的,或者故意伤害他人身体的,处五日以上十日以下拘留,并处二百元以上五百元以下罚款;情节较轻的,处五日以下拘留或者五百元以下罚款。有下列情形之一的,处十日以上十五日以下拘留,并处五百元以上一千元以下罚款:(一)结伙殴打、伤害他人的;(二)殴打、伤害残疾人、孕妇、不满十四周岁的人或者六十周岁以上的人的;(三)多次殴打、伤害他人或者一次殴打、伤害多人的。在海上渔业生产作业过程中,一旦出现事故,不能冷静处理,就会造成财产损失甚至人员伤亡的严重后果。

针对该起事故所暴露出来的问题,我们认为:为减少渔事纠纷过程中的人员伤亡事故,加强渔业安全生产宣传、教育和培训,提高船员综合素质,是减少事故发生,乃至在事故发生后能够完善处理纠纷的关键点。相关渔业管理部门应做好如下工作:第一,加强渔业安全生产的宣传教育,普及安全生产及相关的法律法规知识,切实提高广大渔业从业人员的安全法制意识和自我保障意识,使其在发生纠纷时,自觉遵守海上渔事的各项规章制度,确保渔业生产安全顺利地进行。第二,加强渔业生产安全培训,使广大渔业从业人员进一步掌握各项技能,正确认识渔业生产过程中的危险因素和事故规律,及时发现和消除事故隐患,增强预防、控制事故的能力。培训内容应包括:海上渔业生产的专业技能、航海技术以及预防渔事纠纷事故的各种知识、发生渔事纠纷事故后的妥善解决措施以及急救措施等。第三,要经常性地开展渔船安全大检查,认真查找存在的薄弱环节和漏洞,及时督促整改。

二、"5·4"渔事纠纷事件

【基本案情】

2007年5月4日,212海区有大雾,能见度低,正在漂流的"鲁文渔32××"号船与正在航行的"浙岭渔23××"号船发生碰撞。"鲁文渔32××"号船驾驶室、冷冻室等设施受损,"浙岭渔23××"号船艏部分变形。事发后,当事双方未能就损失赔偿达成一致意见。因"浙岭渔23××"号船未携带任何船舶证件,"鲁文渔

32××"号船担心碰撞损失得不到赔偿,派 6 名船员登上"浙岭渔 23××"号船并将其拖带至山东省威海渔港接受处理(此次事故下文简称"5·4"纠纷)。5 月 7 日,两船抵达威海,"鲁文渔 32××"号船向威海市边防派出所报案。5 月 9 日,"浙岭渔 23××"号船及 8 名船员自行离开威海返回浙江省温岭市。

【案例评析】

本起事故,即"5·4"纠纷,本是一起常见的碰撞事故,但由于当事双方的主观过错,结果造成了不良的社会影响。农业部及时指定黄渤海、东海区渔政渔港监督管理局对纠纷情况分别进行调查。并应当事双方的书面申请,农业部渔政指挥中心对纠纷进行行政调解,促成当事双方就碰撞损失赔偿问题达成一致意见。随后,农业部办公厅发出《农业部办公厅关于"5·4"纠纷调处情况的通报》(以下简称《通报》),对碰撞纠纷及调处情况进行通报,并根据当事双方在纠纷中的责任及造成的后果,依法对"鲁文渔 32××"号船及"浙岭渔 23××"号船作出行政处罚决定。《通报》同时要求各级渔业行政主管部门及其渔政渔港监督管理机构通过对"5·4"纠纷的反思,加强渔船管理和渔民教育工作,特别要强化对渔船证书和职务船员证书的管理,进一步加强对渔民的宣传教育,提高渔民群众安全生产和自觉守法意识,防止并减少海上类似纠纷的发生。根据《中华人民共和国渔业港航监督行政处罚规定》,决定对负有直接责任的当事双方船长和渔船上的其他人予以相应的行政处罚,由山东、浙江两省渔业行政主管部门执行:第一,"鲁文渔 32××"号船事发后不向渔政渔港监督管理机关报告,将"浙岭渔 23××"号船及 8 名船员拖带至威海渔港,扰乱了海上正常渔业生产秩序,扣留其船长唐某某职务船员证书 3 个月,并处以 800 元罚款;个别职务船员证书所载内容与船舶情况不符,责令船舶所有人整改,并处以 200 元罚款。第二,"浙岭渔 23××"号船未持有船舶登记证书、检验证书和航行签证簿,对船舶所有人处以 800 元罚款;其职务船员证书不齐,责令船舶所有人整改,并处以 200 元罚款。

"5·4"纠纷暴露出当前渔业管理中存在的薄弱环节和渔民法制意识的淡薄,它对渔业管理部门和当事渔民都是一次深刻的教训。各级渔业行政主管部门及其渔政渔港监督管理机构要通过对"5·4"纠纷的反思,从执政为民和维护渔区社会稳定的高度,加强渔船管理和渔民教育工作,特别要强化对渔船证书和职务船员证书的管理,进一步加强对渔民的宣传教育,提高渔民群众的安全生产和自觉守法意识,防止并减少海上类似纠纷的发生。

三、浙江温岭市处理涉台渔事纠纷

【基本案情】

2013 年 1 月 24 日傍晚,浙江省温岭市石塘镇西沙村渔民杨某某在台湾海峡附近作业时遭遇渔事纠纷,被台湾新北市淡水海巡队扣留。在接到"浙椒渔 78×

×"号渔船被台湾新北市方面扣留的求救信息后,温岭市台办、松门台胞站立即启动涉台渔事纠纷调处机制,当晚即与台湾苏澳区渔会取得了联系,双方同意启动《浙江温岭·台湾苏澳区渔会交流会暨渔事纠纷协同调处备忘录》。按照备忘录的协调机制,苏澳区渔会马上实施了救助行动,与台湾新北市淡水海巡队进行多次协调,要求从速处理。次日中午,经过调处,渔民杨某某妥善办理好相关手续后顺利返航,此时距离该渔民被扣留不到24小时。

【案例评析】

事故发生后,温岭市台办、松门台胞站立即启动涉台渔事纠纷调处机制,做到从速处理浙江渔民被台湾新北市方面扣留的事件。渔政监督管理机构在执法过程中采取的扣留渔具、渔船或者捕捞许可证等强制性的手段,就其性质而言,是属于行政强制的范畴。根据行政法中对于行政强制的规定,其权利的行使和来源必须要有相应的法律来明确规定,否则就不能行使这项权利。所以,基于对海上渔事纠纷执法的特点,修订之后的《渔业法》补充增加了一款(第四十八条第二款)关于海上渔业执法的行政强制措施的规定,明确赋予了渔政监督管理机构在特定的条件下,可行使暂扣捕捞许可证、渔具或者渔船的强制权。根据该项规定,渔政监督管理机构须同时符合或具备以下三个方面的特定条件,方可行使暂扣捕捞许可证、渔具或渔船的行政强制措施:(1)海上执法。(2)只针对以下五类违法行为的查处:①违反禁渔区规定进行捕捞的;②违反禁渔期规定进行捕捞的;③使用禁用渔具进行捕捞的;④使用禁用捕捞方法的,如电鱼、炸鱼、毒鱼;⑤未取得捕捞许可证进行捕捞的。(3)违法行为事实清楚,证据充分,当场不能按法定程序作出和执行行政处罚决定的。

在本案例中,浙江籍渔民杨某某在台湾海峡附近作业时遭遇渔事纠纷,符合渔政监督管理机构可行使暂扣捕捞许可证、渔具或者渔船的强制权。而温岭市台办、松门台胞站立即启动《浙江温岭·台湾苏澳区渔会交流会暨渔事纠纷协同调处备忘录》,按照备忘录的协调机制实施救助,保证了渔民的人身安全。2012年8月,温岭市松门台胞站与台湾苏澳区渔会签署《浙江温岭·台湾苏澳区渔会交流会暨渔事纠纷协同调处备忘录》。本案例是《浙江温岭·台湾苏澳区渔会交流会暨渔事纠纷协同调处备忘录》签署后发生的第一起纠纷,有了这个备忘录机制,温岭渔民遭遇涉台渔事纠纷后,整个处理过程变得透明,事情处理起来更加方便。本案例也证明了加强两岸渔事协作、交流沟通的重要性。

四、调处争渤海资源造成的群体性渔事纠纷

【基本案情】

2010年3月17日上午,以孙某某为首的辽宁省绥中、葫芦岛渔民船队先行抢占了25渔区,以田某某为首的河北省昌黎、乐亭渔民船队也早有准备,向该

渔区靠近。由于双方情绪失控,狭路相逢的渔民用石头等作为武器互相攻击。此次纠纷是一起全国罕见的海上聚众斗殴纠纷案,涉及 48 条渔船、250 多人参与此次聚众斗殴,双方用船只互相撞击,互投石头和网角子等渔具,共导致 15 条渔船受损(辽宁 7 条,河北 8 条),造成 1 人死亡、1 人下落不明,双方损失达几百万元。海警支队从立案到侦破就历时 80 天,陆续将田某某、杨某某等人刑拘,孙某某在逃。

【案例评析】

这起海上聚众斗殴案件发生地位于东经 120°10′、北纬 39°18′,按渔政划分排序为 25 渔区,属于由农业部黄渤海区渔政局管辖的公共海域。根据公安部边防管理局规定,该海域归河北省边防总队海警支队管辖。依据约定俗成和历史传承,25 渔区一直以来由河北渔民捕捞作业。近年来,由于部分公共海域缺乏明确的捕捞区域划分,一些辽宁籍渔船也时常到该海域作业,引起了河北渔民的不满,特别是辽宁绥中县"海上雄鹰"船队时常进入,导致双方不断发生摩擦。此外,个别地方黑恶势力窥视海上的巨大经济利益,介入船队搞"圈海占地",扰乱了渔区的稳定。海上案件具有特殊性,执法船一开动,烧的就是钱,执法成本巨大;海上保留证据难,海上案件跨省、跨市更是家常便饭,案件侦破难度较大。目前海上执法船艇较少、吨位较小,经费也捉襟见肘,每破获一个案件,牵扯的警力和精力都很多。随着渔船数量不断增加,渔业资源日益匮乏,邻近渔民开始争夺渔业资源,但这仅仅是大规模、群体性、跨省市渔事纠纷的一个表层原因。最主要的原因是,尽管有"多龙治海",但因职能重叠,形成了谁都能管、谁都不管的"海上乱局"。

其实此类案件并不只发生在渤海,我国其他海域也有不同程度的存在。唯有在国家层面,变目前的多头管理模式,为"海上一把抓、上岸再分家"模式,形成海上执法合力,降低执法成本,才能走出当前海上管理困局。

第四节　涉外海上渔事纠纷案件评析

一、东海区渔政局促成解决江苏省首例渔业海事仲裁案件

【基本案情】

2009 年 12 月 6 日,江苏省"苏赣渔 02××"号船与柬埔寨籍"东澜(DONG LAN)"货轮发生碰撞,事故导致渔船沉没,并造成经济损失人民币 100 余万元,所幸船员全部获救。经调查取证查明,事故主要原因为外籍货轮疏忽瞭望,没有采取安全航速航行,且避让措施不当,应承担主要责任。2010 年 1 月 29 日,事故双方根据仲裁规定在共同选定的独任仲裁员吴建平的主持调解下,自愿达成和解协议。

【案例评析】

此次事件在东海区渔政局的积极指导下,多次会同地方渔监部门对双方当事人进行调解,渔业行政执法人员在调查后于第一时间向上级主管部门、海事机构等提出协查要求,经过多方努力,通过中国海事仲裁委员会渔业争议解决中心解决纠纷。多数事故往往发生后,当事者很少注意并完整地记录肇事船舶的船号及特征,常常对事故经过的记忆会变模糊,所以,渔政监督管理机构记录的翔实的调查笔录的作用就显得尤为重要。渔政行政执法人员应针对不同案件拟定详尽的讯问提纲,特别是针对事故发生前后肇事船舶的特征及动态的记录,且渔业行政执法人员对于受损的渔船特征等细节描述上一定要尊重事实,切不可主观臆断。

为进一步推进平安渔业建设,构建和谐渔区,渔政局针对渔业安全事故多发、行政调解、司法诉讼等传统渔业海事纠纷解决方式存在耗时长、程序复杂、费用高等弊端,在海事调查处理工作中不断拓宽渠道,倡导多元化解决方式,广泛加强宣传,积极推广渔业海事仲裁,充分利用其优点将渔业海事仲裁案件顺利解决。而仲裁作为国际通行的争议解决方式,具有充分自治、程序简便、信息保密、费用低廉、权威公正和终局裁决、易于执行等优势,能够较好地弥补行政调解和司法诉讼方式的功能缺陷。通过不断加强与中国海事仲裁委员会的合作,渔政局可以将仲裁机制纳入日常的渔业海事调查处理工作中,在辖区内帮助渔民成功解决渔事纠纷,维护广大渔民的合法权益和渔区的社会稳定,为平安渔业建设做出积极的贡献。

二、福建闽东渔26××号事故理赔妥善解决

【基本案情】

2010年1月20日,闽东渔26××号渔船在东山兄弟屿以南4海里附近海域,被一艘巴拿马籍滚装船"库里提巴"撞击,导致渔船沉没,12名船员全部落水后失踪。事故发生后,东山县海洋与渔业局迅速成立善后工作组并第一时间与当地人保公司接洽,由该公司预付遇难船员渔工责任险50万元,于事发两天后为每位失踪船员家属送去了2万元的预先理赔款。经过共同努力,该起案件的赔偿款由最初的341.61万元提高到了最终的660万元。2010年11月中旬,福建省东山县海洋与渔业局会同当地有关单位举行了闽东渔26××号渔船赔偿款公开发放仪式,将该失踪渔船12名失踪船员及沉没渔船的赔偿款共计660万元送到遇难家属手中,其中失踪船员每人获赔40万元,失踪渔船获赔180万元。至此,闽东渔26××号渔船碰撞失踪案件理赔工作已得到妥善解决。

【案例评析】

在本起事故的处理过程中,东山县海洋与渔业局联合成立了善后工作组,联系了保险公司。紧接着,福建省东山县海洋与渔业局继续认真履行职能责任,积

极帮助船东和遇难家属收集事故证据,要求律师机构为肇事船提供担保以及参与一轮又一轮的赔偿谈判;并且会同各单位召开赔偿款发放仪式,保证透明度,为顺利地解决事故起到了非常关键的作用。此次事故理赔的妥善解决,为遇难家属争取到了更多应有的合法权益,及时安抚了遇难家属失去亲人的悲痛情绪,有效地将遇难家属有可能因理赔不满而引发的过激行为遏制在萌芽之中,维护了渔区的稳定。

  目前随着我国立法工作的发展,渔事及相关法律法规也日渐完善,国内的海上渔事纠纷赔偿标准也逐渐趋同于涉外的渔事纠纷赔偿标准。不过因为牵涉外籍船舶,涉外事故一旦发生,在事故处理以及赔偿范围上,与国内事故还是有区别的。涉外事故在人身伤亡赔偿时,看重伤亡人员的年龄及其年收入;而国内在人身伤亡赔偿时,注重伤亡人员需要抚养和赡养的人员。另外,涉外事故在赔偿的时候,除了赔偿直接损失还要赔偿间接损失,例如聘请律师等费用。

第六章
治安调解制度概述

第一节 治安调解的历史考察

一、中国古代的调解

在我国,调解有着非常深厚悠久的历史。早在三千多年前的西周时期,就已经有相关调解的铜器铭文记载。据考证,在当时的西周官府中,就设有专门负责调处纠纷、平息诉讼的官职,称为"调人""胥吏"。秦汉时期,官府的调解职能进一步强化,逐步发展为乡官治事的调解机制,调处息讼进入司法实践阶段。县以下的乡、亭、里设有"啬夫"(啬夫是当时负责乡内政的官吏),其主要承担"职听讼""收赋税"两项职责,其中"职听讼"也就是调解民间矛盾纠纷。唐宋以来,民间的矛盾纠纷日显增多,调处机制得以进一步发展。唐代沿袭前制,县以下的行政办事机构都没有被赋予审判权,但凡乡里发生的民间纠纷、讼事等,则先由坊正、村正、里正组织调解。如调解未果,才能上诉至县衙。至明清时期,调解已趋于完善,逐渐呈现制度化、法制化的趋势。明朝颁行的《大明律》使民间调解行为上升到法律规范的层次,《大明律》规定:凡民间应有词状,许耆老、里长准受于本亭剖理。为此,明朝专门在乡一级设置了用于调处民间矛盾纠纷的处所——"申明亭"。[1] 清朝在县以下的行政组织中实行保甲制,设排头、甲头、保正,主要负责户籍、课税、治安和调处矛盾纠纷。到民国政府时期,调解制度仍旧继承下来。县以下设有区、乡、镇,《区自治施行法》和《乡镇自治施行法》都有明确规定,在区、乡、镇中设立调解委员会,其成员需由具有一定法律知识和声望的公正人士担任,并且只由所在区、乡、镇的公民中选举产生。[2]

在古代长期的调解实践中,逐步发展产生了官吏的官方调解、家族的宗族调解、自发的民间调解以及官批民调等多种调解方式。如古代官制中的"调人""胥

---

[1] 刘翼.治安调解制度研究[D].长沙:湖南师范大学,2009.
[2] 黄志毅.人民调解的创新与变革[D].广州:中山大学,2005.

吏""啬夫",其承担着"掌司万民之难而谐和之"的职责,这种由官吏主持调解的方式就是官方调解。同时,在普通老百姓的日常生活中,为了不受官府、衙门的欺压和刀笔、讼师的盘剥,有时也为了省时、省钱、省力,发生了矛盾纠纷则更倾向于邀请家族长辈、亲朋好友及那些作风正派、办事公道、德高望重的人出面调停、斡旋,于是就形成了家族的宗族调解和自发的民间调解。受传统"官本位"等封建法律文化因素的影响,官方调解相比其他调解方式而言,更具有高效性、公正性和权威性,在古代中国的各种调解制度中无疑占据着主导地位,在解决民间矛盾纠纷、维护社会治安秩序、促进经济和社会发展等方面发挥了积极而重要的作用,特别是潜移默化地根植了民众依靠官方"评评理""讨说法""要公道",从而解决矛盾纷争的习惯。我国现行的各项调解制度正是在传统调解制度的基础上进行改造和扬弃,取其精华,弃其糟粕,逐步形成、发展起来的,形成了中国特色,被西方誉为"东方一枝花""东方经验"。

二、新中国的治安调解

新中国成立之初,公安机关和军队是这一时期人民民主专政的两大重要工具。公安机关的主要职能是服务于阶级斗争。在1954年第六次全国公安工作会议上,罗瑞卿在报告上指出:"根据党在过渡时期的总路线和总任务,人民公安机关在过渡时期的基本任务是:进一步加强人民公安机关[①],提高人民的革命警惕性,严厉镇压帝国主义和国民党的特务间谍分子及其他一切反革命分子的破坏活动,巩固人民民主专政,以保障国家社会主义经济建设和社会主义改造的顺利实现。鉴于镇压反革命运动结束以后敌人更加隐蔽和敌情更加复杂,以及当前人民公安机关各项业务工作还不能适应今后对敌斗争需要的事实,特别是各方面的专门工作还十分薄弱的事实;因此,为了有效地实现上述基本任务,各级人民公安机关在今后一定的时期内,必须确定地以保卫国家的社会主义经济建设和国防建设、保障社会主义改造的顺利实施作为自己的工作中心,一切公安业务的进行都必须服从于这个工作中心,并围绕着这个工作中心去大力加强各项业务建设。在工作方法上,必须强调用加强隐蔽斗争中的侦查工作,作为今后对敌斗争的主要手段,并使此种斗争手段与民警治安及其他斗争手段相结合,以严厉镇压帝国主义和国民党的特务间谍分子及其他一切反革命分子。"[②]在此特殊时期,公安机关维持社会治安秩序是以专政的方式,并不涉及纠纷的调解。

1957年10月颁布的《中华人民共和国治安管理处罚条例》第二十九条规定:"因违反治安管理造成的损失或者伤害,由违反治安管理的人赔偿或者负担

---

① 此处疑应为"进一步加强人民公安工作"。
② 罗瑞卿.过渡时期公安机关的基本任务和几个具体政策问题[M]//罗瑞卿论人民公安工作.北京:群众出版社,1994:207-208.

医疗费用;如果造成损失、伤害的是不满十八岁的人或者精神病人,由他们的家长、监护人负责赔偿或者负担医疗费用。"按照规定,公安机关对因治安行为造成的民事纠纷具有了单一的纠纷裁决权。这也是公安机关在纠纷解决领域迈出的第一步。

20世纪80年代,随着我国对外开放、对内搞活经济,城市与农村的经济改革深入发展,治安工作发生了深刻的变化。有些地方提出,抓好社会治安的根本方针,是全党动手实行全面综合治理。① 1986年9月5日修订的《中华人民共和国治安管理处罚条例》第五条规定:"对于因民间纠纷引起的打架斗殴或者损毁他人财物等违反治安管理行为,情节轻微的,公安机关可以调解处理。"治安调解被首次提了出来。

20世纪90年代以来,公安机关人民警察为人民服务的宗旨,被社会所广泛关注。从法律完善方面看,1995年2月28日人大常委会通过的《中华人民共和国人民警察法》第二十一条明确规定:"对公民提出解决纠纷的要求,应当给予帮助。"解决各类纠纷已成为公安机关人民警察的一项重要任务。2004年1月实施的《公安机关办理行政案件程序规定》明确规定了调解的具体程序与调解原则、要求,为在调解达成协议的情况下不再处罚违法当事人提供了依据。2005年8月人大常委会通过的《中华人民共和国治安管理处罚法》第九条规定:"对于因民间纠纷引起的打架斗殴或者损毁他人……经调解未达成协议或者达成协议后不履行的,公安机关应当依照本法的规定对违反治安管理行为人给予处罚,并告知当事人可以就民事争议依法向人民法院提起民事诉讼。"从社会实践方面看,公安机关职能的转变为治安调解的发展提供了良好的环境。作为政府机关的一部分,随着政府职能的不断调整、服务型政府建设的推进,公安机关也在不断深化管理改革,研究切实解决涉及人民群众根本利益的问题,以提高服务的水平,维护社会稳定,创造良好的社会治安环境。② 如公安机关110所提倡的"有警必接、有难必帮、有险必救、有求必应"。在这样的社会现实和意识下,一旦遇到纠纷或发生治安案件,大多数人会信赖公安机关的权威,自愿让公安机关社区民警出面帮助解决纠纷。可见,经过近20年的发展,治安调解已走上法制化轨道,并深入人心。

---

① 王鉴.全党动手抓好今冬明春的社会治安工作[J].法学,1982(12):9-10.
② 参见:胡云志.浅议在经济转型升级的新形势下如何做好企业安全保卫工作[EB/OL].新浪网站转载.2018年1月2日.http://www.g3mv.com/yc/2018/1012697.html.作者于2020年1月10日18:52访问该网站.

第二节　治安调解的概念解析

一、调解

调解是一种解决纠纷的活动。它伴随着纠纷的产生而产生,是一种较为缓和的解决纠纷的方式。它随着人类社会的产生而产生,又随着人类社会的发展而发展。通常人们把调解定义为:"在第三方的主持下,以国家法律、法规、规章和政策以及社会公德为依据,对纠纷双方进行斡旋、劝说,促进他们互相谅解,进行协商,自愿达成协议,消除纷争的活动。"[①]我国的调解制度主要由人民调解、行政调解和司法调解三部分构成,目前我国的调解应以消除对抗、减少纷争、促进和谐发展为出发点和落脚点,充分发挥其简便、快捷、经济、灵活的优点,维护和谐的社会环境。

二、行政调解

"行政调解是介于人民调解和司法调解之间的一种调解制度,一般是指由国家行政机关出面主持的,以国家法律和政策为依据,以自愿为原则,通过说服教育等方法,促使双方当事人平等协商,互让互谅,达成协议,消除纠纷的诉讼外活动。"[②]在现实中,公安机关派出所基层民警在处理治安案件时对民事纠纷的调解活动,就属于公安机关行政调解中的一种,它通常具有法定性、附带性等特点。

三、治安调解

治安调解是公安机关行政调解的一部分。根据公安部《公安机关治安调解工作规范》,治安调解是指"对于因民间纠纷引起的打架斗殴或者损毁他人财物等违反治安管理、情节较轻的治安案件,在公安机关的主持下,以国家法律、法规和规章为依据,在查清事实、分清责任的基础上,劝说、教育并促使双方交换意见,达成协议,对治安案件作出处理的活动"。实际上,治安调解就是公安机关基层民警站在中立第三方的角度,促成治安案件的纠纷双方互相谅解、达成协议,受害人不再要求追究,治安违法人给予受害人一定经济补偿,同时公安机关不再追究违法人行政责任,具有教育人民群众、消除社会纷争的作用。

---

① 江伟,杨荣新.人民调解学概论[M].北京:法律出版社,1990:1.
② 崔卓兰.新编行政法学[M].北京:科学出版社,2004:107.

四、治安调解的特点

1. 治安调解具有唯一性

公安机关作为行政机关之一,是治安调解唯一的中立第三方。治安调解不仅由公安机关主持,而且只能由公安机关主持,具有排他性。这是其与人民调解、司法调解和其他行政调解的主要区别之一。"司法调解即法院调解,是指在人民法院审判人员的主持下,双方当事人就民事权益争议自愿、平等地进行协商,已达成协议,解决纠纷的活动",[①]其主体是人民法院。而人民调解是我国数量最多的一种调解,其主体是属于群众自治组织的人民调解委员会等。其他行政调解的主体则是涉及相关行政职权的行政机关。

2. 治安调解具有准行政性

目前,我国公安机关治安调解的法律依据有《中华人民共和国治安管理处罚法》《公安机关办理行政案件程序规定》和《公安机关治安调解工作规范》。在治安调解中公安机关作为中立第三者,按照有关规定和程序,对争议双方进行调停处理。这种调停处理不同于其他一般的行政行为。治安调解仅仅是公安机关为解决当事人纠纷提供的一种服务,在治安调解不成或调解协议达成后又得不到执行时,当事人可直接向人民法院提起民事诉讼。[②]

3. 治安调解具有非强制性

治安调解主要体现的是意思自治,在方式上以当事人自愿为前提。能否使用治安调解,能否邀请别人参加,调解涉及哪些内容,如何签订、履行调解协议等均由当事人双方合意决定,公安机关充当的是劝说、教育并促使双方交换意见的角色,更加具有服务特征,而非强制性特征。虽然治安民警对无正当理由不履行协议的,可依法对违反治安管理行为人予以处罚,对当事人具有强制性诱因,但治安调解协议属于当事人的自治性权利处分行为,尽管不同于严格意义上的合同,但在本质上仍属于一种契约,主要靠双方当事人的承诺、信用和社会舆论等道德力量来执行,公安机关无权约束当事人执行。

4. 治安调解具有合理性

治安调解一般在气氛环境比较轻松的条件下进行,当事人的纠纷容易在放松的、至少是比较容易接受的气氛中化解。而且治安调解可以不公开,对于要求保护国家机密、商业秘密或者个人隐私的,可以尽可能缩小影响范围。另外,即使当事人本人行为能力较弱也不至于影响调解的结果,有利于当事人本人参与纠纷解决。可见,治安调解的合理性已逐步为人们所接受,这也是其方兴未艾、逐步制度

[①] 江伟.民事诉讼法学(第二版)[M].北京:北京大学出版社,2014:195.
[②] 李宝记,李永源.治安调解的法律技巧[J].武汉公安干部学院学报,2014,28(4):17-20.

化的重要原因之一。同时,与审判程序相比较而言,治安调解的程序更为简便,成本更为低廉,可以在较短的时间内让当事人达成治安调解协议书并遵照执行。

5. 治安调解具有灵活性

在当事人主张和事实的证明责任、适用规范以及运作方式上,治安调解都具有很大的灵活性。如所适用的规范,除法律规范和原则外,还能以社会规范作为依据和标准,例如地方惯例、公共道德标准、通行的公平原则等。另外,当事人可以根据自身的利益和条件充分地进行协商,一次调解不成,还可以在7个工作日内进行二次调解,达成符合实际的、能为双方所接受的协议,其灵活性可见一斑。[①]

第三节 治安调解适用的原则

治安调解是一项专门的公安工作,根据《公安机关办理行政案件程序规定》和《公安机关治安调解工作规范》的规定,必须遵循以下适用原则。

一、公开原则

治安调解公开原则,是指公安民警在使用调解方式处理治安案件时,除"涉及个人隐私"和"违反治安管理行为人和受害人都要求不公开调解"这两种情况外,应该将整个调解过程和调解的内容向有关当事人和社会公开。治安调解活动的公开化,既有利于社会对公安机关执法产生信任,有利于对人民群众进行法制教育,也可以将公安机关的行政执法行为置于公众的监督之下,防止办案人员在办案过程中徇私枉法,从而起到保护公民合法权益的作用。根据有关规定,在理解公开原则时应该注意如下问题:

(1) 治安调解活动的公开范围。治安调解活动的公开范围并不限于案件的有关当事人,治安调解活动要对群众和社会公开,允许群众旁听。允许记者采访报道案情、整个调解活动以及调解的内容。

(2) 治安调解活动应予公开的内容。在治安调解过程中应该公开的内容包括公安机关进行治安调解的法律依据、案件的事实真相、调解的全过程以及调解的结果等。

(3) 治安调解活动公开的方式。治安调解的公开化与人民法院审理案件的公开原则在价值取向上虽有相同之处,但是,治安调解属于行政工作,更加强调办案效率;而人民法院对案件的审理却属于司法活动,更加强调公平和公正,这就决定了治安调解只能采取公告、布告等简易的公开方式。也就是说,公安机关在调

---

① 韩强.我国治安调解制度法律问题研究[D].呼和浩特:内蒙古大学,2011.

解活动中所担负的公开义务是一种应群众和媒体的要求提供相关信息和不阻挠群众和社会了解案件真相、对案件进行宣传和报道的义务。

当然，公开原则只是调解的一般原则，这项原则也存在例外的情况。公开原则存在两种例外情况：

(1) 涉及个人隐私的例外。所谓"个人隐私"，一般是指受法律保护、供个人支配并排除他人干涉的个人秘密和个人私生活。出于保护当事人隐私权的考虑，涉及个人隐私的调解活动不能公开进行。

(2) 违反治安管理行为人和受害人都要求不公开调解的例外。也就是说，如果违反治安管理的违法行为人和受害人同时要求不公开调解的，调解可以不公开。但是，在这种情况下，是否进行公开调解的决定权在公安机关。如果只有一方当事人要求不公开调解，而另一方当事人要求公开，除非涉及个人隐私，调解活动应该公开进行。

二、公正合法原则

公正合法原则是整个治安调解的基本原则。公正，是指公安机关及其公安民警在调解过程中，应该忠实于案件的事实真相和法律的规定，通过为双方当事人提供平等的程序保障，实现双方当事人实体性权利义务的合理分担。同人民调解委员会和人民法院一样，在调解过程中，公安机关处于双方当事人的中立地位，当事人正是基于此种考虑才愿意将争议提交公安机关，通过调解的方式解决争议。从这层意义上说，调解协议的达成和履行在很大程度上取决于公安机关是否能够公正执法。如果公安机关不能秉公执法、有所偏私，不但会使调解达不成协议或达成的协议得不到履行，而且会有损于公安机关的形象和公安执法的权威。

合法，是指治安调解的适用对象、原则、过程等内容都应当符合法律、法规、规章和有关规范性文件的规定。这既是行政法的合法性原则在治安调解领域的具体体现，也是合法性原则对公安机关的调解行为的实际要求。[1]

三、及时自愿原则

及时原则是指治安调解应当及时进行，使当事人尽快达成协议，解决纠纷。治安调解失败后应当在法定的办案期限内及时依法处罚，不得久拖不决。这就要求治安调解应当在发生纠纷之后的最短时间内展开，在开始调解之后的最短时间内取得调解的结果。这样做的意义在于：有利于尽快化解双方当事人之间的矛盾纠纷，防止事态进一步扩大；也有利于及时地维护当事人的合法权益，维护社会生活和社会秩序的稳定。根据规定，治安调解一般为一次，必要时可以增加一次。

---

[1] 相启俊，刘海亮.论治安调解的适用[J].山西警官高等专科学校学报，2009，17(2)：59-63.

对明显不构成轻伤、不需要伤情鉴定以及损毁财物价值不大,不需要进行价值认定的治安案件,应当在受理案件后的3个工作日内完成调解;对需要伤情鉴定或者价值认定的治安案件,应当在伤情鉴定文书和价值认定结论出具后的3个工作日内完成调解。对一次调解不成,有必要再次调解的,应当在第一次调解后的7个工作日内完成调解。

自愿原则是指治安调解应当在当事人双方自愿的基础上进行。达成协议的内容,必须是双方当事人真实的意思表示。这就意味着治安案件是否调解处理,调解协议的内容达成和履行,必须是双方当事人真实意思的表示,任何组织(包括公安机关)和个人都不能强制调解。这既是调解的生命力之所在,也是调解的核心思想之所在。这就要求:一方面,治安调解必须在当事人自愿的基础上进行;另一方面,调解达成协议是当事人平等协商的结果,公安民警不得使用任何欺骗、恐吓等方式强迫双方当事人达成"调解协议"。[1]

四、教育原则

教育原则是指治安调解应当通过查清事实,讲明道理,指出当事人的错误和违法之处,教育当事人自觉守法并通过合法途径解决纠纷。其实质是在公安机关的主持下,依据相关法律、法规、规章规定,对发生在公安行政管理过程中的民间纠纷,以自愿为原则,采用说服教育的方法,使争议双方当事人在互谅互让的基础上达成协议的诉讼外调解活动。它的出现和存在主要基于如下两个方面的考虑:一是治安调解中牵涉的违法行为属于情节较轻的违法行为,其社会危害性比较小。二是在治安调解的过程中,通过说服教育的方式,既可以对当事人和社会公众进行法制教育,也可以使违法行为人及时发现自己的错误,认清自己违法行为的危害性。这可以促使双方当事人友好协商、互谅互让,及时化解矛盾、消除纠纷,最后达成协议,将社会矛盾消除在萌芽状态,实现社会的稳定和良性发展。公安机关在调解过程中要对违反治安管理的行为人进行教育,使之认识到自己的错误,及时疏导和化解违反治安管理的行为人和受害人之间的矛盾,以教育的方式来消除误解,明晰是非,促使当事人双方互谅互让,达成和积极履行协议。教育违反治安管理行为人和群众遵守法律、法规,疏导、化解违反治安管理的行为人和受害人之间的矛盾是治安案件调解的基本工作原则。

第四节　治安调解应符合的要求

对于适用于治安调解的案件开展治安调解工作,主要有六个方面影响着其能

---

[1] 陈合权,等.治安管理学[M].北京:中国人民公安大学出版社,2007:289.

否充分发挥法律效果和社会效果。根据实际工作需要,治安调解应符合如下六个方面相应的要求。

一、工作内容应具有合法性

工作内容应具有合法性,就是要求治安调解按照法律规定的程序进行,双方当事人达成的协议必须符合法律规定,即程序和实体均要合法。这也是依法行政对治安调解行为的必然要求。程序合法的具体要求就是严格按照《公安机关治安调解工作规范》开展治安调解工作。治安调解要在依法调查询问、收集证据和查明事实的基础上进行。治安调解由公安机关人民警察主持,双方当事人(或者委托人)参加,也可以邀请当地居(村)民委员会的人员或者双方当事人熟悉的人员参加,共同达成有关协议。实体合法的具体要求就是治安调解要全面接受相关法律规范的约束,并且对蕴涵于法律中的基本原则等也必须予以遵守执行。比如《公安机关治安调解工作规范》规定的调解范围,调解协议书中相关的措施、条款,以及内容的合法性、合理性和正当性。

二、执法机关应具有公正性

执法机关应具有公正性,就是要求作为执法机关的公安机关在调解过程中,应当始终保持中立的位置,不能偏袒任何一方,实事求是地提出调解意见。公正性是治安调解工作的重要支撑之一,其基础是证据确凿、事实清楚。只有依靠扎实的基础调查工作、认真仔细地固定每一个证据,牢固树立以事实为依据的观念,才能确保基础牢固。公安机关人民警察在主持调解时,必须在查清事实、取得证据、分清责任的基础上依法调解,要以法律为准绳,严格按照法律、法规的规定进行,做到合法、合情、合理。主持调解的人民警察代表的是公安机关,只有实事求是地提出调解意见,做到公正无私、平等对待,才能维护公安机关的公正形象。公安机关的公正性往往是能否顺利解决争议的关键,决定着人民群众对治安调解工作的信任度,一旦公安机关不能公正执法,偏袒其中一方,就会损害公安机关和公安执法的权威,减弱治安调解的生命力。

三、工作方式应具有公开性

工作方式应具有公开性,就是指治安调解一般应当公开进行,涉及国家机密、商业秘密或者个人隐私,以及双方当事人都要求不公开的可以不公开进行。《公安机关治安调解工作规范》规定,公安机关进行治安调解时,可以邀请当地居(村)民委员会的人员或者双方当事人熟悉的人员参加。治安调解的公开,有助于双方当事人在地方惯例、公共道德标准等社会观念的共同引导下达成协议;有助于发挥社会监督作用,使公安机关人民警察的调解行为置于社会的监督之下,监督民警严格依法办事;有助于法律知识宣传,加强法制教育,不仅让双方当事人了解案件的违法性质,还能加深人民群众对公安机关执法工作的认识和增进警民之间的感情。公开也不是绝对的,公安机关对于涉及个人隐私或者当事人都要求不公开调解的案件,就应该严格保密,防止激化矛盾。

四、调解全过程应具有自愿性

首先,自愿是治安调解的前提之一,体现的是当事人愿意接受公安机关调解、通过调解解决纠纷、处分自身权益的愿望。双方当事人对治安案件不愿进行治安调解,治安调解程序就不能启动。其次,当事人能否达成协议,需要双方交换意见,进行有效沟通甚至妥协,同样体现意思自治。再次,调解协议书的内容和履行也体现"自愿"的特点。所以,在调解程序中公安机关不能介入任何强权的因素,不能以行政强制的手段强迫双方当事人接受调解,必须完全尊重当事人的真实意思,让当事人自愿达成协议并自愿履行协议。最后,自愿接受调解,也是确保当事人履行调解协议的有力保障。如果失去自愿的前提,当事人通常会反悔或者拒绝履行,调解解决纠纷的机制也就形同虚设了。

五、工作时限应具有及时性

治安调解失败应当在法定的办案期限内及时对违反治安管理者依法处罚,不得久拖不决。在治安调解的时限方面,《公安机关治安调解工作规范》不仅规定了对明显不构成轻伤、不需要伤情鉴定以及损毁财物价值不大,不需要进行价值认定的治安案件,应当在受理案件后的3个工作日内完成调解;对需要伤情鉴定或者价值认定的治安案件,应当在伤情鉴定文书和价值认定结论出具的3个工作日内完成调解;对一次调解不成有必要再次调解的,应当在第一次调解后的7个工作日内完成,除第二次调解外,还明确了现场调解的具体情形,使治安调解的效率原则得到了充分体现。另外,调解机制还规定调解协议履行期满3日内,办案民警应当了解协议履行情况,对已经履行的,应当及时结案;对没有履行的,应及时了解情况、查清原因,对无正当理由不履行的,及时依法对违反治安管理行为人予以处罚,并告知当事人就民事争议向人民法院提起民事诉讼。可见,治安调解应及时进行,它反映了效率原则对治安行政调解程序的要求。

六、调解过程应蕴含教育性

调解过程应蕴含教育性,就是指治安调解应当在查清事实、调解纠纷的同时,注意摆事实、讲道理,教育当事人并向人民群众宣传合法解决纠纷的途径。治安调解的过程也是对当事人和人民群众进行法制宣传和教育的过程,通过总结、宣传发生在人民群众身边的事情,引导人民群众正确处理、解决发生在身边的纠纷,从而增强当事人和周围人民群众的法制观念,达到消除纷争、建立和谐社区的效果。

第五节 治安调解的功能

一、调解是中国传统法文化的重要资源

有些法学专家认为调解是划分远东法系和中华法系的基本标志之一。在中国古代,经过调处而平息诉讼称为"和息""和对"。我国的行政调解早在周朝就已产生,在汉代已初具规模,在唐代已经十分发达并产生了良好的社会效果,在两宋时期逐步开始制度化,至明清时期已臻于完备。"调解在中国体现了传统儒家文化追求自然秩序和谐的理想。调解与传统儒家文化的无讼的理想是一致的,从某种意义上,传统的调解制度是儒家文化的产物。"①因而传统的中国法律文化,有"诉则终凶""和为贵""重调解轻判决"等法律意识。在儒家伦理的影响下,"关系的和谐"远比"事情的对错"来得重要,孔子"必也使无讼乎"的想法深入人心。礼治对于社会生活的各方面、人与人的关系,都有着一定的或隐或现的制约。而打官司则被认为是可羞之事,因为破坏了和谐的礼治社会的状态。② 中国传统文化的深厚影响使得中国这个农村人口众多的乡土社会在本质上是一个"反诉讼的社会",因为一切以和为贵,即使是表面上的和谐,也胜过公开实际存在的冲突。在家族、邻里等这些面对面的团体里,个人被紧紧束缚着,并且这种关系得到官府的支持。关系的和谐是追求的目标,妥协是维系关系的手段,绝对的是非分明不重要,所以调解成为乡土社会替代诉讼的一个主要出路。③ 当前,我国面临国内外的社会矛盾与挑战前所未有,保持社会经济稳定发展、维护和谐的社会秩序是我国的首要任务。治安调解体现了当事人的意思自治,不仅可以解决纠纷,还可以满足当事人之间不伤和气以及维持原有关系的要求,符合人们的心理需求。在当今时代,治安调解仍是维护社会秩序的重要方式之一。

二、治安调解费用低廉、方式灵活

在我国,法院诉讼处理民间纠纷需要经历起诉、庭审、宣判等复杂的诉讼程序,时间持久,并且诉讼费、律师费等成本高昂,不仅花费大,还容易使公民之间的关系进一步恶化。2007年4月1日施行的《诉讼费用交纳办法》(以下简称《办

---

① 强世功.调解、文化与治理——中国调解制度研究的三个范式[EB/OL].社会学人类学中国网: http://www.sachina.edu.cn/Htmldata/article/2005/10/415.html.
② 费孝通.乡土中国 生育制度[M].北京:北京大学出版社,1998:56.
③ 林端.儒家伦理与法律文化[M].北京:中国政法大学出版社,2002:9.

法》),使诉讼成本大大降低,但是与治安调解相比成本仍然偏高。《办法》规定,标的不超过1万元的,每件交纳50元;超过1万元至10万元的部分,按照2.5%交纳;超过10万元至20万元的部分,按照2%交纳;超过20万元至50万元的部分,按照1.5%交纳;超过50万元至100万元的部分,按照1%交纳。即使在法院诉讼费用降低的今天,此类案件总成本的下降幅度也是有限的,因为律师成本等一系列成本仍在上升。而公安机关治安调解是不收取任何费用的,治安案件的标的一般都很小,从成本和收益上考虑,当事人自然愿意选择治安调解。同时与法院诉讼相比,治安调解不需要繁琐的手续,及时性强,解决起纠纷来方便灵活。一起适用于治安调解的案件,如果不选择治安调解方式,而是在公安机关作出处罚后,受害人再通过人民法院申请民事赔偿,不仅会产生一定的诉讼费用,还可能会因为人们受社会道德规范的影响,导致双方当事人矛盾进一步尖锐化,甚至造成双方当事人完全决裂。从而对双方当事人造成进一步伤害,一方面影响法院判决的执行,使受害人长时间得不到有效的补偿;另一方面侵害人会受到斥责和抨击的巨大舆论压力。治安调解的前提是当事人自愿进行,考虑到调解协议是双方当事人真实意思的表达,在达成协议前双方已考虑自身履行的能力以及履行的可行性,这使得调解协议更易于为公民接受。

三、治安调解节约司法资源

在现代社会,法院承担着无法应付民事案件的巨大压力。在国家主权观念支配下,诉讼成为实现正义的象征……作为非盈利公共产品的民事诉讼制度的供给增幅无法跟上公民需求增幅,从而客观上导致或加剧了诉讼拖延和积压。[1] 这种压力包括诉讼在数量上的增多、诉讼所产生费用的提高和诉讼程序所需要的大量时间等。相比于诉讼,调解有其自身的优势。目前我国社会分工越来越精细,行政机关对社会的管理职权在不断地向精细化、专业化、复杂化方向发展。社会发展的同时带来了不断增多的纠纷,并且这些纠纷在不断地向多样化、复杂化和专业化方向发展。有些领域的社会纠纷,诉讼解决的效果低于行政调解的效果。法院工作人员深谙法律,却无行政管理经验也无专业知识,这就需要由行政机关充分发挥其管理优势,弥补法院的不足,更好地实现管理社会、保护公民合法权益的目的。[2] 公安机关的治安调解是一种行政调解,对处理治安案件造成的民间纠纷具有职能上、时间上和成本上的优势,法院无论在人员数量上还是对案件情况的了解上都不如公安机关。通过治安调解使绝大多数治安案件得以分流,既可以节约有限的司法资源,又可以保证法律规则与社会规范、法律事实与客观事实、公平

---

[1] 齐树洁.民事司法改革研究[M].厦门:厦门大学出版社,2000:398-401.
[2] 贾辉.论行政调解制度[EB/OL].[2020-01-12]. http://epub.enki.net/grid2008/detail.aspx?filename=2003100255.nh&dbname=CMFD2004.

与效益、规则的确定性与解决纠纷的灵活性的统一,起到化解社会矛盾的作用,使社会更加和谐。

四、符合国际非诉讼解决(ADR)潮流

ADR 概念源于美国,原来是指 20 世纪逐步发展起来的各种诉讼外纠纷解决方式,现已引申为对世界各国普遍存在着的、民事诉讼制度以外的非诉讼纠纷解决程序或机制的总称。① 代替性纠纷解决方式在各国被广泛地应用,人们根据来源将其分类:一是传统型 ADR;二是现代型 ADR;三是社会主义国家 ADR。但无论此类解决机制的起源和背景如何,其功能和地位仍呈现日益提高的趋势,并已逐步被纳入法制轨道,在当代社会生活中发挥着日益重要的作用。其中,美国是现代 ADR 的代表者,20 世纪 70 年代到 80 年代,美国部分联邦法院开始尝试建立法院附设 ADR。1990 年,美国联邦议会出台了《民事司法改革法》(Civil Justice Reform Act),1998 年克林顿政府签署《替代性纠纷解决法》,并授权联邦地区法院在民事诉讼中可以使用 ADR 方式解决纠纷。② 欧美等国的 ADR 也在不断完善和改革,如挪威制定了《纠纷解决法》,英国颁布了《民事诉讼规则》等。另外,日本颁布了《民事调解法》,苏联和部分东欧社会主义国家也专门成立调解委员会,作为纠纷调解的机构。由此可见,治安调解作为解决社会特定范围内矛盾纠纷的一种有效方式,符合当今各国多元化非诉讼解决民事纠纷的世界潮流。

五、有利于促进和谐社会建设

治安调解的民间纠纷往往涉及损坏公私财物和侵犯人身权利等行为。在实际治安案件中,治安纠纷当事人往往生活在一个生活圈中,他们存在着各种关系,如夫妻关系、邻里关系、朋友关系、同事关系和其他在工作生活中有交往的关系。在派出所的实际工作中,家庭、邻里之间使用公用场所和物品,夫妻之间、兄弟之间、婆媳之间因家庭财产、赡养老人等问题产生的纠纷大量存在。如果不从根本上分析问题、查找原因并及时加以适当处理,就有可能升级为刑事案件或大规模械斗。这类治安案件一般违反治安管理行为情节较轻,当事人之间相互认识,甚至要长期相处,一旦进入诉讼,仅以法律原则裁定纠纷,处理不好,不仅影响生活工作,而且还可能会造成积怨,产生新的不安定因素。如果公安机关从调解入手,通过谈心、教育、劝说、疏导的方式,缓和当事人的偏激情绪,动之以情,晓之以理,从根本上消除产生纠纷的原因,及时、妥善地平息纠纷,有利于维护人际关系的稳定,建立良好的警民关系。有效的调解,不仅能及

---

① 范愉.当代中国非诉讼纠纷解决机制的完善与发展[J].学海,2003(1):77-85.
② 郑晶.美国 ADR 制度的最新发展[J].厦门大学法律评论,2006(2):186-218.

时解决纠纷、缓解矛盾,还能起到教育当事人、解决根本问题、维护社会稳定、密切警民关系等作用,往往比行政处罚所收到的效果更好。"如果简单处罚,就事论事,不仅不利于缓解矛盾,解决问题,还可能激化双方的矛盾,日积月累,甚至酿成刑事案件。"[1]

十七大以来,我国改革发展进入了关键时期,国际环境发生巨大变化,各种利益关系、社会矛盾更为突出,科学发展、稳定发展、和谐发展已被提升到了战略高度。国家对稳定的高度重视以及纠纷对社会稳定的影响,决定了纠纷解决在社会生活和政治运行中的特殊意义。持续多发的社会纠纷很容易使转型社会陷入无序状态乃至引起社会关系的危机。综合治理政策以及构建和谐社会的理念都说明了国家对纠纷解决的重视,而调解与正式司法制度及其他机制相比较而言,其适应性、效益和效果都具有明显的优越性,加之传统文化和私权自治等理念支持,很自然地被社会和当事人接受。[2] 基层治安调解作为调解的一种,不仅承袭了调解有效性、低成本、及时性等优势,还兼具自身直接性、专门性和经济、便捷的特点,是社会治安综合治理工作中不可或缺的力量。

---

[1] 胡建刚,张先福.正确认识公安机关治安调解的作用和意义[J].山东警察学院学报,2005,17(6):110-113.

[2] 范愉.纠纷解决的理论与实践[M].北京:清华大学出版社,2007:336-338.

第七章
治安调解的适用条件

在构建和谐社会的背景下,"调解"得到重视并成为多元化解决社会纠纷的一种重要方式。在建立人民调解、行政调解和司法调解相互衔接的"大调解"机制的当下,治安调解面临着新的机遇与挑战。治安调解最大的问题在于公安机关拥有过大的自由裁量权和治安调解适用条件的模糊性,这些问题成为治安调解适用条件被滥用的重要原因。正确解读治安调解的适用条件需要将其放置在转型社会的背景下,以便为治安调解的未来重构明确方向。作为公安机关办理治安案件的一种重要方式,中国特色的治安调解制度实行20多年来,在平息纠纷、化解社会矛盾方面发挥了其他社会治理手段不能替代的作用。但是,实践证明治安调解存在着被滥用的危险,究其原因在于法律对适用条件的规定,这成为制约治安调解制度发挥应有作用的最大障碍。

第一节 治安调解适用条件的演变与特点

一、民间纠纷的内涵有所明确

虽然民间纠纷作为一个法律术语在治安管理法律语境中长期存在,但是由于并没有对其内涵进行法律界定,因此在后来的执法中,对民间纠纷的把握成为治安调解适用的最大难点。理论界对民间纠纷的理解也出现很大分歧,比较主流的观点是借鉴《民间纠纷处理办法》和《人民调解委员会组织条例》的规定。[①] 2007年12月8日公安部发布的《公安机关治安调解工作规范》(下称《调解规范》)第一次直面民间纠纷:"民间纠纷是指公民之间、公民和单位之间,在生活、工作、生产经营等活动中产生的纠纷。"这一规定明确两点:第一,民间纠纷的主体不仅包括

[①] 《公安机关办理行政案件程序规定》第一百七十八条规定:"对于因民间纠纷引起的……且具有下列情形之一的,可以调解处理:(一)亲友、邻里、同事、在校学生之间因琐事发生纠纷引起的;"这似乎圈定了民间纠纷是发生在"亲友、邻里、同事、在校学生之间",但从立法技术上看,这样的表述还不能理解为对民间纠纷的界定;且其显然并没有超出《民间纠纷处理办法》和《人民调解委员会组织条例》对民间纠纷的理解。

公民,也包括单位。第二,民间纠纷不仅可以发生在生活、工作中,也可以发生在生产经营等活动中。这样就超越了《民间纠纷处理办法》和《人民调解委员会组织条例》关于民间纠纷发生范围的界定。根据《调解规范》,结合实践经验可以判断:民间纠纷不仅可以发生在熟识的主体之间,也可以发生在不熟识的主体之间。

二、适用条件渐趋放宽

1. 案件类型。在《中华人民共和国治安管理处罚法》(下称《治安管理处罚法》)第九条的"打架斗殴或者损毁他人财物等违反治安管理行为"的基础上,2006年的《公安机关办理行政案件程序规定》(下称《程序规定》)在案件类型上进一步明确细化为"殴打他人、故意伤害、侮辱、诽谤、诬告陷害、故意损毁财物、干扰他人正常生活、侵犯隐私"八种治安案件,同时规定了不适用调解的五种情形。《公安机关执行〈治安管理处罚法〉有关问题的解释(一)》(下称《解释(一)》)又增加了"制造噪声、发送信息、饲养动物干扰他人正常生活、放任动物恐吓他人、偷开机动车"五种治安案件。这些规定同时回应和平息了《治安管理处罚法》第九条"等违反治安管理行为"的表述在理论界和实践部门中关于"等内"和"等外"的热议。

2. 情节。《中华人民共和国治安管理处罚条例》(下称《条例》)第五条规定的治安调解适用条件之一是"情节轻微",《治安管理处罚法》第九条变动为"情节较轻";一字之差,将条件放宽了,把范围扩大了。此外,众所周知,打架斗殴和损毁财物类案件为多发性治安案件,而其中又以打架斗殴类案件更为多发,《条例》规定只有致人轻微伤的才能构成治安违法,《治安管理处罚法》取消了伤情条件,即只要有殴打他人或者伤害他人的行为,即构成治安违法。所以从理论上讲,公安机关可调解案件的绝对数大大增加。

三、目前治安调解适用条件的特点

治安调解适用条件的立法虽然有所演变,但是,由目前治安调解适用的三个法定条件"起因、案件类型和情节"来看,其问题没有得到根本改变。"情节较轻"没有任何相应的标准和尺度,立法仍然将没有任何约束的自由裁量权完全赋予办理治安案件的公安机关;其他适用条件仍然模糊:案件类型在新《程序规定》《解释(一)》和《调解规范》仍然使用"等违反治安管理行为""等情节较轻的治安案件"和"其他适用调解处理更宜化解矛盾的"等不确定用语;"民间纠纷"的规定仍侧重从概念的外延来界定,其内涵依然不确定,边界仍然不清。[①]

---

① 裴兆斌,张淑平.治安调解:适用条件的解读与重构[J].理论与现代化,2009(1):107-112.

第二节 治安调解适用条件演变的背后

一、立法的两难处境

从整体上看,治安调解适用条件采取概括式和列举式并用的立法模式,其中列举又有正列举和反列举,即分别列举了适用和不适用治安调解的诸种情形。概括式的弊病是不具体,列举的缺陷是不能穷尽。面对当前复杂的治安形势,凭借现有的立法技术,这样的立法模式比较契合现阶段的国情,也反映了类似立法的两难之境。

二、实践的随意性

治安调解适用条件内在的模糊性注定各界长期以来的认知分歧,这种分歧对治安调解的实践影响至深。其中最重要的是导致实践的随意性甚至被滥用,根据《治安管理处罚法》第九条规定,公安机关对符合治安调解的案件,在当事人自愿的基础上是"可以调解",而不是"应当调解"。即立法把是否进行调解处理的最终决定权赋予公安机关,公安机关甚至办案人员因此拥有"情节较轻"之外的"双倍"的自由裁量权。尽管法律规定了自愿、合法、公正等原则和"查清事实、分清责任"的要求,但这些都不属于刚性很强的要求,很容易被规避。一方面,治安案件属于一般违法,许多治安案件取证难、取证成本高,为了省时省力,办案人员并不严格遵循案件类型、起因和情节条件,强迫调解、降格处理的情况不在少数。另一方面,有的办案人员认为调解耗时耗力,不愿意调解也不善于调解,特别是当证据充分、适用法律没有障碍、当事人又不太好做工作时,更不愿意费时费力去调解,通常以罚代调了事。近年来,各地公安机关出台各种考核指标,不仅有"逮捕数""刑拘数",还有"行(政)拘(留)数"。某些基层公安机关为了完成指标,即便案件类型和起因完全符合法律规定的条件,也以不属"情节较轻",或者即便明显属于"情节较轻"仍以"决定不调解"为由予以治安拘留。

"绝对的权力导致绝对的腐败",治安调解适用权的恣意与专断不仅垄断了一般违法领域公民私权参与的空间,也严重制约了治安调解功能的正常发挥,而且明显偏离了制度设计的初衷,最后损害的是国家的法治。

三、社会转型和国家"大调解"机制的时代背景

转型时期,面对解决社会纠纷的巨大压力,国家提出了"综合治理"的战略。在建设和谐社会的背景之下,受国外纠纷解决多元化方式的影响,"调解"作为多元化解决纠纷的一种有效方式再次得到重视,包括人民调解、行政调解和司法调

解在内的各类调解正在全国各地兴起。由于社会、历史、经济等原因,人民调解的功能在过去的多年已经走向衰萎,行政调解和司法调解俨然已成定纷止争、化解社会矛盾的主力军。据统计,2006 年,全国法院调解民事案件 133.3 万件,公安机关调解治安案件 137.8 万件;2016 年,全国各级法院以调解方式处理案件 532.1 万件;2017 年,全国各级法院以调解方式处理案件 1 396.1 万件。① 公安机关的治安调解在数量上超过其他调解形式,同时也被当作"大调解"运动的重要部分,发挥着社会治理的重要功能。

显然,治安调解在彻底解决纠纷、维持个体之间的和谐关系等方面具有处罚所不可替代的作用。但是,也应该更加客观地分析制度对价值目标的消极影响。首先,我们需要对现行治安调解适用条件进行正确解读。因为公安机关作为行政执法机关,不具有法院作为司法机关的能动性,它只能在法律规定的前提下正确适用法律。其次,在法律界对人民调解和司法调解的关注进一步升温并进行制度重建之时,治安调解无疑同样面临新的机遇和挑战,而如果能以治安调解的适用条件重构为切入点,那么治安调解的其他制度建设也就举重若轻了。

正如许多研究者共同指出的,"调解"在中国不仅仅是一种纠纷解决方式,而且是社会治理的一种制度性或体制性存在,治安调解亦然。所以,无论解读还是重构,都应当将其视为社会治理机制中的一环,结合社会转型的背景展开。②

第三节 治安调解的适用条件解读与重构

一、案件起因——民间纠纷

理论界对民间纠纷的理解可以分为三个层次:主体、主体关系、纠纷内容。

1. 主体。一般认为民间纠纷发生在公民之间,不包括单位,但也有观点认为应当包括单位。公民与单位之间可调解案件多半属于损毁财产类,虽然数量不多,但从法律平等保护财产权的角度,确实不应当把单位主体排除在外。另外,在理论上,民间纠纷也发生在单位与单位之间,但是单位之间的治安调解案件未见公开报道。

2. 主体关系。从主体关系看,民间纠纷已不再局限于发生在具有血缘、亲缘、地缘、人缘等关系的熟人之间。事实上,根据对辽宁省民间纠纷引起的可调解处理的治安案件的不完全统计,当事人之间具有熟识关系的在农村可超过 50%;在城市则正好相反,这些可调解的治安案件多发生在工作、生产经营、消费、出行过

---

① 2007 年最高人民法院工作报告,2017 年最高人民法院工作报告,2018 年最高人民法院工作报告[EB/OL].http://www.court.gov.cn/zixun-xiangqing-82602.html.

② 范愉.调解的重构(上)——以法院调解的改革为重点[J].法制与社会发展,2004,10(2):113-125.

程中,发生在彼此陌生的公民之间。其原因正如社会学家费孝通所说,由于社会的变迁,传统的熟人社会已经解体,中国社会已经进入"半熟人社会"。

3. 纠纷内容。纠纷的内容可以是民事权益纠纷,即人身权利和财产权利,也可以是非民事权益纠纷,如感情、宗教、意识形态等。如此说来,"纠纷的内容"似乎是没有任何范围的。

虽然,随着《调解规范》的颁布,关于民间纠纷的主体、主体关系、纠纷内容的争议已经尘埃落定,然而,民间纠纷仍存在边界不清、内容模糊等问题,究其根本,问题存在于"民间纠纷"本身。

(1) "民间"一词可省。《现代汉语词典》虽有"民间"一词,但没有内涵解释。从字面上看,本身就很宽泛,不容易给出确切的解释,所以"民间纠纷"作为法律用语显然缺乏严谨性。一般来说,"民间"是相对"官方"而言。实际上,根据立法意图,"民间"一词似乎要排除的是一方带有"官方"性质的案件,[①]如因土地征用、拆迁补偿、劳资纠纷等引发的殴打他人、故意伤害、损毁财物等扰乱单位、公共场所、交通秩序案件,但是这类案件往往并不定性为殴打他人、故意伤害、损毁财物,而是按照扰乱公共秩序案件来认定,所以就不属于治安调解案件。因此,"民间"一词可以删除。实际上,《调解规范》关于民间纠纷的定义中"在生活、工作、生产经营等活动中产生的纠纷"本身就不包括这些在社会管理过程中发生的治安案件。

(2) 应侧重于纠纷。《调解规范》对民间纠纷的定义实际上侧重于对"民间"一词的界定,而忽略了对"纠纷"的内涵认定。"纠纷"是双方的一种冲突状态,与单方恶意的行为相对应,这就排除了寻衅滋事、报复等行为的起因。但是为了避免"纠纷"一词内涵过于宽泛,立法可以采取排除式,将寻衅滋事、报复等单方恶意行为排除在外。

(3) 有些案件不以民间纠纷的存在为前提。被明确列举的十三种治安调解案件可分为两组:第一组,殴打他人、故意伤害、损毁财物;第二组,侮辱、诽谤、诬告陷害、干扰他人正常生活、侵犯隐私、制造噪声、发送信息、饲养动物干扰他人正常生活、放任动物恐吓他人、偷开机动车。毫无疑问,根据立法意图,第一组案件适用调解需要民间纠纷发生在前,治安违法行为实施在后。如果没有先前的"民间纠纷",而是"雇凶伤害他人""结伙斗殴""寻衅滋事"或者其他单方恶意殴打他人、故意伤害、损毁财物则不属于治安调解的范围。对于第二组案件,按照立法的表述,这些案件发生之前也需要存在"民间纠纷"的起因条件,但是根据经验和实践,这类案件很大部分并无民间纠纷的前提存在,调解不调解? 实践给出的答案

[①] 黄忠舫.治安调解适用分析[J].武汉公安干部学院学报,2006(2):53-56;张小涛.治安调解与和谐社会构建[J].许昌学院学报,2007(4):126-128.

是肯定的,基层公安机关在这些案件中并不严格审查双方当事人事前有无"民间纠纷"存在。

概括之,我们认为:如果一定要保留案件起因条件,可以简略为"纠纷"或者"双方纠纷"。案件起因条件甚至可以完全剔除,而采取"但书"的形式将寻衅滋事、报复等单方恶意起因引发的治安案件排除出调解范围。

二、案件类型——特定的违反治安管理行为

1. "等内"和"等外"

无论是《治安管理处罚法》《程序规定》《解释(一)》还是《调解规范》,在列举治安调解适用的案件类型时都使用了"等违反治安管理行为"或者"等治安案件"的字样。根据2004年5月18日最高人民法院发布的《关于审理行政案件适用法律规范问题的座谈会纪要》(法〔2004〕96号),这里的"等"应属于不完全列举之意,即"等外"之意。

2. "打架斗殴"和"损毁他人财物"的用词应重新斟酌

我们赞同其他研究者提出的"打架斗殴"和"殴打他人"并非一个概念、"打架斗殴"不适宜作为法律概念进行表述的观点。为了保证法律的严谨,也为了让具体治安违法行为与刑法罪名的表述一致,建议使用"故意伤害"的表述。同时,"损毁他人财物"的表述也宜改为"故意损毁财物"。[①]

3. 公安机关应否参与单纯的民事纠纷调解

持赞成意见的认为:单纯的民事纠纷虽然不属于公安机关管辖的案件范围,但是如果当事人要求公安机关予以解决,公安机关一味推脱,不采取相应的措施或控制事态的发展,易发生"民转行""民转刑"案件,甚至可能引发上访或者群体性事件。持反对意见的认为:公安机关参与单纯的民事纠纷调解没有法律依据,是越位行为,公安机关所能做的就是告知当事人通过人民调解或者司法途径解决。前述,赞成派使用的是政治话语,反对派使用的是法治话语,很难评判谁更有道理。在转型中国的社会背景下,单纯地从法治或者从政治角度寻求路径可能都有失偏颇,建议有关部门加强这方面的研究,在制度层面有所作为。[②]

三、情节较轻

"情节较轻"是一个笼统、模糊的概念。虽然在是否属于"民间纠纷"和是否符

[①] 赵石麟在《治安调解诸概念评析》一文中有详细论述,见2008年第2期《湖南公安高等专科学校学报》;另见张小强在《治安调解实践的几个疑难问题浅析》中也有论及,见2001年第10期《江西公安专科学校学报》。

[②] 清华大学余凌云教授撰文认为:有些纯粹的民事纠纷,如果公安机关不管,有可能急变为治安案件甚至恶性刑事案件,所以主张考虑公权力和私权利的接口问题,适当引入公权力作为辅助进行治安调解。

合法定的案件类型上,警方也有裁量空间,但是远逊于"情节较轻"。所以在治安调解适用条件方面,亟待对"情节较轻"有所限制,对警方的自由裁量权有所控制。但是如何限制?如何控制?以下将通过三个案例来说明观点:

案例一:2017年3月25日11时,金某在其母宋某(63岁)家,因琐事与宋某发生争执后,恼羞成怒对宋某进行殴打,造成宋某身体多处受伤。

案例二:2018年4月15日15时许,因装修质量及工钱等问题,雇主李某伙同其外甥等人将装修工人乔某殴打致伤。案发后,乔某到派出所报案称:其被李某殴打并抢劫一万一千元。公安机关经过调查,发现李某伙同他人殴打乔某的事实清楚,但并未有抢劫的事实。

案例三:付某与何某因开饭店问题产生矛盾。付某多次唆使刘某将何某家门锁锁眼用胶封死,导致何某多次换锁。何某向公安机关报案,但案件始终未能侦破。后在派出所建议下,何家安装了监视器。三日后,公安机关将再次作案的刘某抓获。

上述三个案例是否符合调解条件?我们认为都不符合,原因都在于"情节":案例一属于因民间纠纷引起的殴打他人案件,但是殴打60岁以上的老人属于《治安管理处罚法》第四十三条第二款规定的从重情节。案例二李某的行为属于因民间纠纷引起的殴打他人,乔某的行为属于因民间纠纷引起的诬告陷害,两人均构成违法。但是李某结伙殴打他人,情节较重,属于《治安管理处罚法》第四十三条第一款规定的从重情节。乔某诬告陷害是重罪,应当也属于情节较重。案例三也属于民间纠纷引起的故意损毁财物行为,但是付某行为属教唆性质,也属于需要从重处罚的情节。

综合以上分析:《治安管理处罚法》第二、三章规定或者法律、法规、规章另有规定属于从重处罚的情节显然不属于"情节较轻",而应当排除在治安调解的范围之外。虽然这本身就是"全面、准确适用法律"的题中应有之意,但是在立法上明确规定与否对实践的影响迥异,因此是有必要的。

四、治安调解适用条件的重构

目前法律对"情节较轻"规范的空白和公安机关对于符合条件的案件"可以调解"而不是"应当调解",是治安调解在实践中被随意适用甚至被滥用的主要根源。"民间纠纷"内涵的模糊和案件类型的不完全列举也给治安调解实践带来很大困惑,所以我们试图对治安调解的适用条件进行重构主要基于以下考虑:

1. 在符合条件的情况下,确立以调解为原则

从《治安管理处罚法》《程序规定》和《调解规范》使用"公安机关可以调解处理"的用语可以判明立法的倾向性。《解释(一)》更是使用了"依法尽量予以调解处理"的表述。① 但是,有必要确立调解的原则。

在刑法领域,传统的国家对刑罚的独占权受到挑战,强调被害人参与的刑事和解理论已经在中国刑事司法领域受到前所未有的关注。相比犯罪,治安案件本身就属于一般违法范畴。调解的法理基础是:公权本身来自私权契约化的让渡,公权的正当性在于对私权的最大化保护。如果行为人损害的只是当事人之间的利益,并没有侵害社会秩序和公共利益,允许当事人在相互协商和让步中取得自我利益的最大化,即所谓"公权适当让渡于私权"。② 警察职权的行使必须符合人民的利益,最大限度地保护私权的实现,最终达成社会秩序的维护和公共利益的实现。治安调解作为被证明行之有效的多元化纠纷解决形式之一,只要不损害社会秩序、公共利益,又能实质性地解决纠纷、化解矛盾,不应当被严格控制。从《条例》《治安管理处罚法》到《程序规定》,再到《解释(一)》《调解规范》,适用调解的条件渐趋放宽、范围扩大,这样的立法努力显然遵循着人类认识逻辑发展的辩证法,也蕴涵了治安调解发展的趋势。确立以调解为原则,为治安调解适用条件的重构明确方向。

2. 明确案件类型,限制公安机关自由裁量权

随着治安管理执法的进一步实践,在充分调研的基础上,应遵循认识发展的规律,逐步明确可调解的案件类型。在不涉及侵害社会秩序、公共利益的前提下,在以私权利为主的领域,可有条件地扩大可调解案件的范围。对公安机关在调解适用方面的自由裁量权进行适当限制,主要指对"情节较轻"进行部分限定,以体现法律的刚性,保证行政执法过程的理性。

3. 以"但书"形式对案件起因条件进行再设计

不再使用"民间"一词,而直接以"纠纷"为案件起因,通过"但书"形式将某些起因的案件排除在治安调解范围之外。

基于以上考虑,套用《治安管理处罚法》第九条的规定,我们试图为治安调解的适用条件重构如下:"对于因双方纠纷引起的故意伤害他人、损毁财物、侮辱、诽谤、诬告陷害、干扰他人正常生活、侵犯隐私、制造噪声、发送信息、饲养动物干扰他人正常生活、放任动物恐吓他人、偷开机动车等违反治安管理行为,情节较轻的,在当事人自愿的基础上,公安机关予以调解处理。"同时,按照起因、案件类型和情节的逻辑顺序对不适用治安调解的案件进行列举式排除:"但是具有下列情形之一的除外:(1)雇凶伤害他人、寻衅滋事等单方恶意行为;(2)当事人的行为

---

① 2007年3月7日,最高人民法院发布《关于进一步发挥诉讼调解在构建社会主义和谐社会中积极作用的若干意见》,确立"能调则调,当判则判,调判结合,案结事了"为当前民事审判工作的指导方针,要求各级人民法院大力推进诉讼调解工作。

② 吴英姿.法院调解的"复兴"与未来[J].法制与社会发展,2007,13(3):35-45. 这一理论也被称为"公权遁入私权"或者"公法向私法的逃遁"。

构成扰乱公共秩序、妨碍公共安全或者其他妨害社会管理行为的;(3)本法第二章、第三章和其他法律法规规章规定属于情节较重的违法行为的。"①

第四节 新形势下治安调解的适用对公安民警的要求

治安调解是公安民警在处理治安案件过程中经常用到的一种处理方式。当前,在治安调解过程中还存在着一些问题。在相当一部分民警眼中,调解就是"粗线条"地解决问题,简单了事,常常是在当事人双方之间"和稀泥"或是分别给以"软硬兼施",为了能迅速结案,有时甚至是在调解的一方或双方迫于压力、无奈的情况下,不情愿地达成调解协议。这种调解的结果往往是掩盖双方的矛盾,有时甚至还会使矛盾更为激化,不仅不能从根本上解决问题,同时也给社会的不安定埋下了隐患。公安民警要做好治安调解工作,应当符合以下几个方面的要求:

一、改进调解工作的方式方法

在具体办理治安调解案件中,有的地方总结出一些行之有效的经验,值得借鉴和推广,归结起来也可简称为"四宜四不宜"。一是宜解不宜结。这种方式主要适用于因邻居关系、同事关系发生的民事纠纷而引起的治安案件。邻里纠纷多是因相邻土地通行关系、用水、排水关系,公共场地使用关系,环境保护、采光、通风等矛盾引起的;同事之间可能会因为工作、调动、升迁、住房、福利等问题而引发治安案件。在解决这类问题时应本着维护团结的愿望进行教育疏导,使当事人双方各做自我批评,缓和矛盾,促使双方重新和好。二是宜和不宜激。这种方式主要适用于因恋爱、婚姻、家庭内部纠纷等引发的治安案件中。男女之间在恋爱或订婚时,男方往往要花些钱或是双方都会送彩礼,一旦恋爱不成,婚约失效,便会因追索钱财礼物而发生纠纷;夫妻之间会因婚姻存续、子女抚养和财产分割等方面产生纠纷;家庭内部成员之间也会在财产、继承、赡养、扶养、抚育等方面引发纠纷。考虑到冲突双方的特殊关系,应多做双方的思想工作,先缓和对立情绪,再摆事实、讲道理,以理以法服人,维护婚姻、家庭关系的稳定。三是宜缓不宜急。这种方式主要适用于由债权、债务、房屋、宅基地纠纷引起的治安案件。宅基地纠纷多发生在农村,近些年在城市房屋的翻建、拆建时,也会发生房产问题纠纷。这类纠纷主要是使用、变更、地界不清等引起的,而这些内容往往涉及历史上的变化,情况复杂、政策性强、牵连居民当前和长远利益;在债权、债务纠纷中也存在复杂

---

① 目前《程序规定》和《调解规范》对不适用治安调解的案件所进行的列举存在逻辑混乱的问题:列举项有的属案件起因(或者案件类型),如"雇凶伤害他人""结伙斗殴""寻衅滋事";有的属情节,如"多次实施违反治安管理行为的";有的属调解原则,如"当事人明确表示不愿意调解处理的";还有其他,如"当事人在治安调解过程中又挑起事端的"。

性的一面,有时双方是互为债务人或是双方根本不存在债权债务关系。在解决这些案件时应在双方情绪稳定的条件下,查清起因,分清是非,明确责任,心平气和地加以处理。不要片面地就事论事,应当在全面了解的基础上做相应的工作,双方存在的其他矛盾应由相应的部门予以解决。四是宜宽不宜严。即经调解达不成协议,依法给予治安处罚的,应当本着教育本人、有利团结、解决矛盾的角度出发,着重从宽处罚,防止矛盾再次激化。

二、不断提高公安民警的调解能力

在新的社会环境下,公安民警的工作水平和能力素质也应不断提高。在治安调解工作中,主要体现在引发治安案件的民事纠纷大多十分复杂,而只有以具体的民事纠纷为研究对象和工作的出发点,才能保证公平、公正地解决问题,给双方一个满意合理的结果。社会发展出现的新情况也使调解工作面临许多新问题,这就要求公安民警在工作方法、手段上应当不断改进,有所创新。特别是针对调解工作应当做一些探索性的尝试,不应拘泥于一些固有条框的局限,调解的方式应当更加灵活多样,在维护公平的同时也要兼顾效率这一重要原则。一方面,在程序上应当有一般程序与简易程序之分,不同类型的案件适用不同的程序;另一方面,应当把一些基层组织或是民间自治组织作为公安机关调解工作的辅助组织。这些组织的活动宗旨应以法律宣传和法律服务为主要内容,在适当的条件下可以协助公安机关做一些调解工作,其目的主要有两个:一是使发生冲突的当事人双方能够在一个相对宽松的环境下解决纠纷;二是这些组织的组成人员应是具备相关法律知识背景的人,可以更有针对性地把握冲突双方的症结,从而提出较为合理的解决方法。当然,作为公安民警,也应在熟练掌握专业知识和技能的情况下,广泛涉猎社会知识,了解各领域的发展动向,这样在具体调解时才不会无所适从,才能够增强说服力,保证调解工作的公平与效率。

三、转变观念,做好调解工作

长期以来,公安机关及其民警存在着一定的认识误区,认为现在公安工作不好做是因为警察权力越来越小了,对老百姓没有震慑力了,甚至把人民群众"怕"警察看成一种"荣耀",这种观念在相当一部分民警头脑中根深蒂固,甚至部分民警以"管人者"自居。一些民警经常在"严格执法"的大旗下,忽视了对人民群众利益的保护,把对人民利益的侵犯看成"秉公办案",淡化警民关系,脱离群众,直接后果便是警察在人民心目中的形象降低,同时也使我们的许多公安工作处于一种被动局面。这里实际上存在着一个观念上的误区,现代社会是权利本位的时代,每一位公民的权利都是神圣不可侵犯的。整个国家、政府都是以一种服务者的姿态在维护社会各方面的运转、协调各方面的利益关系,公安机关作为政府的行政执法部门理应也是为人民提供服务的机关之一。公安民警治安调解可以说是公安机关与人民群众联系较为密切的一种工作方式,因此,调解工作也是公安机关贯彻全心全意为人民服务宗旨的一个很好体现。做好调解工作,只是具备相应的知识、经验或是注意方式、方法是不够的,关键是要在调解工作中真正体现公安机关不再是以一个权力者的姿态来进行执法活动,而是应该更多地把一种人性化的服务意识贯穿于整个工作中。因为公安机关的职能不应只是法律政策的执行者,还应当是法律政策的宣传者,同时也应是为群众提供法律咨询和法律服务的机关,在调解工作中能真正把双方当事人作为调解主体对待,而自己则侧重调查了解冲突起因,宣传国家政策和法规,沟通双方的观点,提供法律咨询和法律服务。把维护人民利益、服务群众作为工作的出发点和根本点,才能更好地树立公安机关的良好形象,同时也使民警在各项公安工作中掌握主动权。

治安调解虽然只是公安民警大量工作中的一项,但能否做好这项工作意义重大。治安调解能够制止纷争,消除对立,化解矛盾,稳定社会秩序,维护社会安定,有利于团结,有利于发展。同时,调解的过程实际上也是民警联系群众、服务群众的重要实践过程。

第八章
中美治安调解制度之比较

第一节 浅析中美治安调解制度

一、中美调解制度的内涵

调解作为一种解决民间纠纷的独特方式,在我国有着悠久的历史渊源。中国古代社会聚族而居的宗法血缘关系,多年比邻的地缘关系,加上"以讼为耻、以和为贵"的民族文化心理,使得运用调解来解决民事法律纠纷成为我国颇具特色的"东方经验"。治安调解作为一种灵活解决治安案件的调解方式,是指在公安机关的主持下,组织因民间纠纷引起的特定违反治安管理案件的当事人和社区民众,就案件中的人身、财产等权利损害赔偿达成协议,而对违反治安管理的行为人不再实施治安处罚的一种行政管理措施。治安调解体现了我国治安管理中教育与处罚相结合的原则。其目的是通过公安机关的疏导和法制教育,缓和当事人的偏激情绪,有效化解矛盾纠纷,预防矛盾双方因积怨太深而产生影响社会稳定的刑事案件或治安群体性突发事件,进而从根本上解决一些由于主观因素引起纠纷而导致的治安问题,以维护社会的和谐、稳定。2006年3月1日起施行的《中华人民共和国治安管理处罚法》(以下简称《治安管理处罚法》)以法律条文的形式明确肯定了治安调解属于公安机关的行政执法范畴,为治安调解提供了法律依据。我国《治安管理处罚法》第九条规定治安调解的对象是针对"因民间纠纷引起的打架斗殴或损毁他人财物等违反治安管理行为,情节较轻的"。按常理,民间纠纷是指双方当事人在日常交往中所产生的矛盾,包括家庭矛盾、邻里矛盾、朋友矛盾和同事矛盾等。但《治安管理处罚法》没有对民间纠纷的范围作出明确界定,只是采用列举的方式指出打架斗殴或损毁他人财物可以适用调解。《公安机关办理行政案件程序规定》第一百五十三条规定:"对于因民间纠纷引起的殴打他人、故意伤害、侮辱、诽谤、诬告陷害、故意损毁财物、干扰他人正常生活、侵犯隐私、非法侵入住宅等违反治安管理行为,情节较轻,且具有下列情形之一的,可以调解处理。"因此,可以理解为调解内容既包括财产性的,也包括非财产性的。目前在我国的警务实践中,调解财产性纠纷居多。

在美国,调解并不是一开始就被作为警察的基本职能。传统警务中的警察是典型的管理者和控制者,这种角色定位导致了警民关系的疏远和恶化。为消除引起社区秩序混乱的各种隐患,提高警察公共管理效率,更好地维护社会治安,自20世纪六七十年代起美国开始推行社区警务战略,引导警民之间逐步建立合作型、伙伴型关系,警察的服务职能进一步被强化,逐步形成了以社区问题为导向的纠纷解决机制。[①] 警察调解正是在这样的背景下发展起来的。美国学者韦伯斯特对调解的定义是:"友好地介入,通常经过同意或求助,解决个人或国家间的分歧。"[②]即调解的实质是当卷入纠纷的双方或多方不能自己解决问题时,通过第三方的介入来认识和发展各方共同的利益领域。把各方朝一个可以共存的情形的方向引导,最终实现共赢的局面。同样,警察调解的实质正是在于寻找或创造一种当事人双方都能接受的中间地带。

在美国调解制度中,大致包括以下几个方面:①调解人的资格。需要注意的是调解与仲裁的差异性。仲裁多数被适用在商业目的上,并且仲裁已经成为一项较为成熟的服务项目并商品化了,许多仲裁机构和仲裁员本身的竞争,可以成功地实现以市场来保障仲裁员素质的目的,所以国际上通行的做法,是几乎不对仲裁员的资格做任何限制。一方面,调解并非是当事人在纠纷发生前就订立的纠纷解决选择,尤其是在强制调解的情况下。另一方面,社区调解主要针对的是普通民众间的民事纠纷。所以,像仲裁一样,不对仲裁员的资格作出限定,并不适用于调解。当然,在总体上,调解员的服务是由市场机制来调节的。所以,在美国调解制度中主要适用的仍旧是认证制度。目前美国大致有以下两种方式来规制调解人。第一,名册制度。同仲裁员的名册制度不同,调解人名册并非由提供调解服务的机构设定,而是由其他专门研究和制定一系列调解标准的机构设定,并且这些机构并不提供调解服务,如美国调解与调停服务协会(The Federal Mediation and Conciliation Service)、美国仲裁协会等。第二,强制性标准。如佛罗里达州最高法院规则规定,由法院转交的家事案件的调解人必须具备下列资格之一:在社会工作、精神健康、行为科学或者社会科学领域获得硕士学位者,精神病医师,律师以及持有合格证书的公众会计师。这一类标准主要对于调解员的专业和教育背景作出要求。②中立性规则。根据2001年美国《统一调解法》的规定,调解人在接受调解前要进行合理调查,并披露可能影响其中立性的情况。在调解过程中,也需要持续披露。调解人应当保持中立,除非当事人另有约定。通过披露制

---

① Edwards C. Changing Policing Theories for 21st Century Societies[M]. Sydney: The Federation Press, 1999: 34.

② Buerger M E, Petrosino A J, Petrosino C. Extending the Police Role: Implications of Police Mediation As a Problem-solving Tool[J]. Police Quarterly, 1999, 2(2): 125-149.

度来保证中立性,是美国替代纠纷解决方式的通行做法,在个案中可以灵活掌握。违反披露制度,可以追究调解人的责任。③保密性规则。除非当事人另有约定,调解信息具有保密性。调解人、当事人和其他调解参与人享有特许保密通信权。当事人在调解的过程中,公开争议的各方面,有助于和解的达成,这些信息,将不得成为后续的民事诉讼程序中的证据,否则,将不利于交流与和解。所以2001年美国《统一调解法》详细规定了保密的范围和特权的例外情形。特权的例外主要包括利用调解犯罪或者隐瞒犯罪,证明调解人的不当行为,公开调解协议或者调解会议记录,公共部门加入的儿童或成人保护调解等。加利福尼亚州、马萨诸塞州、佛罗里达州等州的法律也规定,调解中的和解提议和自认在民事程序中是不能接受的,除非案件是离婚案或是有关劳动争议的案件。在美国,几乎所有的州都有这样的共识,即通过社会的调解解决争议所体现的利益,高于把全部证据呈交法庭而获得的公共利益。④禁止调解人报告规则。《统一调解法》规定调解人不得向法院、行政机关或者其他有权对争议作出决定的机构提供报告、评估、估价、建议、认定或者其他有关调解的通信。即使州法律没有该条这样严格,也基本规定了除非当事人和调解人一致同意,否则不得作出相关报告。该条规则是为了避免调解人通过这些手段向当事人施加压力,而强迫当事人达成和解,保证当事人能够遵从自己的意志。⑤调解人责任。同仲裁员相似,在民事责任方面调解人享有豁免权,被视为司法豁免权的延伸。哥伦比亚特区上诉法院就曾经裁定调解人享有准司法豁免权。调解人承担的责任方式主要有两种:第一是被命令终结调解程序。如俄克拉荷马州最高法院规则规定如果调解人不能确保实力均衡的对话或者保护当事人免受伤害,将被指令终止程序。第二是承担刑事责任。如加利福尼亚州、明尼苏达州等法规规定调解人违反保密原则或者披露义务时,将承担刑事责任。①

二、中美治安调解制度之比较

(一) 调解范围

我国《治安管理处罚法》第九条规定:"对于因民间纠纷引起的打架斗殴或者损毁他人财物等违反治安管理行为,情节较轻的,公安机关可以调解处理。经公安机关调解,当事人达成协议的,不予处罚。经调解未达成协议或者达成协议后不履行的,公安机关应当依照本法的规定对违反治安管理行为人给予处罚,并告知当事人可以就民事争议依法向人民法院提起民事诉讼。"此法规定公安机关可以以调解方式结案的立法本意考虑,法律实际是授权公安机关以牺牲治安处罚为

---

① 包建华.美国民事和解及调解制度研究[J].法制与社会,2011(31):35-38.

代价,处理双方当事人发生的纠纷。由以上规定可以看出,我国的调解范围受到双重限制,总体是"以适用治安处罚的案件为限",而美国警察调解的范围则不受治安处罚类案件的局限。如前所述,美国警察调解的发展与社区警务的进程紧密相连,因此其调解范围比我国广泛许多。警察介入纠纷并不以当事人行为违法性为前提,而是由警察本身的服务职能和维护社会治安的职责所决定。以纽约巡警解决的一起邻里纠纷为例,某街区的居民经常被一群玩曲棍球到深夜的青年骚扰,引发冲突,继而向警察报警。最后警察提出双方都能接受的解决方案,让学校操场晚上为曲棍球比赛开放,操场钥匙则由孩子们的父母保管,父母向学校保证不会发生破坏行为。类似这样影响治安的纠纷在美国市民纠纷中很普遍,但在我国则不属于《治安管理处罚法》所规定的违反治安管理的行为,因而不具有治安调解介入的正当性,但可作为村委会、居委会和人民调解委员会等民间调解组织的处理对象。可见,就我国的立法倾向和公安调解工作实践而言,治安调解主要针对违反治安管理秩序且造成一定影响的纠纷,而美国社区警务运动背景下的调解对象更为宽泛。

(二)法律效力

在我国,治安调解因调解主体是具有行政执法权的公安机关而带有一定的强制性色彩。但学界通说认为,虽然治安调解也属于公安机关的一种行政管理行为,但其作为行政调解行为的一种,并不具有具体行政行为性质,而只能是一种行政相关行为。公安机关不能强制执行,当事人对调解不服,也不能以治安行政复议和行政诉讼作为救济手段。《治安管理处罚法》第九条对治安调解法律后果的具体说明是"经公安机关调解,当事人达成协议的,不予处罚。经调解未达成协议或者达成协议后不履行的,公安机关应当依照本法的规定对违反治安管理行为人给予处罚,并告知当事人可以就民事争议依法向人民法院提起民事诉讼"。《公安机关办理行政案件程序规定》第一百五十八条也就此作出了相同规定。由此可见,只有双方达成协议并自觉履行,调解才具有效力,且这种效力是不稳定的;如果没有达成协议或者达成协议后双方不自觉履行则不具有法律效力,纠纷就回到案件处理以前的状态。

在美国,警察调解虽然也具有一定的强制性色彩,但本质上将调解理解为"带有说服性质地去处理两个人的事务,通常都是准法律领域(和刑法无关)的事务,因此用法律的工具来执行缺乏正当性"。从这个定义我们不难看出,美国在对待私人纠纷时的态度是非常谨慎的,但在对待调解不成功的案件时,法律也赋予了警察强有力的权力保障。这是因为美国警察调解案件的广泛性和多样性,决定了对于调解不成功的案件,警察可以使用从财产处罚到限制人身自由等一系列处罚程度不同的法律措施来解决。例如,对于严重影响社会治安的民间纠纷案件,他们会暗示当事人有潜在的被逮捕风险,虽然这并不意味着调解具有和逮捕同等的法律效力,但警察可以继续通过逮捕等强制措施来处理纠纷。因此,可以认为中美治安调解的法律效力都带有某种程度的不确定性,其区别在于对调解不成功的案件在解决方式上存在差异。

(三) 调解方式

在我国公安机关办理一般治安违法案件的调查程序中,法律法规明确规定了当事人接受询问的地点,以保证调查取证的公正性;而对治安调解程序则缺少明确要求,实践中不立案、不调查取证的现象普遍存在,询问地点也各异。有的设在案发现场,有的设在受害人所在的村民委员会或居民委员会,有的设在专门的调解中心,大多数办案单位都是通知各方当事人到派出所进行调解。这样的调解主要是根据当事人的陈述作出判断,不重视实地调查取证,一旦事实不清、证据不足,调解就难以成功。有时在调解时发现新问题,但由于案发现场远离调解地,无法及时排查,只好中止调解;有的当事人来到派出所,可办案人临时有事,调解不能如期进行。由此可以看出,由于我国法律上缺乏关于治安调解程序的明确规定,造成各地治安调解模式各异,调解程序混乱,加之不少基层公安民警的服务意识淡薄,"官本位"思想浓厚,使得证据等与案情有关的信息在一定程度上被忽略。

与此相反,美国进行警察调解的警察非常重视获取案情的信息,他们在进行调解时往往选择案件发生现场,并详细向当事人了解案情的始末。他们的工作在很大程度上就是聆听各方的陈述,从陈述中提炼出对解决纠纷有价值的信息,从而认识和发展各方共同的利益领域,实现共赢。与蓬勃发展的社区警务相对应,美国的社区警察将与居民维护友好的日常关系视为工作中很重要的一项内容,他们认为,与市民之间保持良好的人际互动是警察调解成功的关键,但这并不意味着警察的公权力色彩被削弱。

第二节 美国警察调解现状对我国治安调解工作的启示

一、注重日常警民关系的维护

美国警察调解所呈现的特点与社区警务运动的兴起和发展密不可分,美国警察非常重视与居民的关系,经常到居民家中走访,帮助他们解决生活中的小问题,使得民众对警察的认可和尊重不断提高,主动要求警察介入越来越广阔的纠纷范围。可以说,社区警务创造了一种延伸的时空体系,在这个体系中警察的威信不用通过命令就建立起来。当居民被卷入个人冲突时,他们可以给予警察更多的信息来帮助其了解冲突的起因,也会更积极地配合警察,帮助其寻找到解决问题的途径。我国虽然已对西方的社区警务运动成果有所借鉴,但警民之间日常关系仍然缺乏有效互动和交流。即便是治安纠纷需要调解,都是通知各方当事人到派出所进行,办案人员对案情的了解往往并不充分,所以难以达到令双方当事人真正满意的效果。这种状况不利于推动警民关系的良性发展,也不利于基层公安机关治安工作的进一步开展。因此,我国的基层派出所应加强与居民的沟通联系,摒弃"官本位"思想,通过一些日常的活动(如定期走访等),来了解更多的居民信息,也可通过此举提高居民对警察的认可度和支持度,为以后治安调解的顺利进行打下基础。

二、改进现有治安调解方式

在美国,进行调解的警察非常重视获取案情的第一手信息,他们调解时往往选择案件发生现场,详细向当事人了解案情始末,聆听各方的陈述。他们非常善于从现场以及同当事人的对话中搜集到案情的关键信息,从而找到解决纠纷的突破口。而我国大多数办案单位都是通知各方当事人到派出所进行调解。这样的调解主要是根据当事人的陈述作出判断,不重视实地调查取证,一旦事实不清、证据不足,调解就难以成功。此外,由于法律上缺乏关于治安调解程序的明确规定,造成各地调解模式各异,程序混乱,加之不少基层警察的服务意识淡薄,使得不少与案情相关的重要信息被忽略。

除现场调解是美国警察调解方式的一大特点外,美国警察在进行调解之前非常注重纠纷分类,通常根据当事人法律义务的高低和社会关系的疏密程度,将纠纷划分为家庭纠纷、熟人纠纷、居民纠纷、房屋租赁纠纷和部分不涉及犯罪的商业内部纠纷等。有了这种纠纷定性,警察在调解时能够更快地抓住争论焦点,提高解决问题的效率。同时,通过长期调解经验的积累,逐步总结出几类典型纠纷解决模式。此外,美国学界根据市民纠纷持续时间的长短和影响的不同,将其划分为短期性纠纷和长期性纠纷。短期性纠纷多表现为突发事件,在解决这类纠纷时更多地依赖于警察职业本身所具有的公权力。在解决长期性纠纷时则更多地需要警察以维护良好的警民关系和不断充分掌握大量案情信息为基础。因此,我国治安调解应从改进现有调解方式入手,使这一传统纠纷解决模式更为合理和科学。

三、加强在职民警系统培训

美国的警察教育是培训教育,培训内容的设计较我国而言具有更强的实践针对性,专业的调解技能培训课程是不可或缺的培训环节。目前,美国的政府管理者正通过组织警察在培训中通过心理学等知识的学习和场景模拟等来系统提高警察应对突发性纠纷的调解能力。近年来,随着各类新型治安纠纷案件的大量涌现及随之而来的警民冲突事件时有发生,美国学界对警察职业能力提出了更高要求,即不仅需要提高调解技能,更需要在处理纠纷时把自己完全置身于调解者的位置。我国目前主流公安教育还处在学历教育阶段,在职民警的培训教育工作还比较薄弱,亟待进一步充实和完善。在我国公安教育由学历教育向培训教育转型的过程中,应多从实际需要出发,将调解能力纳入基层民警必备工作能力范畴,通过入警培训或在职培训,使治安调解工作更加规范化、科学化、专业化。

四、建立刚性调解机制

要进一步发挥调解在警察维护治安中起到的优势作用,制度上的保障是关键。所谓刚性调解机制包括三个方面的内容:其一是调解前的预估机制,其二是调解后的效果评价机制,其三是调解的绩效考核体系。[①] 目前美国的很多州已将警察调解纳入警务工作的绩效考核范围,同时正在尝试建立专门针对调解的警务工作预估机制和评价机制。通过预估机制,可以对调解风险(包括人员和时间的耗费、不成功的后果等)有预先的设想,从而对纠纷是否适用调解来解决作出判断。而通过效果评价机制可以衡量警察是否"成功地介入并解决纠纷",这种效果具体应当包括调解方案的科学性和实现程度、双方当事人的满意度以及对公共秩序的影响等。在我国目前关于治安调解的法律规定下,建立刚性调解机制尤为重要和紧迫。《治安管理处罚法》第九条规定:"对于因民间纠纷引起的打架斗殴或者损毁他人财物等违反治安管理行为,情节较轻的,公安机关可以调解处理。"这条规定的立法本意是授予公安机关对于因民间纠纷引发的治安案件处理有自由裁量权,可以在调解与处罚两者之间选择更为合适的纠纷解决方式,但规定并没有明确界定"情节较轻"的范围,加之不同的办案民警对此有不同的理解,容易导致受案标准不统一和受案范围因人而异,随意性较大,实践中容易成为部分办案民警推诿调解而直接适用治安处罚的借口。不少本应适用调解的治安纠纷往往以处罚的形式草草结案,没有将调解在维护社会稳定和谐发展方面应体现的优势完全发挥出来。因此,我国在现有的法律规定下,更有必要从体制上进一步规范治安调解,逐步建立起与调解相适应的刚性体制,鼓励基层民警在某些特定情况下进行治安调解,并可以结合我国治安现状,探索如何建立行之有效的治安调解激励机制。

当然,随着我国社会民主化程度的不断提高、警察职能的不断扩展和调解范围的不断扩大,除了法律中涉及治安调解的内容还有待进一步细化和规范,调解中也暴露出其他一些问题,如警力的匮乏。从平时同居民保持良好的互动到纠纷

[①] 陈依卓宁.中美治安调解之比较概述[J].法制与社会,2008(22):100.

的解决,都需要大量的警力来支撑,尤其是一些复杂案件,后续问题的解决需要持续的警力支撑。在目前警力资源还相当有限的情况下,有待进一步对警力进行统筹规划、科学部署。

第九章
治安调解制度的完善

治安调解存在着诸多问题与不足,于是有学者提出"公安机关的治安调解职能应当弱化"。其实,这是实践发展中的必然现象,当然不能因瑕疵而否定整个制度。美国学者科恩曾说:"中国法律制度最引人瞩目的一个方面是调解在解决纠纷中不寻常的重要地位。"①国务院《全面推进依法行政实施纲要》中明确提出"要积极探索高效、便捷和成本低廉的防范、化解社会矛盾的机制,充分发挥调解在解决社会矛盾中的作用"。问题是如何在充分发挥治安调解优势的同时,尽量设法弥补其不足,以实现其价值,我们大体可以从法律依据、程序设置、工作制度三个层面加以考虑。

第一节 法律依据层面的完善

一、加强治安调解的立法工作

有法可依是社会主义法制建设的基础。对于治安调解有些法律规定可操作性不强、针对性不够甚至不切合实际,造成的法律适用模糊问题,必须通过加强在治安调解中的立法来逐步完善。出现上述问题,原因是多方面的,既有体制改革逐步深化、政府立法工作不可能脱离当时实际情况的因素,也有政府立法活动本身还不够规范、政府立法工作制度还不够健全的因素。②治安调解的立法工作应遵循立法的原则、程序在法定权限内进行。加强治安调解的立法工作,应做到以下几点:

第一,治安调解立法应遵循原则。治安调解立法应在遵循宪法原则的基础上,从实际出发,实事求是,依照法定的权限和程序,科学、全面、准确地规定公安机关的职权与责任,要体现人民群众的意志,反映人民群众的心声,维护社会主义

---

① [美]柯恩.现代化前夕的中国调解[M].王笑红,译.//强世功.调解、法制与现代性:中国调解制度研究.北京:中国法制出版社,2001:88.

② 程宗璋.立法法与改进我国政府立法工作论要[J].天津城市建设学院学报,2001,7(3):211-217.

法制的尊严与统一,以切实发挥对治安调解立法的正确指导作用。

第二,治安调解立法应以实事求是为基础。解放思想,实事求是,是中国共产党一贯坚持的思想路线。加强治安调解立法的实质就是转变公安机关职能、作风,按照"效率、效能、统一"的原则,合理调整程序标准等,为人民群众解决实际问题,为群众办实事、办好事。治安调解立法必须立足于人民群众的意志,从合理解决人民群众实际生活中遇到的问题出发,才能达到良好的社会效果。公安机关基层民警站在治安调解的一线,是行政机关处理民间纠纷激化行为的第一道防线,也是了解民间纠纷激化苗头信息的掌握者。公安机关掌握的民间纠纷现实状况,是立法工作的重要依据,哪些民间纠纷数量在不断上升,需要加大工作力度,将对具体法律条文提出改进要求;哪些民间纠纷激化程度对社会影响不断升级,需要重新评估危害性并重点关注,将对法律适用标准提出完善的需要;民间纠纷又出现了哪些新动态、新动向,需要调研摸索新的解决办法,也将对健全法律内容有所反映。在这样的基础之上,才能为治安调解立法确立坚实的根基。

第三,治安调解立法应以依法立法为保障。目前,治安调解的主要法律依据是《中华人民共和国治安管理处罚法》《公安机关办理行政案件程序规定》《公安机关治安调解工作规范》。在实际工作中,治安调解涉及社会领域广泛、纠纷繁杂多样,制定和修改法律法规也就成为必然的选择。但这一过程必须在法定权限内,在广泛听取机关、组织和公民意见的基础上经历起草、审查、备案等法定程序,避免出现因下位法违反上位法规定、规章之间对同一事项的规定不一致、规章的规定不适当等造成已实施的法律法规被改变或者撤销,从而影响立法机关的权威。对于超越权限和违背法定程序为治安调解立法的,将会被依法改变或撤销,得不到相应的保障。

第四,治安调解立法应以健全完善法律法规为关键。治安调解立法应以行政法规、地方性法规和单行条例、规章为主,突出解决范围不明确、适用条件模糊的问题。可以通过司法解释对民间纠纷的内涵给予扩展并界定,因为发生纠纷违反治安管理行为的主体只能是社会人,并且只要发生纠纷,主体间一定会存在民间关系,所以法人之间、公民与法人之间的纠纷同样可以纳入民间纠纷;可以通过修改完善《公安机关治安调解工作规范》第三条对违反治安管理行为的规定,及时补充能适用于治安调解的违反治安管理行为,以明确哪些违反治安管理行为适用于治安调解,逐步提高治安调解的操作性;可以在修改完善《公安机关治安调解工作规范》的同时,制定具体违反治安管理行为情节较轻的衡量标准,量化、形象化行为的性质、手段、动机、后果等,减少公安机关基层民警因个体差异对行为的主观认识不同,造成执法标准不统一,甚至引起群众上访事件的发生;还可以制定配套的相关法律法规,以健全治安调解制度。

二、合理确定治安调解的范围

治安调解作为一种非处罚性的矛盾纠纷解决方式,已然成为维护社会治安秩序、实现治安立法价值目标的一种有效途径。如果治安调解的范围设置太宽,则会进一步加重公安机关的负担,将许多原本非公安机关管辖的社会矛盾纠纷纳入进来;如果将其范围设置过窄,则又会不利于矛盾和纠纷的化解,且容易束缚公安机关及时有效解决治安案件的权限。因此,应当在比较衡量公民私权利和社会公共利益的基础上,依法合理确定治安调解的范围。既然现有法律已就治安调解仅限于因民间纠纷引起的治安案件做出了明文规定,那么,就以此为界,在立法层面上进一步予以具体规制。治安调解的范围主要取决于两方面的因素:

1. 由民间纠纷决定。治安调解中的民间纠纷,既区别于法律意义上的民事纠纷,也不同于一般的社会矛盾纠纷,应是对那些层次比较低、情节比较简单、法律后果比较轻微,且带有大众性、多发性、普遍性特点的矛盾纠纷的概括表述。主要包含两个要素:一是当事双方的关系。当事双方应在日常生活中有逻辑上的联系或交往关系(即对民间纠纷中的"民间"两字的阐述),如邻里关系、家庭关系、朋友关系、同学关系、同事关系、恋爱关系等。二是当事双方的纷争内容(即对民间纠纷中的"纠纷"两字的阐述)。当事人纷争的内容可能是非财产内容,如侮辱诽谤、打架斗殴、侵犯隐私、采光通风等问题;也可能涉及财产内容,如买卖、债务、继承、经济纠纷等。其中,最重要、最关键的要素是当事双方的关系。如《上海市公安局调解处理治安案件暂行规定》中就规定治安调解范畴应该满足三个条件之一:一是亲友、邻里、同事、学生之间因琐事发生纠纷引起的;二是行为人的侵害行为系由被侵害人事前的过错行为引起的;三是其他适用调解处理更易化解矛盾的。

2. 由治安案件决定。当事人的行为必须是触犯了《中华人民共和国治安管理处罚法》等法律法规,并且还要符合治安案件的构成要件。强调这点,主要是把其他非治安案件或矛盾纠纷区分开。例如,现在大量的矛盾纠纷都可以归属于非警务活动,公安机关不便介入,即使介入也不好处置,特别是当前非常突出的涉农矛盾纠纷,公安机关处理起来非常棘手。现在不少地方的公安机关都已明令禁止警务人员参与各种非警务活动。如果能把这些非警务活动的矛盾纠纷和不在公安机关调解职责范围内的案件,通过建立分流机制,移送至其他相关机关处理,那么不仅可以使当事人得到更为专业的调解帮助,也可以让公安机关有更明确的调解和执法方向,有利于充分发挥公安民警的主观能动性,促进治安调解工作的顺利开展。

三、立法明确治安调解的法律效力

一方面,应参照借鉴人民调解制度,在立法或司法解释中赋予治安调解相应的法律效力:即治安调解协议具有民事合同性质。《最高人民法院关于审理涉及人民调解协议的民事案件的若干规定》第一条规定:"经人民调解委员会调解达成的、有民事权利义务内容,并由双方当事人签字或者盖章的调解协议,具有民事合同性质。当事人应当按照约定履行自己的义务,不得擅自变更或者解除调解协议。"因此,立法明确治安调解协议具有民事合同性质的法律效力更有利于调解。这样就可以在渔事纠纷当事人之间形成一种法律责任,起到对当事人的制裁和警示作用,有效避免因当事人任意变更、反悔及否决协议而造成人力、财力、物力等司法资源的浪费和讼累的增加。换言之,作为法定的一种治安违法结案方式,治安调解的结果通常是以经济赔偿等民事责任代替治安责任。因此,在对海上渔事纠纷治安调解协议的变更、履行、终止及效力认定等方面问题的处理上,可以从民事责任的角度,考虑适用《中华人民共和国合同法》及相关法律规定。并且,在法律或相关司法解释中可以进一步确定治安调解的法律效力:"在当事人自愿达成调解协议的基础上,如调解协议不违反法律、法规,不损害国家、集体及他人利益,不具有无效、变更或撤销法定事由的,治安调解协议具有民事合同的法律效力。"从而在一定程度上解决治安调解协议没有法律约束力的问题。

另一方面,在确定治安调解协议具有民事合同性质效力的基础上,可以从优先认定的角度进一步强化治安调解协议的法律效力,从而有助于推动治安调解的广泛运用。该优先体现在:第一,效力优先。治安调解协议本质上是一种依法确认治安法律关系的法律文书,一旦形成就由法律强制保障;当事人不得就同一案件事实再行起诉,人民法院对此可以适用"一事不再理"原则,不予受理或者驳回起诉。对一方不履行治安调解协议或达成治安调解协议后又反悔的,另一方可以向人民法院起诉要求维持原协议。如治安调解协议不违反法律法规,不损害国家、集体、第三人及社会公共利益,也无重大误解或显失公平的,法院一般应在判决中支持确认原调解协议。此外,对存在非实质性瑕疵的治安调解协议,一般也不认定无效。第二,执行优先。对涉及治安调解协议的执行案件,应当优先执行。只要治安调解合法有效,当事人就必须履行协议的规定,任意反悔、拒不履行协议的,法院可以强制执行。例如,对单纯以财产为内容的治安调解协议,负有给付义务的一方当事人不履行协议,另一方可以依据调解协议直接向人民法院申请支付令,要求对方履行给付义务。

在实践中,要确保治安调解的法律效力,还要坚持依法调解。保证调解结果合法必然会提高治安调解的公正性、权威性。当事人也是参照处罚或诉讼的可能结果在调解过程中进行博弈、权衡。这样,在赋予治安调解法律效力的前提下,如当事人随意反悔、变更、不履行协议需承担违约责任或法院认可公安机关治安调解对事实和法律问题的处理意见,而诉讼又会给当事人带来时间、金钱等的不利情况下,当事人自然会服从于治安调解的结果。

第二节　程序设置层面的完善

一、规范治安调解的法律程序

程序公正直接影响结果的公正,程序合法是治安调解具有法律效力的一个重要因素。治安调解应当参照治安处罚的程序进行调解。普通治安调解应当遵循以下基本程序步骤:

(1) 受理立案。发生治安案件后,公安机关应首先按照接案程序进行受理、立案。因为在公安机关调查取证前并不知道案件是否可以适用调解、当事人是否愿意调解,以及达成治安调解协议的难易程度等情况。

(2) 调查取证。通过一些必要的调查取证工作,了解查清案件基本事实,固定相关证据,在此基础上初步确定双方承担的法律责任。

(3) 履行告知。对可以进行治安调解的,公安机关应先行告知双方的权利义务、是否愿意接受调解及可能产生的法律后果。对未成年人的调解应当通知其父母或监护人在场。

(4) 组织调解。在征求双方意见的基础上,公安机关确定调解时间、地点和参加人员,大多数情况下是及时就地在派出所调解;必要时可以邀请居(村)委会、单位等人员或者双方当事人熟悉的人员参加。

(5) 确认协议。调解应当制作笔录,记载时间、人员、过程、当事人的要求和结果等情况。调解结束后,制作形成治安调解协议书,各方当事人都应签名。同时应注明治安调解的法律效力和救济途径。

(6) 存档备案。将调解协议、调解笔录及证据等根据案卷要求建立卷宗存档。

二、完善现场调解的程序

相较普通治安调解而言,现场治安调解应进一步简化程序,确保效率。对那些事实清楚、案情简单、证据确凿、争议不大可以及时履行相关义务的治安纠纷案件,公安民警可以当场实施调解。可参照北京、上海、哈尔滨等城市的经验,简化成以下程序步骤:

(1) 现场调查取证,了解案件事实真相。

(2) 现场调解,及时告知当事人的相关权利义务,充分听取双方当事人的陈述和申辩。特别要注意简要制作有关笔录和留存有关证据(比如伤情照片等),以便在当事人反悔或案情出现变化时,有据可查。

(3)调解完成后,当场填写《现场治安调解协议书》,交付当事人签名确认。可以当场履行协议的,现场监督双方当事人当场履行。不能当场履行的,注明履行期限、方式等,记录备案。如有必要,可以将调解协议、履行情况等装订存档。

三、建立和完善治安调解救济制度

"警察行政救济,是指对警察行政行为侵犯公民权益造成的损害给予补救的法律制度的总称,主要包括行政复议、行政诉讼、行政赔偿、行政补偿、信访救济等。"[①]当前,治安调解由于不具有任何法律效力,是不能提出行政复议和行政诉讼的,不存在行政救济。但是,一旦明确治安调解协议具有了法律约束力和强制力,就有可能损害当事人的权益。为了保障当事人的合法权益,救济制度的构建势在必行。治安调解是以准司法手段解决纠纷的方式之一,常规的行政诉讼、行政赔偿、行政补偿、信访救济等并不能适应治安调解救济的需要,而调解前邀请双方当事人熟悉的人员或当地民间组织成员、权威人士、专业人士参加调解,调解后在一定时限和条件下还可变动、废弃协议的救济办法更为适合。目前,除调解前邀请人员应更多元化、更符合纠纷特点外,调解后的救济制度建立也应被重点关注,主要有以下几点:

一是后期救济适用的条件。治安调解协议既然已经具备了约束力和强制力,那么它的变动或废弃就必须具有准确、严格的条件限制。治安调解救济的运用可以在以下三种情况下进行:第一种是治安调解未按照法律规定的程序进行或者双方当事人达成的治安调解协议不符合法律规定的。重实体、轻程序的观念,在我国一直存在;在现实工作中,不按法定程序办事,造成群众怀疑公正性甚至不满,影响治安调解效能发挥的事情时有发生。另外,治安调解协议的内容也必须符合法律法规的规定,一旦与法律有抵触,协议本身将不受保护,若协议内容违背公共道德、社会习惯等,将对社会造成负面影响。这些情况的存在均应给予当事人变动或废弃协议的权利。第二种是治安调解协议出现重大误解的。"所谓重大误解,是指误解人在做出意思表示时,对涉及合同法律效果的重要事项存在认识上的显著缺陷,其后果是使误解人受到重大损失,以至于根本违背当事人订立合同的目的。"[②]在重大误解出现时,合同法对合同可撤销有明确的规定。重大误解已经使治安调解丧失了解决纠纷的目的,可以借鉴合同法的有关精神,允许当事人变动或废弃协议。第三种是治安调解违反自愿原则的。治安调解过程中违反

---

① 聂福茂,余凌云.警察行政法学[M].北京:中国人民公安大学出版社,2005:275.
② 陈小君.合同法学[M].北京:高等教育出版社,2003:94.

治安管理行为人存在担心受到行政处罚的心理,而受害人也会有急切盼望权益能尽快得到保障的心理,这些心理都会让当事人的自愿性产生扭曲,对于是否调解的自由支配和达成协议内容的要求失去自主性。当然,在这种情况下公安机关应给予积极引导,但一旦治安调解后当事人提出变动或废弃协议,从法律角度看,仍应给予相应的权利。

二是后期救济程序的规定。《公安机关治安调解工作规范》第十二条规定:"调解协议履行期满三日内,办案民警应当了解协议履行情况。"首先,为确保治安调解的公平和效率,办案民警在了解协议履行情况的同时,可以履行告知义务,告知当事人治安调解后期的救济程序,当然也就将救济程序的启动时间定为调解协议履行期满三日内。其次,借助民事诉讼中调解书申请再审的办法,当事人可以向人民法院提起司法审查,建立司法审查制度。最后,由法院审查公安机关调解程序和调解协议的合法性,经审查程序和实体均合法合理的,维持公安机关治安调解结果,经审查程序违法或协议显失公正的,法院可以依据当事人的意愿,启动审判程序,变动或废弃协议。

三是后期救济对治安处罚的影响。《公安机关治安调解工作规范》规定:"对无正当理由不履行协议的,依法对违反治安管理行为人予以处罚。"后期救济是当事人陈述理由,要求不履行协议的过程,其间当事人理由是否正当不能定论,不宜对当事人采取治安处罚。但是,法院审查结论一旦出来,对于维持治安调解结果的,就应依法对违反治安管理行为人予以处罚;对于启动审判程序的,相当于当事人已经就民事争议向人民法院提起民事诉讼,应及时对违反治安管理行为人予以处罚;对于废弃协议的,就应按照《中华人民共和国治安管理处罚法》的相关规定予以处理;对于变动协议的,双方当事人就应依照履行,对于拒不履行的,公安机关或人民法院可以强制执行。

四、优化治安调解工作体系内各要素

由于社会转型,多种经济成分和多种分配方式同时并存,社会利益和结构的分化不可避免,社会矛盾突出,治安工作亟待加强,与此同时治安调解工作也需加快发展和完善。治安调解的发展和完善,应从大局和长远角度出发,优化工作体系内的各个要素,扎实落实各项法律法规和政策要求,这样才能适应当今建设和谐社会的需要。优化治安调解工作体系内各要素,应从以下几个方面着手:

一是实现治安调解专业化。治安调解实际就是为解决社会纠纷提供一个平台。平台的专业化会为及时、高效、便利地解决纠纷提供保障,也会维护政府机关的权威。首先,工作人员必须专业化。现在,主要是社区民警上岗从事治安调解,他们是这个平台的工作者。因为不需任何的专业资格要求,所以现实工作中治安民警、内勤民警等其他民警也可以从事治安调解。这种非专业化的调解,会影响

到权力机关赋予治安调解的法律约束力和强制力程度。因此,治安调解工作人员专业化建设是治安调解发展的第一要务。治安调解工作人员必须经过专业化的培训和考试,取得相应资格后,在配套的专业管理制度下,从事治安调解工作并接受考核。其次,建立专业管理考评办法。治安调解工作具体细致,从治安管理角度出发的公安机关内部人员管理和考评办法,已不符合专业化建设的需要。社区民警在治安调解方面的考核应结果与程序并重,对形成治安调解协议后又被变动或撤销的,应考核其在调解过程中是否有违反规定的行为,完全符合规定的应给予认定工作有效。社区民警根据治安调解工作情况,结合个人资历,可进行分级管理,将专业水平分为初级、中级和高级;对工作表现优秀的可经考试、考核合格后逐级晋升;对工作出现重大失误的,予以降级,甚至取消资格。通过专业化的管理和考评,可增强公安机关基层民警对治安调解工作的积极性。最后,要树立纠纷解决专业化意识。我国的社会分工越来越细,专业化程度也越来越高。在这样的大形势下,民间纠纷涉及专业领域的程度也越来越深。通过治安调解解决民间纠纷,公安机关应牢固树立纠纷解决专业化的意识,以专业化的眼光去看待问题、思考问题。在邀请人员参加调解时,对涉及房屋纠纷的可以考虑是否邀请地产业专业人员,对涉及借贷纠纷的可以考虑是否邀请金融业专业人员等,这样通过专业角度解决纠纷,既可以保证解决方式的合法性和准确性,又可以保证政府机关的权威,维护人民群众对党和国家的信任。

二是充分发挥监督的保障作用。孟德斯鸠说:"一切不受约束的权力必然腐败。"权力一旦被滥用或腐败,必将被人民群众所摧毁。治安调解缺少了监督的约束,其生命与发展将都得不到保障。首先,权力机关监督掌握着治安调解的生命线。全国人民代表大会及其常务委员会和地方各级人民代表大会及其常务委员会是对治安调解层次最高的监督。权力机关具有立法权,不仅可以对法律和公安机关的行政决定进行监督,还可以视察、检查和对特定问题进行调查。治安调解是否与宪法、法律抵触,决定着治安调解的生存权。其次,司法监督完成治安调解的救济。从监督的角度看,治安调解救济制度其实就是一种司法监督,人民法院运用国家司法权对治安调解的结果,即治安调解协议进行审查,也就是对公安机关治安调解工作的监督。再次,行政监督有助于提高治安调解队伍素质。公安机关的行政监督可分为一般性监督,监察、审计等机关的专门监督和公安机关的内部监督。对治安调解的监督来说,公安机关内部监督具有直接性和日常性,有利于在问题出现的早期解决问题,所以应进一步加强公安机关内部的层级监督和部门监督。层级监督主要体现为:报告工作制度、执法检查制度、审查批准制度、行政复议制度、备案检查制度和考核惩戒制度。① 部门监督主要体现为公安机关内

---

① 应松年.行政法学新论[M].北京:中国方正出版社,2004:386.

部警务督察、法治、纪检、审计、监察、政工等部门根据部门职能发挥监督作用。全方位的监督,对治安调解的工作人员也是一个全方位的促进,有利于提高治安调解人员的素质。最后,社会监督促进治安调解发展。社会监督包括群众监督、社会组织监督和舆论监督。人民群众对公安机关及其人民警察行使警察行政权活动进行监督制约的基本方式,是对公安机关及其人民警察的警察行政行为行使批评、建议权和申诉、控告、检举权。[①] 政协、工会等社会组织多采用批评、建议、检举等形式。随着我国信息化的发展,舆论监督的作用在不断放大,采用网络、报纸、杂志、电视、广播等形式对治安调解监督影响更大,速度也更快。通过这三个方面的社会监督,将对治安调解不断提出新的、更高的要求,将有利于治安调解工作的长久发展。

三是构建和谐警民关系,促进科学发展。警民关系是治安调解的先决条件之一,也是治安调解发展的润滑剂。"和谐警民关系是警察热爱、尊重、服务人民,为人民服务,为人民保一方平安,视人民如父母,受人民监督,让人民满意,人民理解、信赖、依靠、支持警察,警民亲如一家、水乳交融的状态,构建和谐的警民关系,是我们党的根本宗旨对公安工作的本质要求,是做好新形势下社会稳定工作的根本保证。"[②]构建和谐警民关系需要公安机关在治安调解中牢固树立执法为民的思想,以人为本,公平正义,以调和人民群众的矛盾为出发点,以维护社会的安定团结为落脚点,带着对群众的感情去工作,真正做到权为民所用,利为民所谋。以构建和谐警民关系的目的出发从事治安调解,必将提升这项工作的水平。首先,构建和谐警民关系与治安调解的最终目的内容相同,两者都是为了建立和谐的关系,消除人们之间的矛盾,促进互相了解、互相尊重、互相支持。其次,两者对公安机关的要求相同,都要求公安机关牢固树立科学发展观,以人为本,全心全意为人民服务。最后,两者是互相促进、互相支撑的关系,和谐的警民关系能够为治安调解营造良好的工作环境氛围,而高水平的治安调解能够帮助群众解决纠纷,由此必将提高人民群众对公安机关的信赖和依靠程度。可见,和谐警民关系对治安调解工作的科学发展至关重要。

第三节　工作制度层面的完善

一、强化治安调解的自愿原则

《公安机关治安调解工作规范》中明确规定了治安调解的自愿原则。公安机

---

① 惠生武.警察法论纲[M].北京:中国政法大学出版社,2000:279-280.
② 肖飞.和谐警民关系的构建[J].河北公安警察职业学院学报,2009,9(1):57-60.

关应当在查明事实、分清责任的基础上进行调解,以当事人自愿为调解的基本要求和根本依据。调解不是公安机关查办案件纠纷的必经程序。矛盾纠纷发生之后,公安机关应从实际出发,本着教育违法、消除矛盾的目的调处矛盾纠纷,当事人也有自主选择是否接受治安调解的权利。如果当事人并非自愿,而一味地强制调解,往往适得其反。在实践中因强制调解,当事人反悔而转求上级部门上访申诉的案例时有发生。强化治安调解的自愿原则理念,可以进一步具体规定为三个部分:

(1) 调解前:对不符合调解条件的或当事人没有请求调解,当事人一方同意调解而另一方不同意调解的,公安机关都不应当进行调解。

(2) 调解中:当事一方或者双方要求不再调解的,一方在一定时间期限内无法通知到的或者经公安机关数次通知(一般以两次为限)而不参与调解的,以及经过数次调解而不能达成调解协议的,终止调解。

(3) 调解后:对于未经过调解、调解达成协议或终止调解的,公安机关都应及时完结治安案件,要么按调解处理,要么依法处罚,尽快为当事人出具结案书,以便于当事人行使诉讼权利和采取相关救济措施。

二、建立治安调解便捷通道

(1) 开设调解法庭。作为探索性的实践,基层人民法院可以组建专门的调解法庭,专司负责各类民事、司法、行政、仲裁等调解案件的处理。其中包括负责审核辖区内治安调解案件及备案相关的调解文书。对于治安调解未成功的案件纠纷,当事人如果提起诉讼,公安机关可以将相关材料,包括对案件事实的认定及相关证据等交由调解法庭立案审理。

(2) 建立司法审查制度。治安调解后,公安机关可以根据当事人的要求,或者根据情况将相关调解协议法律文书送至相应的调解法院。经法院审核确认,调解协议与民事判决具有同等法律效力。或者请求法院出具调解书,而法院调解书与判决书具有同等法律效力。如我国台湾地区对于司法行政机关及民间性的调解纠纷规定:"调解成立之日起七日内,将调解书送请管辖法院审核;核定后,当事人就该事件不得再行起诉。"[1]

三、加强治安调解的法律监督工作

所谓法律监督无外乎内部监督和外部监督。对于内部监督,可以将治安调解纳入公安机关执法监督范围,加强对治安调解工作的执法检查力度,并将其纳入

---

[1] 烟台市中级人民法院课题组.传统调解制度的弊端及改革思路[N].人民法院报,2004-11-21(ZZ1).

司法监督体系,这里主要是人民法院对治安调解的法律监督。将治安调解协议书送交法院审核确认,有利于法院进行监督和强化治安调解的法律效力。如果当事人申请治安调解协议书无效的,法院也可以进行监督审查,对不符合条件的依法裁定撤销,进而当事人可通过其他救济途径主张自己的权利。外部监督主要是社会监督。积极调动社会力量,包括案件的当事人、广大群众、新闻媒体等力量来对治安调解工作进行有效监督。当然,在实践中主要是发挥公安机关从社会各层面所聘请的监督员的作用,公安机关或其聘请的监督员可以承担起治安调解案件回访的任务。对调解完成的治安案件纠纷,可以通过上门回访或电话回访双方当事人的方式,了解双方矛盾纠纷化解及有关调解协议履行等情况,既有助于增进警民关系,又能及时发现不安定因素,及早主动消除化解当事人的矛盾。

四、加强治安调解与其他调解制度的衔接

从现实治安调解涉及的领域、程序和现状来看,治安调解正逐步被边缘化,与人民调解和司法调解缺乏有效衔接,处于孤军奋战的状态。为保证调解工作的顺利进行,建立和谐的社会环境,治安调解与人民调解和司法调解建立有效衔接势在必行。

第一,将治安调解与人民调解相衔接。在多种制约因素下,治安调解必须依靠人民调解的平台才能发挥作用。近年来,一些地方公安机关借助人民调解具有一定效力的优势,已经创设出了"警民联调"的工作模式。"根据规定,对于因琐事纠葛、邻里纠纷引发的伤害案件,派出所接处警在现场制止事态的进一步激化,开展调查、取证工作,然后确定矛盾性质。如果必须给予有关当事人相应处罚,但受害方表示愿意放弃追究对方当事人的治安乃至刑事责任且双方表示愿意接受调委会调解的,派出所委托街道(镇)人民调解委员会进行调解。对于调处成功的案件,由街道(镇)调委会出具调解协议书,公安民警协助调委会通过回访制度,监督协议的执行,并把履行完毕的调解协议书交送派出所留档一份。"[①] "警民联调"作为治安调解与人民调解衔接的产物,具有先进性,可以作为经验推广应用,但从目前的相关规定来看,这种做法也存在一定的风险性。《治安管理处罚法》和《公安机关治安调解工作规范》对治安调解有明确的程序规定,对违反治安管理行为在达成治安调解协议的基础上不予处罚。"警民联调"的协议书是未经治安调解法定程序形成的人民调解协议,从目前的规定来看,违反治安管理的行为仍需依法处理。针对这一问题,法律应进一步完善,对公安机关认可的人民调解,可对违反治安管理的行为免予处罚。

---

① 石先广.人民调解、行政调解、司法调解有机衔接的对策思考[M]//纠纷解决:多元调解的方法与策略.北京:中国法制出版社,2008:35.

第二,将治安调解与司法调解相衔接。较之司法调解,治安调解具有及时解决纠纷、化解矛盾的优势,面对的是处于萌芽激化状态的纠纷,主要是采用站在群众的角度,用群众的语言,宣传法律法规,斡旋、劝说、教育群众的工作方法。《公安机关治安调解工作规范》规定:"对无正当理由不履行协议的,依法对违反治安管理行为人予以处罚,并告知当事人可以就民事争议依法向人民法院提起民事诉讼。"从目前的调解程序来讲,治安调解更像是解决纠纷的一种缓冲,对激烈的纠纷先行处理后再由司法调解处理;或者是对大量社会纠纷的一种筛选,可解决一些处于萌芽状态的社会矛盾,对于解决不了的纠纷交由司法调解。因此,二者的衔接应转变为一种效力的传承,治安调解的法律效力应是衔接的核心部分。

第十章
治安调解与和谐社会

和谐社会不是无差别、无矛盾的社会,建设和谐社会,需要构建不断解决矛盾和化解冲突的机制。《中共中央关于构建社会主义和谐社会若干重大问题的决定》(2006年10月)明确指出:"健全社会舆情汇集和分析机制,完善矛盾纠纷排查调处工作制度,建立党和政府主导的维护群众权益机制,实现人民调解、行政调解、司法调解有机结合,更多采用调解方法,综合运用法律、政策、经济、行政等手段和教育、协商、疏导等办法,把矛盾化解在基层、解决在萌芽状态。"

治安调解制度属于行政调解的范畴,作为我国调解体系中的一个重要组成部分,在矛盾纠纷的化解方面发挥着独特作用,而且它作为维护社会稳定和谐的"第一道防线",在建设和谐社会中的地位更加突出,是保证整个社会和谐发展的有效途径,对于构建社会主义法律体系起着至关重要的作用。

第一节 中西方和谐社会理念考察

一、和谐社会理念的渊源

1. 中国元典中的和谐思想

在中国古代典籍中,"和"的概念出现很早,在甲骨文和金文中都有"和"字。在《易经》"兑"卦中,"和"是大吉大利的征象;在《尚书》中,"和"被广泛地应用到家庭、国家、天下等领域中去,用以描述这些组织内部治理良好、上下协调的状态。从春秋战国时期开始,思想家们把"和"作为一个哲学的抽象范畴加以研究,揭示了和谐的价值、本质和机理。然后才由抽象的哲学范畴走向社会应用,并形成和谐社会的理想。正如徐显明教授指出:"和谐社会理论是中国传统文化在当代的一种升华。如果用一个字来概括中国全部的古代哲学,就是'和'字;如果用两个字来概括,就是'和谐'。"[①]从"和"字的古汉语喻义,推之到古代哲学范畴,"和"被

---

① 徐显明.和谐社会与法治和谐(代序)[M]//徐显明.和谐社会构建与法治国家建设——2005年全国法理学研究会年会论文选.北京:中国政法大学出版社,2006:1-2.

喻为事物存在和发展的根本规律。而事物发展的规律也就是事物的本质，"和"的本质在于不同事物之间的协和一体。

"和"为宇宙万物生成过程中的始因、中介、动力，老子就充分肯定"和"的意义。老子提出"道生一，一生二，二生三，三生万物。万物负阴而抱，冲气以为和。"①他认为，作为世界本原的道，本身包含着"两仪"阴阳，阴阳相互对立的二气经过不断交冲、互相激荡，形成了一种"和合"适匀和谐的状态，即"天地气合而生和""和气合而生物"，②在和气相合的状态中，才生成了万物。老子通过这样的表述，认为"和"是万物生成的一个必不可少的状态性条件和极其重要的契机，是事物生成转化的本因和依据。老子的和谐生成说肯定天地万物生化运动的基本属性是"和"，"和"主宰天地万物的生发，调控天地万物的归根与合一，天地万物只有在"和"的境界中才能生发、运化。

孔子提出"和无寡"③的主张，则是从国家治理的角度肯定了和谐的作用。他认为，一个国家的稳定，不取决于财富的多少，而取决于分配是否公平；不取决于人口的多少，而取决于人心是否安定。分配公平，人们就不会觉得贫穷；和睦相处，组织就不会觉得人少；安定和平，国家就没有危险。孔子还提出"和而不同"④的命题，揭示了和谐的本质特征。这里所谓的"和"，指的是由诸多性质不同或对立的因素构成的统一体，这些相互对立的因素同时又相互补充、相互协调，从而形成新的状态，产生新的事物。由此看来，孔子心目中的"和谐"，是有差异的统一而非简单的同一。关于"和"与"同"的区别，在《国语》中有更详细的论述，如："和实生物，同则不继。"只有"和"才是产生万物的法则，而没有对立面的"同"是不能产生什么新事物的。

"和"从哲学范畴，转化成伦理准则，推演至社会生活的过程，是一个日益世俗化和实用化的过程。在进入社会生活层次后，"和"就由抽象的哲学范畴变成了和谐社会的理想。可以说，从孔子的"礼之用，和为贵"到康有为的《大同书》和孙中山的"天下为公"，都体现了一种对和谐社会的美好追求。在中国古代史上，许多思想家、政治家都曾设计过和谐社会的方案。其中影响最大的首推《礼记·礼运》一书所描述的两种社会生活状态，"天下为公"的"大同"社会和"天下为家"的"小康"社会。⑤

---

① 李耳.道德经[M].邱岳，注评.北京：金盾出版社，2009：3.
② 高明.帛书老子校注[M].北京：中华书局，1996：30.
③ 《书立方》编委会.论语[M].重庆：重庆出版社，2010：19.
④ 《书立方》编委会.论语[M].重庆：重庆出版社，2010：47.
⑤ 《礼记·礼运》中的大同社会描述的是一幅和谐社会图画，人与人之间重诚信、讲仁爱、求友善、修和睦、选贤能、富庶安康，形成财产公有、共同努力、舍弃自我、人人平等、安宁、和谐的社会风气；小康社会是指夏商周三代中禹、汤、文、武、周公时代的一种上下有序、家庭和睦、讲究礼仪的社会生活状态。这是一个建立在财产私有基础之上的农业社会，社会关系主要依靠伦理道德规范来维系。与我们如今使用的同形词语意义不同。

2. 西方文化中的和谐思想

社会和谐是人类共同追求的价值,在西方文化中,"和谐"观念也有深厚的思想根基。西方的"和谐"概念源于哲学。在西方思想史上,毕达哥拉斯把和谐作为自己哲学的根本范畴。在文艺复兴以后,笛卡尔、莱布尼茨、黑格尔等人都把和谐视为重要的哲学范畴。将哲学里的"和谐"引入政治领域,就产生了和谐社会的理想。当代西方社会关于和谐社会主要有三种理论:

第一,社会均衡论。这种理论认为社会生活的现象和结构虽然处在运动之中,但其结构具有相对的稳定性。这种稳定性形成社会中的一种特定现象,从而使社会体系得以均衡发展。这种理论同时认为社会是一个自我平衡的系统。在社会系统内部有一套维系、保持、调适和修复社会均衡状态的整合机制。一旦社会系统的某些部分遭到外部力量的破坏而失调时,其他部分会自动予以调节并纠正失调,从而使社会系统重新回到均衡状态。平衡是社会的常态,而变迁是暂时的,变迁最终是为了实现平衡。后来的"社会均衡论"者又把均衡分为稳定的均衡和不稳定的均衡两大基本类型。

第二,协和社会论。这种理论认为,社会应当是为了共同利益而互相合作、协调行动的社会。该理论把各种社会视为一个统一的整体,把社会成员之间"协和"的程度作为区别不同社会的尺度,他们提出了"高协和"社会和"低协和"社会的概念。所谓"高协和"社会,是指人们和睦相处,合作共事,财富的分配大体上是平均的。而在"低协和"社会里,人们动辄争斗,彼此仇恨,取得财富的手段是压倒别人,在财富的分配上往往是两极分化。

第三,社会系统论。这种理论认为,人类社会是一个复杂的大系统,相互交叉,彼此渗透,形成错综复杂的网络。他们认为,最基本的系统是"生产力—生产关系"和"经济基础—上层建筑"。20世纪60年代,美国学者贝塔朗菲和巴克莱又把个人或群体为了达到既定的目标,不断调节、校正自己行为的过程,称作"社会系统的反馈过程"。如果说,社会均衡论突出了社会的内稳机制,协和社会论说明了社会的协作规范,那么,社会系统论则弥补了它们对结构的弹性及结构的变迁的关涉不足的缺陷。突出了社会在均衡与协作中的"变迁"与"发展"。[①]

真正将"和谐社会"提到理论高度的是马克思。马克思在他的《1844年经济学哲学手稿》《德意志意识形态》《共产党宣言》等书中,一再提倡"社会和谐"。[②]而前述三种社会理论也都是从结构功能主义出发并在某种程度上参照了马克思

---

① 以上三种理论的具体论述与评价可参见:谢立中的《西方社会学名著提要》,江西人民出版社1998年版,第155页、476页、511页以下。

② 叶志坚.《共产党宣言》与和谐社会构建——重读《共产党宣言》的几点认识[J].中共福建省委党校学报,2007(1):2-5;何萍.论构建和谐社会的马克思主义哲学资源[J].学术月刊,2006,38(9):20-26.

主义的相关理论。

二、和谐社会理念的界定

中国共产党关于"和谐社会"的理念,肇始于党的十六大报告:"我们党在本世纪头二十年,集中力量,全面建设惠及十几亿人口的更高水平的小康社会,使经济更加发展,民主更加健全,科教更加进步,文化更加繁荣,社会更加和谐,人民生活更加殷实。""努力形成全体人民各尽其能、各得其所而又和谐相处的局面。"在此基础上,《中共中央关于加强党的执政能力建设的决定》进一步提出建设"和谐社会"的目标,强调"要适应我国社会的深刻变化,把和谐社会建设摆在重要位置",并把提高构建和谐社会的能力作为加强党的执政能力建设的五大任务之一。这是贯彻落实科学发展观、全面建设小康社会的重大战略任务,是"三个文明"协调发展的客观要求,是实现国家长治久安、民族振兴、人民安居乐业、共同富裕的根本大计。

研究和谐社会,应当以对"和谐"以及"社会"的正确理解为前提。"和谐是事物内部各组成部分以及事物之间的协同、协调、适应关系",如前所述,和谐的思想在中华民族的文化理念中占有重要的位置,也是马克思辩证唯物主义的一个重要范畴。社会是指"由一定的经济基础和上层建筑构成的整体,也叫社会形态"。因此,所谓"和谐社会",就是指构成社会的各个部分、各种要素处于一种相互协调的状态。到目前为止和谐社会应具有哪些一般共性理论界尚未定论,作者认为至少包括以下三个方面:第一,和谐社会是社会资源兼容共生的社会。和谐社会应当给各类人谋取一定的物质利益提供生存与发展的条件,从而把各类社会资源联合起来,形成合力。和谐社会应当是各类社会资源互相促进而又互相制衡的经纬交织的公民社会。第二,和谐社会是社会结构合理的社会。社会结构合理是社会和谐的前提,社会结构不合理,必然会把社会距离和社会矛盾拉大,与此同时社会张力也大。社会张力一大,社会冲突一触即发;反之,社会结构合理,社会距离适当,社会矛盾也会较小,社会更容易处于和谐状态。第三,和谐社会是社会运筹得当的社会。所谓"运筹得当",是说在调节社会不同群体的利益时,运调自如,运筹决胜。如果没有高明的社会运筹,就算有了合理的社会结构和社会规范,社会仍然难以和谐,这将会浪费社会资源,破坏合理的社会结构。按照这样的标准来衡量,所谓"社会主义和谐社会",应当是各方面利益关系得到有效的协调、社会管理体制不断创新和健全、稳定有序的社会。

2005年2月,胡锦涛主席在省部级主要领导干部"提高构建社会主义和谐社会能力专题研讨班"开班式上高屋建瓴地指出:"我们所要建设的社会主义和谐社会,应该是民主法治、公平正义、诚信友爱、充满活力、安定有序、人与自然和谐相处的社会。"① 这是对社会主义和谐社会基本内涵的精辟阐述,需要在社会主义和谐社会建设的进程中全面把握和体现。党的十六届四中全会和 2005 年的"两会",把构建社会主义和谐社会放在与物质文明、政治文明和精神文明建设相并列的突出位置,这是一个具有时代性、战略性的重大决策。如果说,在传统社会里,人们所谓的和谐是"一种低层次的自在性的统一,其中对立的各种关系尚未经过完全充分的发展",而今天倡导的社会主义和谐社会则是"其内蕴的各种矛盾关系充分展开以后经过博弈与均衡所形成的一种高层次的动态、稳定、内生的自为性和谐"。② 它是一个全方位的、综合的和谐,可以说它涉及社会生活的方方面面,既包括政治的和谐、经济的和谐、文化的和谐,还包括社会生活其他各领域的和谐。

三、社会主义和谐社会的基本特征

一是民主法治。是指社会主义民主得到充分发扬,依法治国基本方略得到切实落实,各方面积极因素得到广泛调动。民主法治是社会主义和谐社会的基本内涵和根本保障。

二是公平正义。是指社会各方面的利益关系得到妥善处理,社会公平和正义得到切实维护和实现。促进社会公平和正义,既是构建社会主义和谐社会的关键环节,又是社会主义的本质要求,也是我们党坚持立党为公、执政为民的重要体现。

三是诚信友爱。是指全社会互帮互助、诚实守信,全体人民平等友爱、融洽相处。这是和谐社会对人际关系的基本要求。

四是充满活力。是指能够使一切有利于社会进步的创造愿望得到尊重,创造活动得到支持,创造才能得到发挥,创造成果得到肯定。

五是安定有序。是指社会组织机制健全,社会管理完善,社会秩序良好,人民群众安居乐业,社会保持安定团结。安定有序是形成社会主义和谐社会的必要条件和基本标志。

六是人与自然和谐相处。是指生产发展,生活富裕,生态良好。

可见,这六个方面特征相互联系、相互作用,全面体现了社会主义和谐社会的本质,也体现了构建社会主义和谐社会的目标指向。"和谐社会"是一种稳定的社会,维护社会稳定、保持社会安定团结是做好各项工作的前提,也是建设社会主义和谐社会的必然要求。

---

① 广州日报大洋网.胡锦涛在省部级主要领导干部提高构建社会主义和谐社会能力专题研讨班开班式上发表重要讲话[DB/OL].http://news.sina.com.cn/o/2005-02-20/10215149361s.shtml.2005 年 2 月 20 日.

② 李海青.正义、共识与良序——和谐社会的人学解读[J].求实,2005(1):34-37.

第二节 治安调解制度对于建设和谐社会的重要意义

一、治安调解与构建和谐社会的理念存在着历史与现实的内在联系

治安调解是和谐社会构建中的重要一环,两者之间存在着历史的和现实的内在联系。我国的调解制度源远流长,作为中华民族优秀法律文化中一颗璀璨的明珠,调解制度凝聚着中华民族的智慧和力量,在中华民族五千年文明史中占有重要位置。它的产生和演变深受我国传统文化的影响,是"和合"法律文化的产物。传统的儒家思想把"和谐"秩序作为法律的最高境界,"无讼"成为最理想的社会状态。据考证,早在我国的西周奴隶社会,官府中就设有"调人""胥吏",专门负责调解纠纷,用以平息诉讼,维护社会秩序。从当时的调解制度的性质和组织形式看,它是一种官方的行政行为,主要是通过在基层行政组织中设立专门机构和人员,运用封建礼教、纲常伦理思想和人们公认的社会习惯来调解民间纠纷,起到了"排难解纷""止讼息争"的作用。在当时严刑酷法的诉讼制度下,其调解制度就使百姓有了较多的陈述机会,有利于化解社会矛盾。这种传统在当下社会大规模变迁和司法改革全面推进的背景下,仍需进一步调整和完善。中国是一个血缘地域性较强的国家,中国文化崇尚和解,倡导"和为贵",调解制度在中国社会具有深厚的伦理基础和文化基础。古往今来,调解制度一直作为处理纠纷的重要方式,为维护社会的和谐稳定发挥了非常重要的作用。近现代以来,"审判神圣"的法治主义理念逐步上升,我国正逐步迈向法治社会,治安调解作为一种广为社会接受的处理争议的方式,仍然发挥着处罚、诉讼所不可替代的重要作用。

由于特定的历史、文化背景的影响,大多数中国老百姓尤其是农村人至今仍生活在一种习惯之中,那种世代相传的、以道德准则为主要内容的、主要依靠公众舆论和某种微妙的心理机制实施的行为规范,对日常的生产和生活起着重要的作用,这种作用在有些地方甚至超过了法律。人们以人情、信赖等情感倾向支配自己的交易决定并作为对交易双方的约束,而很少用法律的规定规范交易的过程。在一些打架斗殴、损毁财物案件中,当事人主要甚至全部要依靠证人证言来证明自己的主张。但绝大多数证人因为碍于邻里情面、害怕日后遭到报复或因费用问题没有形成合议,往往不愿出庭作证,致使案件无法处理。司法制度在面对这些冲突时并不那么得心应手,此时治安调解制度作为维护社会稳定和谐的"第一道防线",正好契合了这种需求,不需要非常完备规范的证据和程序,因为许多证据免于求证、不证自明,而且不产生任何费用,在温和的非专业气氛中解决了冲突,符合大多数人的思维方式,当事人认同度高,增进了社会和谐。

二、治安调解更有利于化解社会矛盾,增进社会和谐

"和谐社会"应该是能够有效化解内部矛盾的社会。治安调解把"案结事了,定纷止争"作为工作的总目标,其目的是通过公安机关的疏导和法制教育,缓和当事人的偏激情绪,消除当事人的思想隔阂,有效化解矛盾纠纷,消除社会不安定因素,预防矛盾双方因积怨太深而酿成刑事案件或治安群体性突发事件,以维护社会的和谐稳定。当前,总体而言,我国社会是稳定的,但社会的和谐程度还不够理想,社会的各种矛盾与冲突不断,并将长期存在。但突出地、大量地、经常地表现出来的都是人民内部矛盾,而又有相当数量的矛盾源于民间纠纷。通过治安调解来解决这些矛盾和纠纷,通过疏导和教育,使纠纷双方握手言和,问题往往解决得比较彻底,有利于增进社会和谐。

大量治安纠纷案件的当事人有着千丝万缕的联系,解决纠纷后仍然需要在一起工作生活。司法裁判和行政处罚虽然解决了一时一地一案的矛盾和纠纷,但很可能形成新的矛盾和纠纷,胜诉者往往并不一定就是胜利者。从实践看,不少刑事案件都是因治安案件未得到妥善处理导致矛盾激化而成,而通过调解方式结案,可以把当事人的思想工作做通做透,彻底消除矛盾,理顺社会关系,有效地减少"民转刑"案件的发生。根据公安部统计,近几年来,全国公安机关每年平均调解治安案件120余万起,为化解社会矛盾、维护社会秩序、增进社会和谐发挥了重大作用。

三、治安调解尊重当事人意愿,办案效率高

和谐社会应该是一个高效的社会,及时化解矛盾,不让其酿成更大祸患,是维护社会安定有序、缔造"和谐社会"的上上策。公安机关通过治安调解办案,不需要进行大量的调查取证,节省了平息纠纷的时间,体现了行政办案的效率原则。治安调解是以自愿为原则的,当事人是否接受调解是自愿的,是否达成协议是自愿的,是否履行协议也是自愿的,充分尊重当事人的选择权。对当事人而言,公安机关进行的治安调解不收取任何费用,又能达到解决纠纷的目的,深受广大群众欢迎。治安调解的便捷性、经济性与自愿性决定了治安调解在构建和谐社会中的重要地位和作用。

四、治安调解有利于实现和谐社会的"安定有序"

一个不稳定的社会不可能称之为和谐社会,安定有序是形成社会主义和谐社会的必要条件和基本标志。要构建和谐社会,就必须想方设法促进人民群众间的团结及社会安定。尽管我国当前的社会矛盾大多是属于人民内部的矛盾,没有敌对的性质,但众所周知,当自发的、零散的、轻微的利益矛盾不能得到及时解决时,

就可能转化成自觉的、有组织的、严重的群体性对抗事件,会使矛盾摩擦上升为矛盾冲突,烈度与强度不断地增强,引发更大范围内更加激烈的冲突。在社会转型时期,社会矛盾和冲突容易积聚,并有可能在社会结构的薄弱环节释放出来,从而爆发社会危机。因此公安机关必须建立健全矛盾疏导的工作机制,善于运用治安调解,切实维护社会稳定。

五、治安调解能减少处罚及诉讼,更有利于人与人和谐相处

社会主义和谐社会,是一个和谐相处的社会。和谐相处主要包括人和自然的和谐相处、人和社会的和谐相处、人和人的和谐相处。构建社会主义和谐社会,要求实现全体人民平等友爱、融洽相处。而治安调解是由纠纷双方当事人心平气和地坐下来协商解决问题的方法,与处罚和诉讼相比,显得更为温情,更注重追求秩序的和谐,更注重人际关系的维持,更符合人性的尊严。通过治安调解和平解决纷争,可减小打击处罚面,减少诉讼案件,当事人不至于对簿公堂并为久拖不决的官司疲于奔命,执法成本更低,更有利于和谐社会的建立。

六、治安调解更有利于实现和谐社会要求的"法治"

民主法治是社会主义和谐社会的基本内涵和根本保障。治安调解是法律赋予公安机关的职权,作为处理治安案件的一种重要的方式,属于执法活动,在调解的范围、条件和具体程序上必须严格依法进行。毫无疑问,治安调解是解决民间纠纷引起的治安案件的合法途径。因此,治安调解是落实依法治国基本方略的内容之一,极大丰富了社会主义和谐社会"法治"的基本内容,有利于多方面、多层次实现和谐社会要求的"法治"。

七、治安调解更有利于实现和谐社会所要求的"公平正义"

和谐社会的"公平正义"要求社会各方面的利益关系得到妥善处理。促进社会公平和正义,是构建社会主义和谐社会的关键环节。处罚或诉讼当然也能实现案件处理的公正,但治安调解是由公安民警(被视为正义的化身)主持,在自愿的基础上进行的,达成的调解协议是双方当事人的真实意思表示,他们必然认为是公平公正的,所以才更乐意接受并履行该协议,使纠纷得以圆满解决。在构建社会主义和谐社会中,公安机关担负着依法治国的重要职责,责任重大,责无旁贷,义不容辞,必须做出积极的努力。公安机关应当高度重视治安调解,学好用好治安调解,充分发挥治安调解在化解矛盾纠纷中,乃至整个和谐社会构建中的最大作用。

第三节　社会治理格局下治安调解的新理念

2013年,中共十八届三中全会提出"社会治理"概念,从改进社会治理方式、创新化解社会矛盾的体制等方面对社会治理体制进行了阐述。从"社会管理"到"社会治理"是中国共产党在执政理念上的新变化,也对新时期公安机关治安调解工作提出了新的要求。党的十九大报告指出,社会主要矛盾已经由"人民日益增长的物质文化需要同落后的社会生产之间的矛盾"转化为"人民日益增长的美好生活需要和不平衡不充分的发展之间的矛盾"。并且指出,人民群众对美好生活的需要日益广泛,不仅对物质文化生活提出了更高要求,而且在民主、法治、公平、正义、安全、环境等方面的要求日益增长。为了有效回应这些新需要,解决社会的新矛盾,十九大报告在加强和创新社会治理领域,提出要建立共建共治共享的社会治理格局,并且提出了社会治理的制度建设,也对社会治理格局下治安调解的新理念提出了新要求。

一、社会治理理念下治安调解的价值功能

1. 社会治理执政理念的时代背景

十八届三中全会提出了"社会治理"新的执政理念。之前的"国家管理"理念,强调行政权的单一性和参与双方的不对等性,迷信于暴力性和强制性。而"社会治理"可以概括提炼出四个关键词,即"过程""调和""多元"和"互动"。其中,社会治理必须倡导"调和"。社会本身是一个有自组织能力的有机体,不能试图用某种强力乃至蛮力去"支配"社会,而是要让社会本身发挥其自我生存、自我发展乃至自我纠错、自我修复的功能。而以往的社会管理的缺陷,恰恰是过于迷信强制力量。社会治理必须兼顾"多元"和"互动",通过沟通、对话、谈判、协商、妥协、让步——整合起各社会阶层、各社会群体都能接受的社会整体利益,最终形成各方都必须遵守的社会契约。而治安调解的价值与国家治理的理念恰好不谋而合。

2. 治安调解的价值功能

（1）治安调解制度有利于缓和当事人的偏激情绪,妥善而有效地平息纷争,减少治安处罚面,从根本上消除分歧,化解双方的争议和纠纷,使治安调解达到比治安处罚更佳的社会效果。

（2）对于情节轻微、社会危害性不大的治安案件进行治安调解,可以最大限度地节约行政成本,提高行政效率,减少公安机关办理治安案件的工作量,使其能有更多的精力去维护社会治安秩序的稳定。

（3）治安调解能使矛盾发生向好的转化,避免治安案件由于没有得到妥善

处理而引发案件升级,从而导致民转刑恶性案件的发生。民转刑案件在我国发生的不是少数,很多都是由于民警忽略了调解的价值,而过于强调单一的处罚。①

二、社会治理理念下治安调解的新功能

(一)加强预防和化解社会矛盾机制建设

随着中国工业化、市场化、城镇化的快速发展,一些群体之间的利益关系没有得到很好的处理而导致一些社会矛盾凸显。这不仅有损我们社会的公平,影响了社会的和谐稳定,制约了我们的发展活力,而且也正极大地考验着我们执政党的治理能力和执政水平。为了有效应对当前的社会矛盾,以人民调解为基础、以行政调解为主导、以司法调解为保障的"大调解"机制在全国得到迅速推广。行政调解作为"大调解"工作体系中的主导性制度,还需要不断地完善,要加快行政调解立法工作、规范行政调解程序、提高行政调解的专业化水平等。司法调解又称诉讼调解,在法院的主持调解下,使当事人平等协商,达成协议,从而解决纠纷所进行的活动。司法调解作为化解矛盾的保障性机制需要不断加强,特别是要让人民群众在每个司法案件中感受到公平正义。人民调解是指在人民调解委员会的主持下,以国家法律、法规、规章、政策和社会公德为依据,对民间纠纷当事人进行说服教育、规劝疏导,促使纠纷各方互谅互让、平等协商、自愿达成协议、消除纷争的一种调解形式。人民调解是群众自我管理、自我教育、自我服务的自治行为。人民调解作为大调解的基础,更要发挥其基层治理的作用。

(二)积极推动矛盾纠纷多元化解机制建设创新发展

一要搭建基础平台,畅通诉求渠道。当前,随着经济社会的快速发展,社会矛盾凸显,给社会治理带来诸多难题。我们要以人民为中心,搭建好社会矛盾纠纷排查化解平台,畅通不同群体的诉求渠道,不断满足人民日益增长的美好生活需要。要深化市、县(市)区、乡镇街道、村居综治中心建设,推进行业性专业性调解组织建设,探索建立第三方主体参与的调解平台。二要坚持问题导向,补齐缺项短板。尽管社会矛盾纠纷多元化解工作取得积极成效,但仍存在组织覆盖不到位、化解机制不健全、常态化保障不够等问题,下一步要坚持问题导向,善于发现问题,抓住主要矛盾,通过完善机制、加强力量、落实保障等,推动社会矛盾纠纷化解工作取得实效。三要整合各方资源,形成化解合力。社会矛盾纠纷化解涉及方方面面,需要各职能部门协同配合。各级党委、政府要进一步加强对矛盾纠纷多元化解机制建设的组织领导,综治部门要发挥好组织协

---

① 周依莳.浅析治安调解在社会治理新视阈下的价值功能及完善[J].新思路,2017(8):63+73.

调作用,司法行政部门要发挥统筹指导作用,按照"谁主管谁负责"的原则,要压实主管单位主体责任。四要深化创新推进,扩大调解覆盖面。建议建立行业性专业性调委会,如道路交通事故调委会、医患纠纷调委会、征地拆迁调委会、物业纠纷调委会、环境保护调委会等,各地各部门要结合本地社会矛盾纠纷实际,继续深化行业性专业性调解组织建设,不断扩大调解覆盖面。五要坚持源头治理,预防和减少矛盾。要深化重大事项社会稳定风险评估工作,推动风险评估应评尽评;要深入组织开展本地区本部门社会矛盾纠纷调查研究,分析原因、找出对策,为政府及时提供决策建议;要端口前移,开动脑筋,在问题处于萌芽状态时加以干预,找准问题根本,因地制宜做好化解工作,确保矛盾纠纷多元化解工作取得真正实效。

(三) 各职能部门各司其职,推动矛盾纠纷化解

纠纷产生的原因千头万绪,不是公安部门一家就能解决的,有劳动部门管辖的,也有市场部门管辖的,还有环境、文化、城管等部门管辖的。我们要明晰各部门的职能,划分好各部门的权限,调解介入以后,根据纠纷具体情况将纠纷移交给相关职能部门,将110逐渐转化为一个纠纷导入导出的中间平台,而不是大包大揽的承接平台,逐渐形成政府带头、各单位履行职责的网格化管理模式。刚开始可以从一个小的街道或者乡镇试点,成熟以后再向大范围推广。

治安纠纷呈现多样性、复杂性的特点,这就要求我们寻求解决矛盾纠纷的方式方法的多元化机制,这是我国目前正处于社会变形期矛盾多发的现实社会形势的迫切需要,也是成熟法治社会的重要标志。[1] 因此,我国理论界对多元化纠纷解决机制的探讨还是比较多的,通过立法的手段来规范解决纠纷的途径、机制和政府责任等,从而构建多元化纠纷解决的新局面,对社会矛盾的解决具有非常重要的现实意义。第一,要明确多元化纠纷解决的方向。当前我国解决矛盾纠纷的方式确实有很多,如和解、调解、行政处理、仲裁、诉讼等,但这些方式没有一个完整的体系,呈散乱的局面,它们没有明确的责任、法定的程序,互相之间没有协调、互动的有效机制。在探索治安纠纷解决机制的过程中,要彻底改变人民法院垄断纠纷解决权的问题,实现纠纷解决权优化配置,充分发挥各级政府的职能,尤其是村居的职能作用。第二,要通过立法的方式,规范矛盾纠纷解决的法定途径。我国建立的是社会主义制度,特别重视社会稳定和社会治安综合治理,重视人民内部矛盾即治安案件的化解调解工作。全国各地也不断探索,创新了很多纠纷解决的方式方法,作用也很明显。与此同时,由于我国的法制建设比较滞后,使得我们的纠纷解决缺乏权威性和合法性。尤其是现在人们的法制意识有了极大提高的情况下,表现尤为突出,迫切需要我们从理论上进行升华,把一些正确的做法和经

---

[1] 叶文同.完善现场治安调解机制探析[J].公安研究,2009(6):16-20.

验进行法制化建设。西方发达国家的法制建设比较完善,我们可以借鉴他们的一些成功做法,如英国、美国、法国、挪威等国家推出了诉讼外纠纷解决机制(ADR),并且专门针对治安纠纷进行了立法,制定了纠纷解决法。这是非常值得我们借鉴的。但是,我国目前针对治安纠纷解决的立法问题争议比较多,还处在一个不断探索的阶段。

(四) 社会治理理念下各类调解与治安调解的有效衔接

社会治理理念下,要特别考虑到治安调解及其他纠纷解决方式方法之间的衔接问题,要有一定的规则和程序。

首先,人民调解制度的衔接问题要解决好。目前我们实行的"警民联调"就是治安调解与人民调解相结合的一种优秀模式。"警民联调"的推出也是在实践的过程中总结出来的,人们在发生矛盾纠纷的时候,往往就会马上报警,公安机关自然就获得优先介入的机会,有效地防止了矛盾的进一步发展和恶化;在此基础上引入人民调解制度,可以把村居自治组织的作用发挥起来,并能够达到纠纷分流的作用,从而缓解公安机关的压力。"警民联调"同时能够达到优势互补和衔接的效果,使每一种化解纠纷的方式发挥最大的作用。所以在实践中对民间纠纷进行人民调解可以邀请人民警察到场,这也为调解不成功后的治安管理处罚打下基础,人民警察的到场对于调解的成功往往有促进作用。实践经验表明,"警民联调"的方式是值得推广的。

其次,对于司法制度的衔接问题要予以重视。《公安机关治安调解工作规范》第十二条明确规定:对无正当理由不履行协议的,依法对违反治安管理行为人予以处罚,并告知当事人可以就民事争议依法向人民法院提起民事诉讼。当事人在调解不成功或对方不履行调解协议的时候,不是通过人民法院进行民事诉讼来主张自己的权利,而是通过政治救济方式——上访,来达到自己的目的。这是与我国的历史文化传统有关的。上访在中国有其成长的历史土壤,通过上访寻求自己权利的实现与我国的宪政精神是不相符的,所以应当引导当事人通过其他的救济路径或直接通过民事诉讼主张自己的民事权益。要注意治安调解与司法调解的本质区别:治安调解只具有准司法的性质,不能与司法调解效力等同,治安调解是没有法律效力的,不能强制执行;人民法院的司法调解具有法律效力,可以强制执行。但两种调解可以实现资源共享,人民警察的调查取证材料以及调解协议可以作为证据供人民法院直接使用。所以治安调解和法院调解的衔接是很有必要并且可行的,二者在解决纠纷的实践中往往也是衔接的。

最后,建立和完善具有中国特色的多元化纠纷解决机制。中国是一个社会主义国家,具有自己独特的法律意识观念、独特的民族文化传统,纠纷解决机制是以这些为基础构建的。不同的社会制度和文化背景,往往形成具有自己特色的纠纷解决机制,如我国等一些东方国家的纠纷解决机制偏好"调解中心型",而英国等一些西方国家的纠纷解决机制往往选择"审判中心型"。目前,随着经济的高速发展,现代社会矛盾冲突呈现复杂性、多样性和对抗激烈的特点,这就要求社会提供与矛盾特点相适应的手段、方式和机制,及时有效地化解纠纷。①

---

① 肖三.社会治理视角下的基层治安调解工作研究——以河姆渡派出所为例[D].宁波:宁波大学,2017.

第十一章
和谐社会与多元化纠纷解决机制

第一节 多元化纠纷解决机制概述

一、多元化纠纷解决机制的概念

纠纷解决机制,指一个社会为解决纠纷而建立的由规则、制度、程序、机构(组织)及活动构成的系统。狭义的纠纷解决机制,主要指国家通过相关法律、法规建构或界定的、由各种正式或非正式制度、程序构成的综合性解纷系统;广义的纠纷解决机制,还包括非制度化的临时性、个别性纠纷解决活动,以及民间社会自发形成的各种私力或自力救济。[①] 在现代文明社会中,纠纷解决机制是进行社会控制的一项重要内容,是由一个社会现有的各种纠纷解决方式所构成的体系,用来解决社会中产生的各种纠纷,进而维持和创设这一社会的种种秩序。纠纷解决机制的构成要素主要包括纠纷解决机构及人员(即解纷主体)、纠纷解决的依据或规则(法律与社会规范)、纠纷解决方式(协商和解、调解及裁决等)。

一般而言,"多元化纠纷解决机制"就是以多种多样的方式来解决当前我国社会转型期所出现的各种社会矛盾纠纷的一种机制。对于"多种多样的方式"大体可归纳为两类:

一类是在将"多元化纠纷解决机制"理解为"以多种多样的方式来解决社会纠纷的一种机制"的基础上,具体地包括正式的、以诉讼渠道解决纠纷的方式,也包括非正式的、以非诉讼渠道解决纠纷的方式,既包括官方的纠纷解决方式,也包括民间的纠纷解决方式。学界和司法界多数人士坚持这一观点。最高人民法院院长肖扬同志在 2007 年 7 月召开的全国人民调解工作会议上强调:"要努力实现人民调解与司法裁判的良性互动,坚持以完善多元化纠纷解决机制为切入点,努力实现人民调解与司法裁判的良性互动。"根据上下文判断,他所理解的"多元化纠纷解决机制",就是"人民调解与司法裁判的良性互动"机制。他同时还倡导,"在

[①] 范愉.纠纷解决的理论与实践[M].北京:清华大学出版社,2007:80.

维护司法解决纠纷权威地位的同时,要充分发挥社会主体和当事人的自主性,不断探索与'诉讼途径'相补充、相衔接、相配合的纠纷解决渠道,建立和完善多方面、多层次的矛盾纠纷解决机制。"至于这种"多方面、多层次的矛盾纠纷解决机制"的确切涵义,虽然语焉不详,需要我们进一步理解和诠释,但肯定是指"诉讼途径"和诉外调解等各种纠纷解决方式的综合概括。这样看来,他所理解的"多元化纠纷解决机制"无疑是既包括诉讼途径,也包括非诉讼途径。①

另一类认为,"多元化纠纷解决机制"是指诉讼制度以外的非诉讼纠纷解决程序和机制,部分学者坚持这一观点。学者刘晓芬在《谈多元化纠纷解决机制》一文中明确地指出:"所谓多元化纠纷解决机制,顾名思义,是指对世界各国普遍存在着的、民事诉讼制度以外的非诉讼纠纷解决程序和机制的总称。"并指出这一概念来源于美国的 ADR(Alternative Dispute Resolution),国内学者将这一概念翻译为诉讼外(审判外、非诉讼、法院外、代替性、选择性)纠纷解决方式。

学者范愉在《当代中国非诉讼纠纷解决机制的完善与发展》一文中也明确地把"多元化纠纷解决机制"理解为"非诉讼纠纷解决机制",并且把这种建立在法治基础上的多元化纠纷解决机制明确地等同于 ADR,认为我国的人民调解及其他非诉讼纠纷解决方式,均符合当代国际比较法学家所概括的 ADR 的共同性特征,尽管它们都保持着各自的特殊性,但可以被涵盖在 ADR 的范畴之内。当然范愉教授也承认,在广义上,ADR 不仅包括制度性的纠纷解决机制,也包括私力救济(自助)和协商等方式。②

可见,人们对"多元化纠纷解决机制"的理解和界定是不同的,因而学者所提出的解决社会纠纷的观点也是不同的。本书在原则上同意第一种观点。之所以说"原则上"认同第一种观点,原因在于上述两种观点都缺乏对"多元化纠纷解决机制"中"机制"这一关键词的说明和界定。机制应指采取某种方式,通过诉讼与非诉讼、官方与民间等多种纠纷解决方式的相互有效衔接而形成的一种系统。它包括两种含义:一是纠纷解决方式应当多元化。除诉讼这一主导型方式外,ADR 已成为世界各国纠纷解决方式发展的必然趋势,在此基础上,ADR 的形式、类型、性质、功能、价值取向和主体应进一步细化,在不同层次上为社会主体提供更多的选择性。二是各种纠纷解决方式之间应形成相互协调、共同存在的整体。通过机制对现有各种纠纷解决方式之间的关系进行调整和合理衔接,以更好地发挥它们的作用,从而实现效益最大化和纠纷解决方式多元化。多元化纠纷解决机制的概念既包括非诉讼机制,也包含司法机制和诉讼机制。在理论上,强调以综合性视角研究诉讼与非诉讼、法律机制与其他社会控制、国家司法权与社会自治、公力救

---

① 肖扬.进一步完善多元化纠纷解决机制,推动和支持人民调解工作不断开创新局面[J].中国司法,2007(8):7-8.
② 范愉.当代中国非诉讼纠纷解决机制的完善与发展[J].学海,2003(1):77-85.

济与私力救济的关系;在制度与实践方面,注重构建司法与非诉讼程序的协调互动的解决纠纷机制。①

二、多元化纠纷解决机制的方式

纠纷解决的程序和手段是多元的,主要包括由协商、调解和裁决三种基本方式及其组合构成的多元化解决方式。

(1) 协商,又称谈判,是一种以互相说服为目的的交流和过程,实质是双方的一种交易活动。协商的目的是达成解决纠纷的协议。协商就是当事人为了达成和解,进行对话和交易的过程,是一种解决纠纷的好办法。协商强调和尊重当事人双方的合意,但并不排除第三方参与,如国际谈判、斡旋以及诉讼和解。

(2) 调解,是协商的延伸,是指由中立的第三人作为调解人介入纠纷处理但不作出决定,最终处分权由当事人自行掌握。调解是以协商为基础的纠纷解决方式。调解是一种传统的解决纠纷方式,各国都将其作为当代 ADR 的一种基本形式,在各国广泛应用,受到普遍推崇。调解的具体形式和运作方式因纠纷主体的性质和解纷的需求各有不同,包括法院附设调解、行政调解和民间调解。调解是我国民间解决纠纷最具有中国特色的法律制度。在我国它是除诉讼程序外,运用最广泛、最成功并深受广大群众欢迎的一种纠纷解决机制。调解是运用社会力量对社会实施自主治理的一剂良方,是预防矛盾、化解纠纷的第一道防线,在调整各方面社会关系过程中发挥着不可替代的作用。

(3) 裁决,是由纠纷解决机构(或解决者)作出的判断和决定。在双方当事人不能协商、不能调解纠纷时,为了不使纠纷长久停留在悬而未决的状态,就必须作出裁决。裁决的方式有司法判决和行政裁决。裁决者有法律赋予作出裁决的权限和权威,也有源自双方当事人的共同委托,如仲裁。

仲裁是解决争议的一种方式,即双方当事人依据争议发生前或争议发生后所达成的仲裁协议,自愿将争议交付独立的第三方,由其按照一定程序进行审理并作出对争议双方都有约束力的裁决的一种非诉讼纠纷解决方式。我国的仲裁制度始于 20 世纪初,经过近一个世纪的发展,制定了《中华人民共和国仲裁法》。仲裁制度是我国现行纠纷解决体系中最早完成体制转型的一种现代非诉讼纠纷解决形式。民间性非诉讼纠纷解决方式在形式、运作方式、功能、价值取向、纠纷解决的能力和效果方面具有多元化特征,其基本的理念是纠纷解决的自主、自愿、选择、自律、诚实信用和符合当事人实际的需求等,这也是传统的非诉讼纠纷解决方式的主要价值所在。

在现代法治社会中,协商与和解属于私力救济,是已经逐渐趋于衰落的纠纷

---

① 范愉.纠纷解决的理论与实践[M].北京:清华大学出版社,2007:221.

解决方式。然而,当代法治社会在法律强制性规定的界限比较清晰的情况下,并不一概排斥私力救济的存在。在当代非诉讼纠纷解决机制潮流的不断推进的过程中,私力救济也在一定程度上得到认可。例如,协商与和解属于私力救济的方式,尽管没有第三方的参与,但当代世界各国都普遍承认协商与和解的合法性和积极的意义,并且鼓励当事人将其作为纠纷解决的一种有效的方式。

第二节 多元化纠纷解决机制存在与发展的合理性

一、利益冲突是多元纠纷解决机制的前提

迄今为止,人类在其生存与发展的文明中,无论是人与自然界的相互作用,还是处理人与人自身之间的社会关系,他们活动的一切都与利益有关。无论公开承认也好,秘而不宣也罢,人在利益上是不会做无用功的。但是要实现利益,人们不仅要创造物质财富和精神财富,而且还必须有调控利益的社会活动,而在调控利益关系的社会活动中,如何避免冲突的发生,以及当冲突发生之后如何解决,则是人类经常要面对的问题。[①]

《中国大百科全书·哲学卷》中说,利益就是"人们通过社会关系所表现出来的不同需要"。人是社会人,离开社会的人是不完整的。所有的社会人都有需要,这种需要也体现了社会中普遍存在的利益关系。有的人认为,利益需求有两类:一类是物质利益需求,是对外部客观环境的物质、能量等的必然依赖,如衣、食、住、行等;另一类是精神利益需求,是主观上对外界事物的欲望和要求,如友谊、爱情、艺术、文化等。美国著名的人本主义心理学家马斯洛也将人们的主体需求分为五个层次:生理需要、安全需要、归属和爱的需要、自尊需要和自我实现的需要。可见,人类生存和发展亘古不变追求的利益不仅是多元化的,而且人们对其认识也是多元化的。

共同利益是人们合作发展的基础,利益冲突是纠纷产生的直接动因。法国唯物主义者爱尔维修就认为"利益在世界上是一个强有力的巫师,它在一切生灵的眼前改变了一切事物的形式"。经济利益、政治利益、文化利益,这三大"巫师"创造了世界上所有的利益冲突。我国改革开放以来,社会主义市场经济体制逐步建立,20世纪80年代以前同质性、整体性的社会形态逐步开始瓦解,多种社会阶层不断出现,社会上人们的利益状态、利益关系和利益实现由均一走向差异。不仅我国如此,国际社会上利益多元化、冲突多元化已成为新的发展趋势。由于冲突的性质、形式和激烈程度不同,解决冲突和纠纷的手段、方式也必然是多样的:在

---

① 张江河.论利益与政治[M].北京:北京大学出版社,2002:2.

社会矛盾尖锐、多种利益集团激烈对抗的情况下,战争或暴力镇压往往成为解决纠纷的直接有效手段;在公民素质较高、矛盾较为温和的社会环境里,协商和调解的方式会比较符合需要;而在法治社会中,诉讼审判往往会成为最公平和权威的纠纷解决方式。

随着社会的发展,新的利益冲突和新的纠纷类型不断出现,针对这些纠纷的特点人们也随之发现和创新更为合理、有效的解决方式。20世纪以来,当代社会的一系列重大变化带来了法与纠纷解决机制中的新动向,在诉讼方面出现了所谓"现代型诉讼";①而与此同时,代替性纠纷解决方式则以蓬勃的生机迅猛发展,呼应着现代社会纠纷解决的需要。我国同世界其他国家一样面临着同样的问题:现代型纠纷和现代型诉讼正以多发、量大的特征在社会和法院"爆炸"式地出现;在改革中国家政策的变化,也使得历史遗留的特殊类型纠纷更是层出不穷;而由于法制的不健全、一些政策缺少延续性、司法工作人员素质亟需提高等原因,通过司法诉讼解决有些复杂的纠纷也显得力不从心,因此,利益的多元化迫切地对纠纷解决手段提出了更高的要求。

二、和谐的社会主体关系是多元纠纷解决机制的目标

从利益的角度看,社会主体的多元化是由于利益群体的多元化形成的。古代的利益群体多以血缘性、亲缘性、地域性和宗教性等为特点,如部落、家族、宗族、村落、宗教团体等。那个时期,这些群体组织内部的纠纷解决机制往往与法律诉讼不分高低,甚至法律诉讼还要略微逊色。"近代国家确立之前,世界各国的法律和纠纷解决机制通常都呈现出一种多元化的状态。在中国古代,宗族内的纠纷通常是依靠以族长为首的内部强制力解决的。在西方中世纪,除了王室法以外,还同时存在着教会法、庄园法、城市法和商法等法律体系,各有其独立的规则和司法、诉讼机制;而城市的各种行会通常也拥有自己的仲裁法庭。"②随着生产力的进步,传统的社会组织和人际关系在逐步进行着从身份到契约的转变。以契约形式构成的人际关系是由权利义务联合起来的、公平但是疏远的关系,在这种关系下,社会主体日益成为陌生的人,在他们之间法的利用达到最高程度,以致某些法学家不仅认为诉讼是解决纠纷的最佳方式,甚至将通过诉讼实现自己的权利视为一种社会义务。

当今社会,人们之间不仅存在利益关系,也存在人际关系。从宏观角度看,20世纪80年代以前,我国政治、经济、文化高度集中和统一,人民对利益的认知和理

---

① 对现代型诉讼,日本学者守屋明的定义是:非对等的多数当事人之间,为了确保事前的利益或进行价值确认的、非权威性的调整程序。一般而言,主要是指有关公害、违宪审查、人权等社会问题的新型诉讼,其特点是无既定的法律规范、涉及集团利益并较大程度依赖于法院的裁量等。

② 范愉.非诉讼纠纷解决机制研究[M].北京:中国人民大学出版社,2000:19.

解高度一致。改革开放40余年以来，我国整体性的利益格局已被打破，市场经济的累积效应使不同利益群体占有社会财富的差距拉大，利益主体逐步多样化；多种社会分配方式并存，也使得利益分配格局多元化，利益主体进一步细化；中西文化的碰撞和思想的解放，也使得各种文化观念在社会上并存，利益主体从政治、文化的角度进一步分解。从微观角度来看，社会上还存在家庭纠纷、邻里纠纷、恋爱纠纷、劳资纠纷等，这些不仅仅表现为一种简单的利益关系，还对应着特定的社会关系，客观上要求有适当的纠纷解决手段来消除矛盾。

三、价值观念和文化传统推动着多元纠纷解决机制的发展

价值观念，简称价值观，通常人们将它理解为关于某类事物价值的基本意向、观念。信念、信仰、理想等都是人们价值观的体现，而文化传统是一个比较模糊的概念，主要是社会历史对精神财富的一种沉积。近现代司法和诉讼已成为社会公认的最具权威性的纠纷解决方式之后，其他纠纷解决方式并未退出历史舞台，在很大程度上就是因为社会主体价值观念和文化传统的多元化倾向决定他们对诉讼抱有不同的态度或偏好。当社会主体对利用诉讼持积极态度时，诉讼运作机制效率就相对较高。反之，一旦诉讼机制运行出现某种功能性障碍，社会主体就会表现出对诉讼的批判或规避心理，甚至导致对法的轻视或忽略。比如现实社会中，部分民事纠纷的当事人对判决不服，集体上访的事件屡有发生。可见，诉讼的功能性价值可以满足不同社会主体对诉讼的不同需求，而其运作的效果则反映在社会主体对它的满意程度上。

价值观念是社会主体评价诉讼的前提。由于社会主体的多元性，所以主体在追求"公平"的内容和标准上都存在着很大的差异。尤其是目前我国处于转型期，对于公平正义的理解处于"多元并存，新旧交替"的阶段，传统与现代、中国与西方、落后与先进、保守与开放等观念并存，产生一系列的矛盾与冲突。但是，诉讼和非诉讼纠纷解决方式的最终目标都是实现公平和正义。为了使人民群众满意，必须充分认识纠纷解决机制的各项内容及特点，如基于社会道德与法定权利义务、和谐稳定的考虑与就事论事的一次性解决、双方协商妥协与权威机关的是非决断等。当然，剔除价值观念的因素，我国是一个拥有56个民族的大家庭，地缘广阔，文化传统起源、发展、内涵的多元化，也决定了社会主体对于纠纷解决方式的不同偏好。

不同的社会对诉讼和非诉讼纠纷解决方式的评价有明显的不同，其主要是价值观念和文化传统所起的作用。不仅在传统的东方法律文化中，力行"德治"，以"无讼"为理想，即使在西方法律传统中，对诉讼负面的认识也是相当深刻的，并流传着"诉讼是一种必不可少的恶""诉讼会吞噬时间、金钱、安逸和朋友"等谚语。显然，诉讼的权威性不容否认，但其具有的功能性障碍，对解决纠

纷,存在种种固有弊端和不尽如人意之处。就算是被称为"诉讼大国"的美国,今天 ADR 也在被广泛地应用,这一事实充分证实了纠纷解决机制多元化的必然性和合理性。

四、多种现实因素要求纠纷解决手段多样化

纠纷解决方式与社会主体关系存在紧密联系。人与人之间的关系一定有远近亲疏之分,美国法社会学家布莱克将社会的横向关系和分工、新密度、团结性等人员分布状态的普遍变量称之为关系距离。"他认为关系距离与法的变化之间存在着曲线相关:在关系较密切的社会群体中,诉诸法律和诉讼显然是被尽量避免的;而随着关系的疏远,法的作用也相应增大;但是当关系距离增大到人们完全相互隔绝的状态时,法律又开始减少。根据关系距离可以预测并解释法的样式:例如控告式法律(如诉讼)与关系距离成正比变化;而补救式法律(如和解)则与关系距离成反比变化。"[①]可见,主体之间的社会关系远近在一定程度上影响着法律和诉讼的利用频率,同时从一个侧面反映出社会根据主体之间的关系距离设计不同的纠纷解决方法和手段的必然性。

建立多元化纠纷解决机制,是由众多因素所决定的。在有些高度法治的国家,随着生活方式和社会观念的变化,人们之间的对话与协商、自主解决纠纷的价值再次体现;一些国际组织、社区共同体或社会团体在解决纠纷方面采取的非诉讼解决方式的作用日益上升;我国一些传统的家族、宗族等组织正在逐步解体,而一些生命力旺盛、适应时代发展的组织正在蓬勃发展;在一些旧的社会群体消失的同时,新的社会连带关系、新型社区、新的利益共同体又在日新月异地产生;人际关系的距离既因为市场经济社会的激烈竞争逐步疏远,又因为科技的进步、信息的"爆炸"和公民对社会生活的热衷而不断接近;由于社会主体的成分及地位的多元化,社会关系的样式及作用方式也在趋于多样化;复杂的纠纷在依据法律规定的权利义务标准作出判决后,人们仍会留下令人遗憾的和与社会常理或情理相悖的种种困惑。

多元化纠纷解决机制是相对于单一纠纷解决方式而言的,如单纯把纠纷的解决寄予诉讼程序,不仅增加成本、降低效率,还将歪曲和削弱来自民间和社会的各种自发的或组织的力量在诉讼解决中的作用和积极性。在当代中国,个体间纠纷自我解决、消费者权益纠纷解决、劳动争议仲裁、人民调解等纠纷调解方式普遍存在于社会的各个角落,而且在功能、效益、效果上有些地方已超越了诉讼。

---

① [美]布莱克.法律的运作行为[M].唐越,苏力,译.北京:中国政法大学出版社,1994:47-56.

第三节 我国多元化纠纷解决机制的发展现状

长期以来,我国形成了包括人民调解、协商和解、行政处理、仲裁与诉讼等在内的各种纠纷解决方式,这些方式在纠纷解决中现实地起着作用,但各种方式之间尚未形成一个功能互补、良性互动、程序衔接、彼此支持的多元化纠纷解决机制。由于缺少这样一种纠纷解决的长效机制,导致现实中各种纠纷解决方式各自为政,使得各种纠纷解决方式并未发挥其应有的作用。

进入21世纪之后,我国的多元化纠纷解决机制有了初步的发展。2000年,中共中央社会治安综合治理委员会提出"要高度重视矛盾纠纷排查调处工作",调解方式以及人民调解组织的社会功能再次受到重视。在这种背景下,以人民调解为重要内容的多元化纠纷解决机制初见端倪。随着调解地位和作用的提高,法院也开始重视诉讼与调解之间的衔接。2002年9月《最高人民法院关于审理涉及人民调解协议的民事案件的若干规定》中规定,当事人应当按照约定履行自己的义务,不得擅自变更或者解除调解协议。第一次明确了调解协议的合同效力。与此同时,社会理念也开始出现了一些变化,"诉讼崇拜""诉讼万能"的倾向尽管并未消失,但媒体和公众对于诉讼解决纠纷的效果、滥诉缠讼的出现和法院的能力都开始显示出一种客观和谨慎的态度。2001年轰动一时的日航(JAL)事件最终以和解方式解决,对社会产生了相当大的影响,使得双赢与和解的理念开始为社会所接受。

2007年7月9日财政部、司法部联合下发的《财政部、司法部关于进一步加强人民调解工作经费保障的意见》(财行〔2007〕179号)和2007年8月23日最高人民法院、司法部联合下发的《关于进一步加强新形势下人民调解工作的意见》对人民调解工作起到了进一步的推动作用。2007年12月29日第十届全国人民代表大会常务委员会第三十一次会议通过了《中华人民共和国劳动争议调解仲裁法》,明确规定了协商、和解、调解、仲裁、诉讼等多种解决劳动争议的方式,从法律的高度上推动纠纷解决的多元化机制的发展。然而在实践中,多元化纠纷解决机制在很多方面还存在诸多的不足和问题,主要表现在以下方面:

(1)多元化纠纷解决机制立法不完善,法律依据不充分

在我国现阶段,针对多元化纠纷解决机制还没有一部专门的法律来加以规范,使得多元化纠纷解决机制存在不确定性,其权威性也受到质疑。《最高人民法院关于人民法院民事调解工作若干问题的规定》,对调解的适用作了规定,但对于当前社会矛盾纠纷呈现的复杂化多样化的格局,现有法律还显得过于原则性,缺乏必要的操作性和针对性。2002年9月司法部制定的《人民调解工作若干规定》的人民调解因其自身的灵活性,缺乏必要的程序规范,导致人民调解工作随意性

大、公信力弱等问题普遍存在。

我国行政调解中也存在着很多缺陷,阻碍了其功能的发挥。一是行政调解协议效力欠缺,导致纠纷难以及时有效解决,浪费行政资源。二是调解过程中往往违反自愿合法原则,造成当事人实际上被动和无奈地服从调解协议。三是有关行政调解的立法不健全,赋予行政调解权的法律文书种类多,但往往条文简单,操作性不强,有些规定不明确,并且调解范围偏小,调解原则、程序和法律责任等不清晰,导致实践操作难度大。

(2) 诉讼程序与非诉讼纠纷解决衔接不利,无法发挥法院的主导作用

非诉讼纠纷解决方式之间以及非诉讼纠纷解决方式与诉讼纠纷解决方式之间没有很好地衔接,导致司法资源浪费严重。我国关于调解、和解、审判和仲裁的规定都是自成体系的,虽然法律、法规为这几种纠纷解决方式规定了一些衔接程序,但是还远远不够;比如在纠纷解决过程中,当事人往往在几种纠纷解决方式间徘徊,导致司法资源的严重浪费。同时,非诉讼纠纷解决机制未受到充分的重视而使非诉讼纠纷解决方式不能得到充分利用,非诉讼与诉讼等方式之间尚未形成功能互补和程序衔接的有机体系,影响了非诉讼纠纷解决机制应有功能的充分发挥。

法院在纠纷解决机制上没有发挥主导功能,法院与基层民调、行政机关等非诉讼纠纷解决主体缺乏正常的联系沟通渠道,工作联系的紧密程度往往取决于彼此间的熟悉程度。即使有联系,也多局限于个案的接触上,关系凸显出非正式性和不规范性。法院将审案断案作为法院的唯一职责,对非诉讼纠纷的处理参与不够或被动参与。少数法院不顾及基层实际需求,片面理解法院职能,对诉讼案件之外的纠纷表现出漠不关心的态度,这与基层组织在调处矛盾中急需法院指导、帮助、配合的现状形成强烈的反差。在纠纷解决过程中,法院不善于借助诉外力量开展诉讼调解。特别是在面对重大矛盾纠纷、单独调解很难奏效的情况下,法院组织、协调、主持多个纠纷解决主体共同调处矛盾的意识不强,措施不力,多元机制的主导地位难以体现。

(3) 多元化的纠纷解决机制结构不合理,价值取向单一

我国现行非诉讼纠纷解决机制包括仲裁、劳动争议处理制度、消费者纠纷解决机制、行政机关的纠纷处理机制、交通事故处理机制、医疗纠纷处理机制,还包括极富中国特色的信访制度。这种体系总体而言存在着解纷效力低、结构布局不合理、发展不平衡、易被滥用、主持机构人员素质不高、规范和程序过于随意、缺乏当事人信任、法院不配合甚至偏离价值目标等问题。这些现状亟待改变。[①] 现有的人民调解制度是以制度化、规范化为目标,所有纠纷解决机制一律以"依法调

---

① 童倩.我国 ADR 的法律构建[J].法制与社会,2007(5):167-168.

解"为宗旨,对自治性、协商性纠纷解决的正当性并未予以应有的尊重。因此,人民调解在走向规范化、法制化之际,尽管其正当性和效力有所提高,有助于提高其在纠纷解决方面的社会作用,但是在缓解国家法律与民间社会规范之间矛盾冲突方面的作用却可能非常有限。就整个社会而言,协商机制及诚信氛围尚未形成,当事人的自主协商与和解在运作和履行方面仍存在着较大的困难。

(4) ADR 的多元化价值未得到充分的重视

目前,国内对 ADR 的研究存在明显的单一化倾向,把发展 ADR 的原因完全归结为"诉讼爆炸",把缓解法院和诉讼压力作为 ADR 的基本功能。这种倾向容易给人造成误解,似乎 ADR 的作用仅是分流诉讼。实际上,社会和当事人在利益、价值观、偏好和各种实际需要等方面是多元化的,本质上需要多元化的纠纷解决方式和更多的选择权。因此,即使诉讼压力不明显,法院诉讼程序运行良好,ADR 可以扩大权利救济范围和提高纠纷解决质量,ADR 仍有其存在的合理性和必要性。正如小岛武司教授指出:"裁判是一种很奢侈的纠纷解决方式,故欲让所有的民事纠纷都通过裁判来解决的想法是不现实的。即使无视现实的制约而大肆鼓吹裁判万能论,但大多数纠纷通过裁判以外方式加以解决的事实依然是不会改变的。如果无视必须要对裁判解决方式在量上进行明显限制以尽可能地抑制其甚至是几个百分点增长这一现实,那么就会忽视使自主性纠纷解决方式向合理化方向发展所做的努力,从而形成纠纷解决的整体水平长期在低迷中徘徊的局面。"[1]正因如此,我国司法改革应明确尽可能避免以诉讼为基本目标,以发挥 ADR 多元化价值的社会功能。

第四节 多元化纠纷解决机制与和谐社会构建

一个社会究竟应该建构何种纠纷解决机制不只是一个理论问题,更多的是实践问题。20 世纪 90 年代以后,纠纷解决机制中的问题日益凸显。一方面,以民间调解为主的非诉讼纠纷解决机制的衰落与诉讼成倍增长形成对照;另一方面,司法资源又不足以处理日益增长的纠纷。纠纷解决的需求与司法供给的严重不足形成了尖锐的矛盾,并且社会冲突的多发、激烈对抗和凝聚已经严重影响到了社会的稳定与发展。

一、构建多元化纠纷解决机制是发展人民调解的需要

20 世纪 80 年代初,人民调解曾经是我国纠纷解决的主要手段。20 世纪 80 年代后,随着我国法治建设步伐的加快,法律体系的完善,社会公众法律意识的提

---

[1] [日]小岛武司.诉讼制度改革的法理与实证[M].陈刚,等译.北京:法律出版社,2001:181.

高,司法诉讼案件数量逐年上升,人民调解纠纷数量逐年下降。根据《中国法律年鉴》的统计资料显示,在20世纪80年代,调解与诉讼的比例约为10∶1(最高时达到17∶1),但是从20世纪90年代以来,人民调解在社会生活中的位置不再为社会公众所重视,开始逐步萎缩和边缘化,2001年调解与诉讼的比例降为约1∶1。①面对司法诉讼带给法院的压力,司法改革举步维艰,诉讼的固有弊端不可能通过简化诉讼程序得到彻底解决,而且过于简化的程序规则只会削弱司法的权威。此时,诉讼外的纠纷解决方式尤其是人民调解又重新进入人们的视野。2002年最高人民法院公布了《最高人民法院关于审理涉及人民调解协议民事案件的若干规定》,司法部制定了《人民调解工作若干规定》,进一步加强和规范了人民调解工作。随着我国社会的发展,无论在城市还是在农村,民事纠纷因性质和社会背景不同而呈现出新的发展趋势。一些司法调解中心成为解决"日益突出的上访问题"的产物,针对"法院管不着、村里管不了、乡里管不好"的一系列问题(如计划生育、土地承包、村民与村委会干部的纠纷、收费等)作用明显。司法部认为,农村乡镇司法调解中心已成为一个代表乡镇党委、政府行使调处矛盾纠纷职权的综合性、实体性的办事机构,及时有效地化解了人民内部矛盾。与农村发展"大调解"相对应,城市也在进行人民调解制度的改革和重构,城市调解机制的改革与国家全面推进城市社区建设同步进行。2002年,国家提出"四进社区"的口号,即法律、科学、文化、卫生进社区,而法律进社区的主要形式就是建立社区法律服务体系。虽然调解趋于专业化、制度化,与传统的民间调解已经有了很大区别,但仍发挥着司法制度与民间解决纠纷制度之间的联系纽带的作用,亦成为基层纠纷解决机制的一种新形式,并有效地促进了纠纷解决机制的多元化。

二、构建多元化纠纷解决机制是政策转变的需要

进入新世纪之后,多元化纠纷解决机制这一概念及相关研究和实践已成为热点,并受到决策者和司法机关的重视。有关纠纷解决的国家政策、社会观念和司法政策发生了一系列转变,并由此带来了对多元化纠纷解决机制的重视。2000年8月,中共中央办公厅、国务院办公厅转发了《中央社会治安综合治理委员会关于进一步加强矛盾纠纷排查调处工作的意见》,指出各级党委、政府要提高认识,加强领导,把解决涉及人民群众切身利益的实际问题作为排查调处矛盾纠纷的重点,坚持"预防为主、教育疏导、依法处理、防止激化"的原则,努力把矛盾纠纷化解在基层,化解在萌芽状态,并强调要加强督促检查,严格实行责任制,确保工作措施落实。要严格执行社会治安综合治理领导责任制和一票否决权制,特别是要把

---

① 范愉.当代中国非诉讼纠纷解决机制的完善与发展[J].学海,2003(1):77-85.

矛盾纠纷调处工作开展情况和实际效果与责任人的政绩、晋级、奖惩等紧密挂钩。此后,综合治理成为加强多元化纠纷解决机制的一个切入点,并由此引起了一系列政策和制度的调整。

一度在司法能动主义冲动下积极改革和扩张的法院,进入 2002 年之后出现了一个政策转折点。2002 年 7 月,最高人民法院副院长刘家琛在全国法院思想宣传工作会议上指出,近几年来,在法院内部也出现了包揽一切矛盾纠纷、解决一切社会问题的倾向。似乎通过诉讼可以解决一切社会矛盾和纷争,可以包打天下。但由于体制等诸多因素的影响,法院事实上又不可能解决所有社会问题。刘家琛为此强调,在司法改革进程中,要逐步清理一些与时代精神不符的、过时的司法观念,要形成和创立一些新的现代司法理念,并在实践中不断加以完善。① 这一表述第一次扭转了以往法院宣传中对诉讼增长的高调标榜,并正面指出了诉讼的弊端和司法能动主义的误区,尽管并不意味着法律意识形态的全面改变,但这已经标志着司法政策转向的开始。

2002 年 9 月,中共中央办公厅、国务院办公厅转发了《最高人民法院、司法部关于进一步加强新时期人民调解工作的意见》,最高人民法院、司法部联合召开全国人民调解工作会议,共同研究贯彻中共中央办公厅、国务院办公厅批转的《最高人民法院、司法部关于进一步加强新时期人民调解工作的意见》。嗣后,司法部制定公布了《人民调解工作若干规定》,重申了人民调解的性质,并对人民调解委员会的工作范围、组织形式、调解行为和程序等作出了具体的规定;最高人民法院则通过了《最高人民法院关于审理涉及人民调解协议的民事案件的若干规定》,以司法解释的形式明确了人民调解协议的性质和效力。这标志着我国的纠纷解决机制开始了一次较大的调整,司法政策出现了明显的变化。

2004 年 10 月,成都市中级人民法院组织召开了全国第一次由司法系统召集的多元化纠纷解决机制研讨会。2005 年 10 月,厦门市制定了全国第一个有关促进多元化纠纷解决机制的地方性法规:《厦门市人民代表大会常务委员会关于完善多元化纠纷解决机制的决定》②。2006 年 9 月 30 日,最高人民法院院长肖扬撰文《充分发挥司法调解在构建社会主义和谐社会中的积极作用》,特别指出应"推进多样化纠纷解决机制的建立和发展",做好司法调解与行政调解及其他社会调解的衔接。③ 2006 年 10 月 11 日,中国共产党第十六届中央委员会第六次会议全体通过的《中共中央关于构建社会主义和谐社会若干重大问题的决定》提出:"完

---

① 参见最高人民法院副院长刘家琛在全国法院思想宣传工作会议上的讲话,《人民法院报》2002 年 7 月 12 日,第 1 版.
② 范愉.多元化纠纷解决机制与和谐社会的构建[N].厦门日报,2005-11-7(14).
③ 肖扬.充分发挥司法调解在构建社会主义和谐社会中的积极作用[N].法制日报,2006-09-30(1).

善矛盾纠纷排查调处工作制度，建立党和政府主导的维护群众权益机制，实现人民调解、行政调解、司法调解有机结合，更多采用调解方法，综合运用法律、政策、经济、行政等手段和教育、协商、疏导等办法，把矛盾化解在基层、解决在萌芽状态。着力解决土地征收征用、城市建设拆迁、环境保护、企业重组改制和破产、涉法涉诉中群众反映强烈的问题，坚决纠正损害群众利益的行为。坚持依法办事、按政策办事，发挥思想政治工作优势，积极预防和妥善处置人民内部矛盾引发的群体性事件，维护群众利益和社会稳定。"

上述政策的转变非常清晰地勾画出一个多元化纠纷解决机制的蓝图，不仅强调了人民调解、行政调解、司法调解的有机结合以及更多采用调解方法，同时提出注重综合运用法律、政策、经济、行政等手段和教育、协商、疏导等方法。这说明，当前多元化纠纷解决机制的理论和实践不仅已经成为社会共识和努力的目标，而且已经进入了一个制度和发展创新的阶段。

三、构建多元化纠纷解决机制是社会可持续发展的需要

法治之所以被现代社会奉为圭臬，正是因为它本身是"与时俱进"的——随着社会的发展，纠纷的内容和形式，以及纠纷当事人和社会主体的需求变化了，纠纷解决机制也会随之发生相应的变化。从国家司法权对纠纷解决的独占，到多元化纠纷解决机制的形成；从国家—个人的二元社会结构，到共同体等社会权力加入其中，逐步形成国家—社会—个人的三元乃至多元社会结构；从法律规则的一统天下，到在法律的投影下自主交易，乃至于通过交易形成规则，这本身就是现代法治发展的必然结果，彰显出法治的生命力和创新力。

对于我国而言，现代司法体制和诉讼程序尚未真正建立，司法能力和权威还十分有限，尤其是在社会转型期，法制环境不佳和社会承受能力较低，法制控制难以奏效，对司法给予过高的期望，也就是对司法施加过高的压力。加之，国家的公共资源难以维持司法制度的运行和发展，不得不由当事人通过诉讼费用负担一部分公共成本，这不仅造成法院需要通过市场化机制维持自身的生存和发展，从而使其沦为市场化的服务机构；而且一旦法院的诉讼案件与其自身利益联结起来，司法腐败的契机和寻租动力就产生了，从而也就为司法公信力蒙上了阴影。而过多的诉讼会扩大和加剧社会关系的对抗性和紧张，增加经济生活和市场运行的成本，贬损自治协商、道德诚信、传统习惯等一系列重要的价值和社会规范，使社会共同体的凝聚力衰退。家庭的温情、邻里的礼让、交易过程的诚信乃至社会的宽容和责任感，往往会在简单的权利利益的对抗中逐渐贬值失落。而通过多元化纠纷解决机制，向当事人提供便捷、及时、经济和符合情理的服务，能够扩大司法利用和法律服务的渠道，使正式的司法程序得以走出简易化的恶性循环，逐步实现司法现代化和程序公正，并使司法权回归其应有的

地位。①

通过多元化纠纷解决机制保证社会和法治"可持续发展"的意义在于：一方面，追求一种纠纷解决的生态平衡而不是司法对纠纷解决的垄断，提倡充分发挥社会主体和当事人的自主性，为他们提供更多的可供选择的纠纷解决方式，以满足不同的需求和价值取向，更好地解决各类纠纷。并以此解决法治现代化与本土社会和传统文化之间的冲突，促进社会的自治与和谐发展。另一方面，不仅应关注司法机关自身和眼前的利益，更应关注法治的未来和长远发展，通过多元化纠纷解决机制分流法院压力，为司法现代化创造一个稳定发展的时间和环境。通过国家与民间社会、法律与社会机制、正式制度与非正式机制、现代文明与传统文化、公共治理与私人自治以及多元价值之间的协调互补，达到一种纠纷解决和社会控制的生态平衡，建立一个和谐的社会。

四、构建多元化纠纷解决机制是构建和谐社会的需要

和谐社会必定是一个法治社会，在社会主义和谐社会中，纠纷的解决机制必须纳入法治化轨道，要求国家和社会为化解社会矛盾、解决社会纠纷建立一套全面、协调和可持续的多元纠纷解决机制。

就纠纷解决的主体而言，和谐社会的纠纷解决机制必然要求纠纷解决主体既包括国家，也包括社会。换言之，有国家建立的正规的纠纷解决方式，又有社会建立的非正规的纠纷解决方式。因此，在建立和谐社会纠纷解决机制过程中，国家和社会的作用都非常重要。过于强调某一个方面的作用都是片面的，且不利于纠纷的最终解决。从纠纷解决机制的范围和层次而言，和谐社会纠纷解决机制必然要求纠纷解决方式或者制度应是全面统一的，针对不同层次的社会纠纷设置不同的出口。纠纷是多种多样和有层次的，纠纷解决机制也应是有层次的、多元的，而不是单一的。针对不同类型的纠纷，需要提供不同的解决路径；为及时解决纠纷，既要提供预防和解决纠纷的场所、机构、程序以及有关的规则，又要提供不同的纠纷处理方式，如法院外当事人之间的协商、交涉、和解和第三人介入的调解、仲裁、行政决定，以及法院内和解、调解和审判等。② 根据这套纠纷解决方法或制度，能把任何纠纷囊括其中，任何纠纷都能在其中找到解决方法。因此，和谐社会纠纷解决机制既包括正规的纠纷解决方法，也包括非正规的纠纷解决方法；既包括诉讼纠纷解决方法，也包括非诉讼纠纷解决方法。

从纠纷解决机制之间的关系而言，和谐社会纠纷解决机制必然要求不同纠纷解决方法或制度之间是和谐统一、互相补充，而不是相互抵触的。和谐纠纷解决

---

① 范愉.以多元化纠纷解决机制保证社会的可持续发展[J].法律适用，2005(2)：2-8.
② 范愉.非诉讼纠纷解决机制研究[M].北京：中国人民大学出版社，2000：3(序论).

机制是解决纠纷的各种机制之间处于有序、稳定与协调的状态之中来及时、有效地解决纠纷。从纠纷解决机制的发展来看,和谐社会纠纷解决机制必然要求纠纷解决方式或者制度自身处于可持续的发展之中,而不是一种僵化的、静止的方式。那种认为可以建立一劳永逸的纠纷解决机制的想法是不切实际的,从根本上讲,也不符合事物发展的客观规律。随着社会的发展,纠纷形势与规模会不断变化,因此,纠纷解决机制也处于变化发展之中。

综上所述,建立多元化纠纷解决机制,实现诉讼内外的各种纠纷解决机制的功能互济、有机衔接与整合,将成为稳定社会发展、建立社会主义和谐社会的必然要求。

第十二章
治安调解在多元化纠纷解决机制中的现实意义

第一节 治安调解与行政调解

行政调解历来就是非诉讼纠纷解决机制的重要组成部分,具有行政性、专业性、综合性、权威性、自愿性、非强制性的特点。行政调解的适用范围应包括部分行政争议案件、劳动争议案件、在行政行为实施过程中与行政职权有关的民事争议案件。应对行政调解协议基本上不具有法律约束力的现状进行改革与完善,使调解协议具有民事合同效力、公证执行效力、支付令效力、司法确认效力,并允许约定调解协议具有强制执行效力。行政调解和治安调解都是社会矛盾纠纷"大调解"机制的重要组成部分,实现行政调解、治安调解的有效衔接,是增强"大调解"机制整体效能的一个重要方面。

当前,我国正处于改革发展的关键时期和社会矛盾的凸显时期。信访的"高烧不退"和诉讼的"爆炸式增长",一方面反映了社会转型期利益的多元化诉求造成的社会矛盾错综复杂的发展态势,另一方面也说明现行矛盾纠纷解决机制的单调和不畅。建立和完善协商、调解和仲裁等非诉讼纠纷解决机制,既是解决社会矛盾的现实需要,也是"改革、发展、稳定"的政治要求和构建和谐社会的需要。行政调解历来就是非诉讼纠纷解决机制的重要组成部分,它体现了政府民主管理与民众自主行使权利相结合的现代行政精神,并日益受到重视。而现实中行政调解范围的狭窄性和行政调解协议效力的非强制执行性,大大削弱了其在纠纷解决中的作用。因此,进一步明确行政调解的适用范围,并赋予行政调解协议一定的法律强制力,对其化解社会纠纷,解决社会矛盾,促进我国经济社会健康、协调、快速发展具有重大现实意义。

一、我国行政调解的内涵及特点

从广义上理解,行政调解是指行政主体参与主持的,以国家法律法规、政策和公序良俗为依据,以受调解双方当事人自愿为前提,通过劝说、调停、斡旋等方法促使当事人友好协商,达成协议,消除纠纷的一种调解机制。我国现行的法律制度中尚没有关于行政调解的专门法律规定,大多散见于《民事诉讼法》《行政诉讼法》《行政复议法》等专门的程序法及其司法解释和《婚姻法》《道路交通安全法》《治安管理处罚法》等法律及《行政复议法实施条例》《医疗事故处理条例》《道路交通安全法实施条例》等行政法规中。此外,《交通事故处理程序规定》等规章中也有相关的具体规定。从我国现行规定来看,行政调解具有以下特点。

1. 行政性。行政调解是行政主体行使职权的一种方式。它的主体是依法享有行政职权的国家行政机关和一些法律法规授权的组织。在我国目前的法律体系中,基本上都将行政调解的主体设定在行政机关,而对于法律法规授权组织行使行政调解职权的规定较少。

2. 专业性。随着经济和科技的发展,现代社会分工呈现出越来越细致化和专业化的特征,有些分工细致化的程度已经达到了使普通非专业人士难以掌握的程度。而对于相关的行政主体来说,凭借其专业化的知识、处理此类纠纷的日常经验积累和对此类规则经常运用而带来的熟练程度,使其可以快速高效地解决此类纠纷。

3. 综合性。在现实生活中,产生纠纷的原因总是多种多样的,社会的复杂性,也就决定了纠纷的多样性。一个事件引发的纠纷,可能涉及多种法律关系,可能既是民事的,又是行政的。由于行政机关在处理纠纷过程中可以一并调解民事纠纷,可以在民事责任与行政责任之间进行统一调适,这不仅可以避免重复劳动,而且有利于促进纠纷的最终和迅速解决。

4. 权威性。行政权力的强制性使行政机关具有天然的权威,且在我国公民社会不发达的情况下,老百姓对政府的权威感和依赖感尤其强烈。这将促使当事人认真考虑行政机关在纠纷解决过程中的各种建议、指示和决定,促使纠纷得到合理解决。

5. 自愿性。行政调解程序的启动运行以至被执行,完全是行政管理相对方之间合意的结果。在行政调解中行政主体是以组织者和调解人的身份出现的,它的行为只表现为一种外在力量的疏导教育、劝解协调。是否申请调解、是否达成协议以及达成什么样的协议,当事人完全是自愿的,行政主体不能强迫。

6. 非强制性。行政调解属于诉讼外活动。在一般情况下,行政调解协议主要是靠双方当事人的承诺信用和社会舆论等道德力量来执行。调解协议一般不具有法律上的强制执行力,在调解协议的实施过程中,遭到行政相对方的拒绝,行政机关无权强制执行。[1]

---

[1] 史卫民.论我国行政调解的适用范围与法律效力[J].理论月刊,2012(1):114-116.

二、我国行政调解的适用范围

（一）行政争议案件

对于行政调解行政纠纷的分歧比较大，现有的法律只肯定了对行政赔偿和行政补偿纠纷的行政调解。随着行政法观念的改变，部分行政纠纷也可以进行行政调解。首先，现代行政已经从权力行政向服务行政转变，政府更多的是为市民社会提供一种公共产品。这种行政模式要求行政相对方积极地加入行政管理中，政府与民众进行民主协商，根据民众提出的建议和要求，作出行政决定，分配公共产品。行政纠纷被调解，正是对不符合公共服务的行政行为的纠偏，是民众参与政府管理社会的新型行政手段的体现。其次，由于自由裁量权的存在，行政行为内容的幅度范围很大，很可能由于程度把握不准确而引起与行政相对人的纠纷。行政自由裁量权不仅仅存在于行政行为的决策阶段，在行政行为做出后，行政主体也有在裁量幅度内重新修改的权利。行政主体与相对方进行调解，实际上是重新确定裁量幅度、改良行政行为的活动。最后，从实践中看，很多行政纠纷发生的原因是行政机关利用其优越地位，有意识地或无意识地给当事人造成困难，而这种困难可以由于行政机关改变态度而消失。同时，行政主体享有的行政职权并不都是职权职责的合一，其中一部分是具有权利性质的行政权。对具有权利性质的行政职权，行政主体可以在法定范围内自由处分。当然，基于各种现实因素限制，行政主体不可能对所有行政纠纷进行调解。行政调解适用的行政争议案件主要包括以下几种类型：

1. 内部行政纠纷案件。发生在具体行政隶属关系内部各单位成员之间的有关行政争议，这类争议适用调解更容易解决。

2. 行政合同纠纷案件。行政合同是指行政主体以实施行政管理为目的，与行政相对方就有关事项经协商一致而达成的协议。行政合同既具有行政性，又具有合意性。行政合同订立后，相对方可以对合同的内容提出修正的建议，行政机关也可以作出一定的让步。因此，对因行政合同引起的争议可以进行调解。

3. 不履行法定职责纠纷案件。通常有四种情形，即行政机关拒绝履行法定义务、迟延履行法定义务、不正当履行法定义务或逾期不予答复。根据法律规定，行政机关行使特定的行政职权时必须让其承担相应的义务，行政机关既不得放弃更不能违反。经法院或上级行政机关主持调解而自动履行职责，相对人获得救济，就可避免再次起诉或败诉的风险。因此，调解机制在此类案件中不存在障碍。

4. 行政自由裁量纠纷案件。即相对人对行政主体在法定范围内行使自由裁量权做出的具体行政行为不服产生的争议。因自由裁量的掌握幅度存在很大的伸缩空间，调解该类案件亦应是适用的，并且是切实可行的。

5. 行政赔偿与补偿纠纷案件。相对人对行政赔偿和行政补偿数额不服产生的争议,因《行政诉讼法》已作出明确规定,不再赘述。

(二) 劳动争议案件

劳动争议案件既不同于一般的行政争议案件,也不同于一般的民事纠纷案件,具有自身独特的特点:①在调整对象上,劳动关系中存在着形式上平等与实质上不平等的矛盾。②在调整方法上,多为强制性规范,确认劳动组织对违纪职工的纪律处分权,同时贯彻保护弱小一方劳动者利益的基本原则。③在社会影响上,劳动关系既涉及劳动者的切身利益,又关系到经济发展和社会稳定,涉及面较广。劳动行政主管部门以及地方政府相关行政部门和事业单位,对劳动争议案件进行调解可充分发挥其权威性、专业性、公正性、效率性的优势,既可以及时有效地处理用人单位的违法行为,维护劳动者的合法权益,又可以向企业发出行政建议,有效地宣传劳动法律法规规章和政策,指导企业完善相关规章制度,更直接地预防劳动争议的再次发生。具体的劳动争议案件包括以下几种类型:

1. 去职争议案件。用人单位开除、除名、辞退劳动者,或者劳动者辞职、自动离职发生的争议。

2. 劳动合同争议案件。包括在履行、变更、解除、终止、续订合同,合同效力的确认,以及事实劳动关系等过程中所发生的争议。如果劳动者与用人单位之间没有订立书面劳动合同,但已形成事实劳动关系,因事实劳动关系而发生的纠纷也属于此类争议。

3. 劳动待遇争议案件。主要包括:一是劳动条件待遇纠纷,即执行国家有关工资、工时与休息休假、安全与卫生、劳动保护以及职业教育培训等规定所发生的争议;二是社会保险待遇纠纷,即养老、医疗、失业、工伤和生育保险待遇等方面的纠纷;三是社会福利待遇纠纷,即按照国家有关规定给付劳动者的各项福利待遇的纠纷。

4. 其他争议案件。法律、法规规定的其他劳动争议以及许多新类型的劳动争议案件。

(三) 民事纠纷案件

对行政调解是否可以介入民事纠纷案件,目前主要有三种观点:(1)行政调解不能适用民事纠纷案件。行政权力只能用于行政管理,而不能过多介入处理民事纠纷;应主要通过诉讼解决民事纠纷,否则便有违法治的原则,也会为行政权的滥用创造条件。(2)行政调解适用一切民事纠纷案件。凡是涉及人身权、财产权的民事纠纷以及一切权属和利益纠纷,都可以纳入行政调解范围。(3)行政调解应限于与行政管理相关的民事争议。凡是与行政管理密切相关的民事纠纷,只要当事人愿意接受行政调解,有管理职权的行政机关均可对之进行调解。行政调解不适用民事纠纷案件的观点已与实际不符。在实践中行政机关调解治安纠纷、医疗纠纷、交通事故纠纷、知识产权纠纷、权属争议纠纷以及行政活动中附带民事纠纷的现象已非常普遍。而行政调解适用一切民事纠纷案件的观点显然范围又太宽。行政机关主要履行行政管理和行政服务功能,将一切民事纠纷案件交由行政调解不但不符合行政机关的性质和定位,还会混淆行政调解与人民调解、仲裁、诉讼的界限。纳入行政调解的民事争议应当同时具备两个条件:一是在行政行为实施的过程中;二是与行政职权有关的案件。一般而言,在行政行为实施的过程中与行政职权有关的民事纠纷,本身属于相关行政机关的职权管理范围。相关行政机关一般也能够提供解决该纠纷所需要的专业技术,更容易使当事人信服。而对于许多突发性的民事纠纷,在第一时间赶到第一现场获取第一手证据的是负有行政管理职权的行政机关,该类纠纷由行政机关调解解决,符合及时便利的原则,同时也能保证调查取证的准确性。具体包括以下类型:

1. 行政管理相对人既违反行政管理秩序又侵害他人合法权益的民事纠纷,如行政治安纠纷、环境污染纠纷、医疗事故纠纷、电信服务纠纷、电力服务纠纷、产品质量纠纷、侵犯消费者权益纠纷、农村承包合同纠纷、广告侵权纠纷、知识产权侵权纠纷等。此类民事纠纷一般具有民事侵权和行政违法双重属性,行政机关介入此类民事纠纷的缘由是其对当事人的投诉或者请求负有回应的义务,对违法行为负有查处的责任。行政机关在履行行政管理职责时,可附带对行政违法行为引发的民事纠纷进行调解,有利于及时化解纠纷,保护受害人的合法权益。

2. 行政机关具有裁决权、确认权的民事纠纷,如土地权属争议、海域使用权争议、林木林地权属争议、企业名称争议、知识产权权属争议(著作权、商标权、专利权、集成电路布图设计、植物新品种、地理标志等)、拆迁补偿争议、企业国有产权纠纷等。在实践中,行政机关在对这类纠纷进行裁决、确认前,都会先行调解。

3. 对经济社会秩序可能产生重大影响的民事纠纷,如涉及人员较多的劳资纠纷、影响较大的合同纠纷等。对此类纠纷主动进行调解,有利于维护社会稳定。

三、我国行政调解的法律效力

(一)行政调解协议效力的现状考察

在司法实践中,行政调解协议的效力分两种情况:(1)不具有法律强制力。"行政调解协议主要靠双方当事人的承诺、信用和社会舆论等道德力量来执行,不能因经过了行政调解便限制当事人再申请仲裁或另行起诉的权利。"即行政调解协议一般不具有法律强制执行力,一方当事人在达成调解协议后反悔的,另一方当事人无权请求行政机关或法院强制执行,而只能以原争议向人民法院提起诉讼。(2)承认部分行政调解协议的法律效力。我国《治安管理处罚法》第9条规定:"对于因民间纠纷引起的打架斗殴或者损毁他人财物等违反治安管理行为,情节较轻的,公安机关可以调解处理。经公安机关调解,当事人达成协议的,不予处罚。经调解未达成协议或者达成协议后不履行的,公安机关应当依照本法的规定对违反治安管理行为人给予处罚,并告知当事人可以就民事争议依法向人民法院提起民事诉讼。"江苏省高级人民法院2001年全省民事审判工作座谈会纪要第七部分第九条规定:"就道路交通事故损害赔偿或者一般人身损害赔偿,当事人自行达成和解协议,或者在公安机关主持下达成调解协议后,一方反悔向人民法院起诉的,应保护其诉权。但其不能证明在订立协议时具有无效或者可撤销情形的,应认定协议有效。"这里,确认了公安机关调解的部分治安案件赔偿协议、交通事故损害赔偿协议以及一般人身损害赔偿协议这种特定的行政调解协议具有法律约束力。

总体而言,行政调解协议基本上不具有法律约束力。当事人对达成的协议可以任意违反或再行寻求司法救济。然而,无法律约束力及缺乏相应的强制执行力已经给行政调解带来了较大的负面影响。一方面使行政调解的纠纷解决功能尽失,大量纠纷在实质上直接涌入诉讼程序,导致法院系统不堪重负,案件积压现象严重,严重浪费了司法资源,大大降低了利用司法资源解决重大疑难案件的能力。另一方面也使行政机关调解纠纷的积极性下降。行政权力自古以来就在我国发挥着调解纠纷的作用,但由于调解协议本身不具有任何的法律效力,所以往往调解人员费了很大的力气才调解成功而达成的调解协议,最终却因为当事人的反悔而导致调解努力白白浪费的现象比比皆是。这既挫伤了行政机关参与调解民事纠纷的积极性,又浪费了大量的行政资源。

(二)行政调解协议效力的改革完善

2010年8月28日通过的《人民调解法》第三十一条规定:"经人民调解委员会调解达成的调解协议,具有法律约束力,当事人应当按照约定履行。"第三十三条规定:"经人民调解委员会调解达成调解协议后,双方当事人认为有必要的,可以自调解协议生效之日起三十日内共同向人民法院申请司法确认,人民法院应当及时对调解协议进行审查,依法确认调解协议的效力。人民法院依法确认调解协议有效,一方当事人拒绝履行或者未全部履行的,对方当事人可以向人民法院申请强制执行。"人民调解委员会是依法设立的调解民间纠纷的群众性组织。村民委员会、居民委员会以及企业事业单位根据需要可设立人民调解委员会。群众自治性组织组成的人民调解委员会的调解协议具有法律约束力,而行政机关主导的行政调解协议却无法律约束力。在传统体制下,我国的行政权力一直处于较为强大的优势地位。行政机关不仅掌握着丰富的权力资源,在民众心中也较有威望。老百姓有困难多把希望寄托于政府,对政府的处理结果也相对尊重。因此,应对行政调解协议的效力进行改革与完善,使其具有一定的法律约束力。

1. 调解协议具有民事合同效力。调解协议是双方当事人为妥善解决纠纷,在意思表示真实的基础上自愿达成的一种协议。行政机关主持下达成的调解协议,作为民事法律行为的一种,一般符合民事法律行为的生效要件:(1)行为人具有相应的民事行为能力;(2)意思表示真实;(3)不违反法律或者社会公共利益。因此,经双方当事人签字盖章后具有民事合同性质,任何一方都不应擅自变更或解除,违反的应向对方承担违约责任。对调解协议的无效、可变更、可撤销只能由当事人达成一致或通过法院实现。

2. 允许约定调解协议具有强制执行效力。该调解书经行政机关确认、当事人签收后具有生效法律裁判的效力。除非当事人能够证明该协议违背了自愿原则和损害国家集体和他人利益,否则不能随意撤销或不履行,不然对方有权直接向法院申请强制执行,而不必再行起诉。当然,是否约定由当事人双方协商确定,行政调解主持人在调解时只需尽到提示义务即可。

3. 调解协议的公证执行效力。经行政机关对民事纠纷调解后达成的具有给付内容的协议,当事人可以按照《中华人民共和国公证法》(2017年修订)的规定,申请公证机关依法赋予强制执行效力。债务人不履行或不适当履行具有强制执行效力的公证文书的,债权人可以依法向有管辖权的人民法院申请执行。

4. 调解协议的支付令效力。对于具有合同效力和给付内容的调解协议,债权人可以根据《民事诉讼法》和相关司法解释的规定,向有管辖权的基层人民法院申请支付令。因支付拖欠劳动报酬、工伤医疗费、经济补偿或者赔偿金事项达成调解协议,用人单位在协议约定期限内不履行的,劳动者可以持调解协议书依法向人民法院申请支付令。

5. 调解协议的司法确认效力。经行政机关调解达成的调解协议,经调解机关和调解员签字盖章后,当事人可以申请有管辖权的人民法院确认其效力。人民法院审查后,确认调解协议效力的决定送达双方当事人后发生法律效力,一方当事人拒绝履行的,另一方当事人可以依法申请人民法院强制执行。

四、治安调解的现实意义

第一,有利于进一步融洽基层民警同人民群众的关系构建和谐社会。在公安机关查处的治安案件中,因民间纠纷引起的打架斗殴或者损毁他人财物的案件所占比例最大。首先,对这两类案件公安机关从调解入手,通过耐心的教育、劝说、疏导,缓和当事人的偏激情绪,合理地解开产生纠纷的症结,做到合情合理,以情动人,以理服人,从而找出产生纠纷的原因,妥善有效地平息纠纷,避免民间积怨累加,冲突升级,有利于维护社会的安定团结,有利于构建和谐社会。其次,通过做耐心细致、全面具体的调解工作,可以培养基层民警踏实认真、尽职尽责的工作作风,树立人民基层民警良好的社会形象,发扬人民基层民警为人民服务的精神。

最后,对情节较轻的违反治安管理行为,由公安民警依法教育处理而不是简单地给予治安管理处罚,也能减少当事人对公安机关的对立情绪,促进构建和谐的警民关系;能进一步建立基层民警与当事人之间的情感纽带,增强人民群众对基层民警的信任感,树立人民基层民警公正执法的形象,建立基层民警同人民群众的密切融洽、协调信赖的鱼水关系。

第二,有利于及时解决治安管理过程中的民事纠纷,化解社会矛盾。治安调解是以公安机关治安行政管理的存在为前提,基层民警在行使治安行政管理职权过程中,对于发生的属于治安调解范围内的纠纷,一并进行调解,可以使纠纷及时得到解决。当事人之间发生的民事纠纷,如果是由一方或者双方的违反治安管理行为所引起的,那么,由公安机关在处理违法治安管理行为的同时,对该行为引起的民事纠纷进行调解解决,必然会节省时间,使纠纷得到及时解决。治安调解手段的确立与运用,对于因民间纠纷引起的打架斗殴或者损毁他人财物的案件,具有程序简便、处理及时、参与案件处理的成员更宽泛、便于明辨是非等有利条件。因此,用调解手段解决治安案件,既能使违法人员在思想上受到教育、认识错误,又能使一些民间纠纷得以化解,让邻里之间、家庭成员之间、同事之间的矛盾得以消除。

第三,有利于减少犯罪诱因和案件处理的后遗症,维护社会稳定。由于这两类案件多是发生在邻里之间、亲朋之间、同事之间或家庭成员之间,常常表现为互有过错,通过说服教育、明辨是非、劝导协商的方式解决矛盾与争议,比起给予一方或双方治安管理处罚更能缩短当事人之间的感情距离,平息各种可能激化的社会矛盾和家庭、邻里矛盾;可以防止争议的当事人为解决纠纷进行上访、投诉、起诉,可以减少诉讼;帮助当事人认识自己的错误,化解在今后生产、生活、工作中可能产生的误解与隔阂,具有良好的社会效果。反之如果不能及时、妥善处理,就会造成当事人投诉、信访、上访,甚至双方矛盾就会升级,就可能酿成杀人、伤害、毁损财物等刑事案件,危及社会稳定。因此,及时有效地调解处理这些案件能减少产生犯罪的土壤,有利于社会治安的综合治理。

第四,有利于提高公民的权利意识,增强基层民警法治观念。治安调解要求以尊重当事人的自愿意思表示、自主选择为前提,充分肯定当事人依法享有的权利和价值。因此,在治安调解中,当事人在法律规定范围内自己做主,自愿处分权利,公安机关不能作出强制决定,当事人也不必听从公安机关的强制命令,这无疑会提高当事人的权利意识,使当事人进一步认识到:自己的合法权益不容非法侵犯,反之,亦不允许自己滥用权利侵害他人的合法权利,从而使他们在更完整、更准确的意义上理解权利的真正内涵,进而自觉运用法律武器维护自己的合法权益,履行自己应尽的义务。同时在调解中也会增强当事人的法治观念,提高他们遵守法律、法规的自觉性,并且从当事人与公安机关之间针对是否"依法调解"和是否"依法自愿"的相互监督中,使他们两次都分别受到依法行政与遵纪守法的教育。

五、多举措完善行政调解工作

首先,行政机关应更新理念,强化定纷止争的能力和意识。为人民群众提供解决纠纷的渠道和办法,是行政机关依法行政、执政为民的义务所在。如果因为部门间的相互推诿,造成群众的困扰,从而导致矛盾激化,这就是行政失职行为。从目前纠纷的类型来看,不难发现,对相当一部分矛盾的发生,政府部门是难辞其咎的。因此,应更新行政机关发展理念,提高定纷止争的能力和意识,依法行政是从源头上防范矛盾纠纷的根本所在。

其次,应通过立法明确行政调解协议的效力。对行政调解的法律效力规定存在缺陷,当事人不履行经行政机关调解达成的调解协议,不负任何责任。这种规定显然不合理。应当在立法或司法解释中引入现代行政程序法的基本理念,给予行政调解有效的法律效力保障。① 可以参考对调解协议效力认定的建议,经法院审核,没有违反法律强行性规定的,可以以法院裁定书的形式予以认定。

最后,加强法院对行政调解协议的审查。对于行政调解中存在的有失公正的调解行为,如违反回避规定的、上级行政机关给下级主管部门调解的、严重违法调解的行政调解,法院应予以重新审查。

第二节 治安调解与人民调解

《中华人民共和国治安管理处罚法》第九条规定:"对于因民间纠纷引起的打架斗殴或者损毁他人财物等违反治安管理行为,情节较轻的,公安机关可以调解处理。对不构成违反治安管理行为的民间纠纷,应当告知当事人向人民法院或者人民调解组织申请处理。经调解未达成协议或者达成协议后不履行的,公安机关应当依照本法的规定对违反治安管理人给予处罚,并告知当事人可以就民事争议依法向人民法院提起民事诉讼。"司法部《人民调解工作若干规定》第三条规定:"人民调解委员会的任务是:调解民间纠纷,防止民间纠纷激化。"《中华人民共和国民事诉讼法》第十六条规定:"当事人对调解达成的协议应当履行;不愿调解、调解不成或者反悔的,可以向人民法院起诉。"从以上法律法规可见,治安纠纷可以由公安机关调解,或者处罚后由人民法院审理民事争议部分;民间纠纷应当由人民调解或者由人民法院调解和审理。

---

① 石先广.人民调解、行政调解、司法调解有机衔接的对策思考[M]//纠纷解决多元调解的方法与策略.北京:中国法制出版社,2008.

公安机关的治安调解、人民调解委员会的人民调解以及人民法院的民事诉讼不能完全割裂开来看,它们是一个有机的整体,构成了我国民间纠纷的解决机制。但目前它们相互间的衔接还不完善,需要从制度上予以完善。

目前是各类社会矛盾的集中爆发期。随着传统的计划经济体制被打破和社会主义市场经济体制的初步确立,我国进入了由农业社会向工业社会、由农村向城镇、由伦理社会向法治社会转型的过程,并且这种转型"不仅是一场经济领域的变革,而且是一场全社会、全民族思想、文化、政治、心理等各方面的革命"。[①] 这一时期,既是实现经济腾飞、加快推进现代化的"黄金发展期",也是利益格局加快调整、社会矛盾急剧增多的"矛盾凸显期"。由房屋拆迁、安置补偿、旧城改造、土地征用、企业改制等引发的矛盾纠纷数量迅速增长。大量的非治安纠纷的调解占用了大量的警力,甚至在一定程度上影响了公安机关打击违法犯罪正常工作的开展。

(1) 基层调解力量薄弱

人民调解委员会是通过立法形式确认的调解组织形式,曾经是基层调解的重要力量。但是,受各种因素影响,人民调解委员会越来越呈现组织弱化、人员弱化、职能弱化、作用弱化的趋势。一是社区(村委会)调解组织软弱无力,处于转型期的基层组织,其社会管理职能大大弱化,缺乏公信力与凝聚力,干群关系疏远,特别是担负人民调解任务的治保会等组织或根本不行使调解职能,或发挥的作用非常有限。二是当前人口的流动数量急剧增加、速度不断加快,随着城市化进程的不断加快,大量农村人员变为城市居民,同时又因为住房市场的商品化,使得原本毫无关系的人员居住在一起,从而使得一旦发生纠纷,就很难找到双方都信服的人居间调解。三是企事业单位原有的人民调解组织基本解散。随着国有大中型企业改制,原本负有基层调解责任的保卫组织基本解体,而采取市场化运作的保安组织难以承担纠纷调解的职责,尤其是大多数外资企业、民营企业根本不考虑纠纷调解问题,致使内部单位大量的矛盾纠纷不能消化在内部、化解在基层。四是各级人民调解委员会经费得不到切实保障,很多地方连基本的日常办公经费、办公场所都不能提供,在很大程度上限制了人民调解工作的开展。同时,由于受人际关系的不断复杂化影响,有的调解人员在工作中顾虑重重,害怕得罪人,工作责任心大打折扣,不愿意从事调解工作。上述原因的存在,导致基层调解力量薄弱,调解工作弱化,原本应由人民调解委员会开展的调解工作,被大量推到派出所,增加了派出所的工作量。

(2) 公安机关不堪重负

随着公安机关"110"报警台的全方位建设,以及"有警必接、有难必帮、有险必

---

① 李钢.论社会转型的本质与意义[J].求实,2001(11):55-57.

抢、有求必应"和"有困难找警察"等口号的提出,特别是在全国公安机关实施社区和农村警务战略后,广泛建立社区和农村警务室,推进了警力下沉,警务前移,群众联系民警更加方便快捷;加之公安机关调解不收取任何费用,因而一般民事纠纷发生后,群众首先想到的是找公安机关解决。当前社会矛盾纠纷的内容和形式日益复杂,往往涉及民事的、经济的、行政的等多种法律关系,调解工作难度极大,而公安民警难以全部掌握相关的法律知识,且公安机关对一般民事纠纷无实质的管辖权,往往调解效果不佳,使有些纠纷久调难结,警力陷入其中,难以解脱。

虽然很多纠纷涉及的问题都很小,然而要牵涉的警力、精力有可能比办一起正常的刑事、行政案件的还要多。我们现阶段处理民间纠纷投入的警力越来越多,甚至有些地方已超过刑事案件的侦查和其他治安管理工作,一个基层派出所60%以上的警力要用于应付各类民事纠纷,其投入侦查破案、打击违法犯罪的精力必然有限,这将严重影响到刑事打击和治安管理效能。在当前治安形势严峻、犯罪势头上升、打击防范任务繁重、公安派出所行政管理和服务职能扩大的情况下,极不利于自身工作的开展,可以说这是对社会资源的极大浪费。

凡是群众提出的,都予以调解,确实可能由于警力的不足或知识的欠缺而顾此失彼;但如果对此类纠纷都一口回绝,既伤群众感情,影响警民关系,又违背了人民警察的宗旨。而且有些纠纷如果不能及时化解,还有可能引发群体性事件乃至刑事案件,使得公安机关左右为难。要解决公安机关这种职能错位的情况,必须要充分发挥人民调解的作用,切实做到各司其职,各履其责,相互配合,形成合力。充分调动各种社会资源和力量,构建社会大调解格局,变单一的公安机关调解为综合调解,形成人民调解与治安调解协同作战,两种调解方式联动的运作机制。这样不仅有利于最大限度地化解社会矛盾、维护社会稳定,而且有利于公安机关摆脱被民间纠纷牵扯大部分警力的困境,集中精力打击违法犯罪。要做到相互配合,形成合力,具体可以从以下几个方面着手:

(1)公安机关先期处置,控制事态发展

《公安机关治安调解工作规范》第三条规定:"对不构成违反治安管理行为的民间纠纷,应当告知当事人向人民法院或者人民调解组织申请处理。"但这并不是简单地答复一句"这并不属于公安机关管辖,请到法院或人民调解委员会解决"后就可以终结事态发展的。因为《中华人民共和国人民警察法》第二十一条规定:"人民警察对公民提出解决纠纷的要求,应当给予帮助。"这里的纠纷不仅仅是指治安纠纷,有些纠纷,公安机关应当在采取必要的缓解措施后,及时提交有关机关处理。

公安机关是全天候执行勤务的纪律部队,按照"110"报警服务对社会的承诺,对于群众报警求助,处警民警城区应在5分钟、城郊应在10分钟内到达现场。同时,全天24小时辖区群众到派出所求助都能得到接待处理。这是其他任何政府部门都无法做到的,人民调解委员会就更无能为力了。矛盾纠纷往往在先期以争执、厮打等轻微形式显露出来,而人们处在纠纷中时,往往情绪激动,随时有可能激化矛盾,扩大事态。这就要求公安机关要迅速出警,及时到达现场,积极采取相关缓解疏导措施。首先要控制现场,维护好现场秩序;其次要调查走访,弄清事情的来龙去脉,并做好相关证据的收集固定工作,为下一步的工作打下基础;最后在双方当事人情绪稳定后,根据纠纷性质,对不属于公安机关管辖的一般民间纠纷,提供必要的咨询,建议双方当事人找有关单位解决,并积极帮助联络沟通,把服务工作做到家,避免群众求助无门跑冤枉路。公安机关对纠纷的先期处置,不但有利于事情的解决,还能起到缓和社会矛盾的作用,从而实现对违法犯罪的有效防范。

(2) 将人民调解引入派出所,做好纠纷的分流处理

在这方面各地都有一些有益的尝试,值得借鉴。北京市公安局西城分局于2003年将人民调解引入派出所,在派出所内设立治安纠纷与民间纠纷联合接待室,对于"110"接收的民间纠纷,派出所民警先出现场调查,再由值班所长把关甄别。应由公安机关给予处罚的行为,由派出所受理,并予以查处;对违反《治安管理处罚条例》,情节轻微无须处罚的治安案件,当事人可自愿选择调解途径;对于民事纠纷由驻所人民调解员即时开展调解工作;其他的不属管辖范围的纠纷则告知当事人去法院或有关部门解决。湖北省武汉市公安局武昌分局区委、区政府大力支持,与区司法局等部门协作,在各派出所设置调处室,在全局范围内聘请经验丰富的退休民警回所,与街道司法所一道实行人民调解"驻所"办公。由区司法局颁发人民调解员证书,开展纠纷调解工作。两地的实践,在摸索治安调解与人民调解联动机制的道路上取得较好效果,让公安民警从处理繁杂的纠纷中解脱出来,同时又及时化解了群众矛盾,有力地促进了一方安定。

(3) 公安民警和人民调解委员会各负其责、相互配合、形成合力

《公安机关治安调解工作规范》第八条规定:"公安机关进行治安调解时,可以邀请当地居(村)民委员会的人员或者双方当事人熟悉的人员参加。"《最高人民法院、司法部关于进一步加强新时期人民调解工作的意见》指出,可以邀请公安派出所等有关单位和个人参加调解工作,被邀请的单位和个人应当给予支持。据此,可以设置公安派出所和人民调解委员会各司其职、相互配合的调解机制。对于一般的邻里纠纷和其他民间纠纷,群众要求调解或者可以主动调解的,以人民调解委员会为主进行调解,认为有必要的,可要求民警到场配合;对于违反治安管理行为的治安纠纷,以公安民警进行调解,认为有必要的,邀请人民调解员参加。因为公安机关的调查取证能力比人民调解委员会能力更强,必要时公安机关可以协助人民调解委员会收集证据。而人民调解员往往都是由群众中间具有较高威望的人员担任,而且人员熟悉,由他们出面,协助公安机关治安调解能起到事半功倍的作用。

第三节　治安调解与司法调解

我国的调解制度主要有诉讼内调解和诉讼外调解两大类。诉讼内调解特指司法调解,也即法院调解,是指在诉讼过程中,由人民法院主持,依法说服教育使诉讼双方当事人互谅互让、解决纠纷的一种诉讼活动。诉讼外调解主要包括人民调解和行政调解。

一、人民调解、司法调解和行政调解的区别与联系[①]

人民调解是指由人民调解委员会主持,对民间纠纷进行调解的活动。行政调解是现代社会行政主体管理社会公共事务,及时化解矛盾和纠纷不可缺少的行政手段,是行政主体作出不具有强制力的行政事实行为。人民调解、司法调解和行政调解都是解决纠纷当事人纷争的一种重要方式。采用的方法都是通过说服教育、宣传法律政策,促使当事人互相谅解达成和解协议,消除纷争。适用的原则基本上都是"自愿原则""合法原则""查明事实、分清责任原则"。但是,三种调解制度之间也有所区别:

1. 调解机构性质不同。行使人民调解职能的机关是人民调解委员会,它是基层群众自我管理、自我教育、自我服务的民主自治组织。司法调解是由国家审判机关即人民法院来行使。行政调解是国家行政机关、企业事业单位的行政领导及其工作人员,对其管理范围内或所述单位的成员之间,或者所属成员与其他单位成员之间发生的纠纷进行调解,调解机构具有行政管理职能。

2. 调解的性质不同。人民调解是不具有诉讼性质的诉讼外民间调解,是一种群众性自治行为。司法调解是一种法定的诉讼程序,是诉讼内的调解。行政调解是一种行政管理行为。

3. 调解权的来源和性质不同。人民调解委员会主持调解是基层群众直接授予的民主自治权利,调解人员代表的是人民调解委员会,它与被调解人员之间是群众自治组织与群众之间的民主平等关系。人民法院主持调解,是国家赋予人民法院审判权的一种表现形式,调解人员是代表人民法院,依法与被调解人员发生诉讼法律关系。而行政调解是行政机关行使行政权的一种表现形式,是国家赋予的职能。

4. 调解的范围不同。人民调解委员会调解的是公民与公民之间的民间纠纷。人民法院调解所有符合法院受案条件的民事纠纷以及刑事自诉案件。行政调解

[①] 治安调解是公安机关对因民间纠纷引起的打架斗殴或者故意损坏公私财物的违反治安管理行为,在双方当事人自愿的基础上进行的调解。它属于行政调解的一种。在本部分,我们将人民调解、司法调解和行政调解三个同级概念进行比较论述。

既可以调解公民与公民之间的纠纷,也可以调解公民与法人、法人与法人之间的民事、经济等纠纷。

5. 调解协议的效力不同。人民调解达成的协议是一种群众自治组织调解民间纠纷结果的记录和一般文书,不是法律文书,没有强制执行的效力。人民法院调解达成的协议和制作的调解书,是国家审判机关行使审判权的司法文书,调解书一经送达当事人,立即发生法律效力,与法院制作的判决书具有同等法律效力,是法院强制执行的依据。行政调解协议具有行政上的强制力,某些行政调解协议生效后即具有法律效力,当事人如逾期不履行协议,行政调解机关可以采取行政手段强制履行,权利人可以把具有法律效力的协议作为申请人民法院强制执行的根据。

二、实现治安调解与司法调解的有机衔接

在实践中,调解不成或反悔不愿履行的,可以到法院提起民事诉讼。但往往当事人不愿到法院起诉,而是不断地到公安机关要求解决,甚至到上级公安机关上访。这里当事人固然有对费用、时间上的考虑,但不可否认的是与当前治安调解制度与法院诉讼制度的脱节也有很大的关系。

第一,实现治安调解与法院诉讼之间的资源共享。当前,治安调解无效或者当事人反悔的,民事部分只能依法通过诉讼途径来解决。当事人一旦诉诸法院,就意味着公安机关的调解工作前功尽弃,调解资源的投入也将付之东流。同时,法院启动司法程序,重新按照民事诉讼程序开展调查取证、审查核实证据、诉讼调解等一系列诉讼活动,而这些诉讼活动离不开国家司法资源的投入。如果打通两种调解方式之间的壁垒,实现两种制度之间的有效承接和转换,既不会使治安调解的投入化为乌有,也会有效地降低法院的司法投入,同时也为当事人寻求司法救济打开了便捷通道,从总体上符合现代法律的价值取向之一——效益。① 笔者设想,实现治安调解和法院诉讼的互通和链接,实现资源共享,一旦民间纠纷案件进入到诉讼阶段,既能方便法院了解案情,也能方便当事人举证。公安机关已经完成的调查取证、调解过程笔录、治安调解书和治安处罚结论等均为法院裁判或者调解提供了依据,当事人也可以调取公安机关的相关材料作为民事诉讼的证据,从而节约诉讼成本,提高司法效率。

第二,开展诉警对接。在实际工作中,往往遇到公安机关在接处警后,因调解无法律效力等因素不能案结事了的;告知当事人到法院起诉,当事人又不会或不愿起诉;而人民法院受到"不告不理原则"制约又不便直接介入处理此类纠纷。事情就开始复杂起来,不少当事人因为事情得不到解决,不断纠缠公安机关,甚至到上

---

① 胡志斌,汪涛.关于治安调解和诉讼调解链接运行的思考[J].公安研究,2007(10):63-66.

级公安机关上访。而此类人员又往往是社会上的弱势群体,文化素质比较低,法律意识淡薄,经济基础差,让他们直接上法院,可以说无论是自身素质和经济实力都有相当大的难度。因此,有必要构筑一条司法便民的绿色通道,实行诉警对接。由公安机关出面帮助其联系司法部门取得司法援助,并与法院部门做好沟通,实现无缝对接,切实做到维护当事人的合法权益。治安调解制度是我们对中华民族传统文化中积极因素的继承和发扬,我们需要结合实际,不断地将它发展和完善,使治安调解在促进我国和谐社会的形成与发展的过程中发挥更大的作用。

第十三章
社会转型期的中国调解制度

第一节 转型期的中国社会基本特征

一、社会转型的基本认识

对于社会转型(Social Transformation)这一概念,国内外学者有诸多观点表述。法国学者费尔南·布罗代尔认为社会转型是一个包容人类社会各个方面发生结构性转变的长期发展过程①;德国学者查普夫则认为社会转型的目标是接受、吸收现代的民主、市场经济和法制制度②;美国历史学家布莱克则指出了这种转型的特征,即社会半数以上的劳动力从农业转向制造业、运输业、商业和服务业,更多的人口从农村迁向城市。③ 总结西方社会学者关于社会转型的分析,可归纳为"六化",即经济转型的工业化、结构转型的城市化、政治转型的民主法制化、文化转型的世俗化、组织转型的科层化和观念转型的理性化。

在我国,台湾社会学家蔡明哲是首位直接将"Social Transformation"译为"社会转型"的华人,并表达了"发展"就是由传统社会走向现代社会的一种社会转型与成长过程的思想。④ 金耀基教授列举了转型社会的三个特征,即异质性、重叠性和形式主义。⑤ 而有学者认为社会转型不仅是一个社会学概念,同时在经济学和政治学领域亦有其自身的内涵,并与一般的社会变化相联系,但须符合密集、大范围的根本性要求。其既是一种渐进性的社会发展过程,又是一种整体性的社会发展过程,是社会系统的序变,是社会结构模式的转换,是社会立体结构的转变。

---

① [法]费尔南·布罗代尔.15至18世纪的物质文明、经济和资本主义[M].顾良,施康强,译.北京:生活·读书·新知三联书店,2002:96.
② [德]沃尔夫冈·查普夫.现代化与社会转型(第二版)[M].北京:社会科学文献出版社,2000:80.
③ [美]C.E.布莱克.现代化的动力:一个比较史的研究[M].景跃进,张静,译.成都:四川人民出版社,1989:60.
④ 蔡明哲.社会发展理论——人性与乡村发展取向[M].台北:巨流图书公司,1987:23.
⑤ 金耀基.从传统到现代[M].台北:时报文化出版事业股份有限公司,1990:113-116.

从某种意义上讲,社会转型就是社会现代化,这主要体现在经济领域由非市场经济模式向市场经济模式的转型,政治领域由集权政治制度向现代民主政治制度的转型,文化领域由过去封闭、单一、僵化的传统文化向当今开放的、多元的、批判性的现代文化的转型,包括人的思维方式、生活方式、行为方式和价值观念等的全面重塑。①

综上本书认为,社会转型主要应包含如下含义:一是社会结构的重大转变;二是社会发展的阶段性改变;三是社会质变,即社会生活的各个领域、各个层面发生的整体性变革,其实质是传统获得现代性的变迁过程;四是将社会转型纳入现代化过程。

二、当代中国社会转型的特征

我国社会自改革开放后经历了从传统社会向现代社会、从农业社会向工业社会、从封闭性社会向开放性社会的巨大变迁和发展,整个社会发生了深刻的变化。这一社会变化有两个重要标志:一是由高度集中的中央计划经济体制向社会主义市场经济体制的体制转型;二是由初级工业化向建设小康社会和全面建设小康社会的现代化转型。与此同时,我国的社会转型就总体而言逐渐进入了一个正常、快速和健康的推进时期,这主要表现在,经济的发展呈现出一种相对良好的状态;城市化进程明显加快;对外开放全面而深入地推进;所有制成分呈多样化状态;人们的行为取向日趋现实性和理性化,生活水准大幅度提升。②

我国的社会转型从空间上看是全方位、多角度、多层次的。全方位突出表现为:从半自给的自然经济社会向社会主义市场经济体制转化,从村落社会向城镇社会转化,从封闭半封闭社会向开放社会转化,从伦理社会向法制社会转化,从经济建设转向以制度建设为中心转化,从同质文化社会向异质文化社会转型,从农业文明向工业文明、从工业文明向可持续发展文明的双重社会转化等。

多角度主要表现在:从经济社会形态的视角看,中国的社会转型是社会主义社会的模式转换;从政府职能和行政学角度来看,是从计划经济条件下具有依附性特征的社会向社会主义市场经济条件下具有自立性特征的社会转变;从社会流动的角度来看,我国当前社会流动由政治主宰型模式向经济诱致型模式转变;从社会分化的角度来看,表现在经济、政治、文化三大领域由"大一统"向各自独立承担的功能分化、地区发展的不平衡引起的区域分化、阶层分化、组织分化、社会组织结构的分化、利益分化和观念分化等转变,导致社会异质性加剧;从哲学转型的角度来看,所有制的多元结构以及市场经济体制的不定型性、不成熟性、多变性,

---

① 李钢.社会转型代价论[M].太原:山西教育出版社,1999:15.
② 吴忠民.略论20世纪中国的社会转型[C]//中国现代社会转型问题学术讨论会论文集,2002.

形成了哲学思想多元化、多变性、多层化的特点。

多层次集中表现为：在社会的生产和生产力层次上，经济增长方式由粗放型向集约型转变；在社会经济关系、经济形态、经济体制层次上，由计划经济体制向社会主义市场经济体制转变；在上层建筑层次上，由高度集权的传统政治体制向民主政治体制转变；在思想文化的层次上，反映自然半自然经济和计划经济体制的精神文化向反映社会主义市场经济的现代精神文化转变。①

从时间上来看，我国当前的社会转型是加速度的，具有赶超跳跃性。我国自启动现代化进程以来，实现传统社会开始向现代社会的转变至今已有一百多年的历史了，其间大致经历了鸦片战争至新中国成立、新中国成立至十一届三中全会、十一届三中全会至今的三个阶段，不同的转型阶段，其转型的速度、强度、广度和向度都有所不同。如果仅从速度这一维度来看，当前我国社会显然正处在高速转型期，且大大超过以往历次社会转型。因为从我国现代化的历史实践来看，在第三个阶段，即改革开放以后的发展成果，已超过以前一百多年的总和。②

从程度上来看，我国当前的社会转型是深层次的。首先，其将工业化、市场化和社会主义制度改革的三重社会转型浓缩于一个历史时期，在工业化与社会主义宪法制度的双重约束下进行的市场化改革。其次，当代中国社会在政治、经济、文化和价值观念等方面的全面转型是对前一时期社会发展诸方面的否定与否定之否定的过程，又是在以往社会的各个层面上不断延续与积淀的过程。最后，我国当前的社会转型同时具有政治主导型社会转型、经济主导型社会转型、文明主导型社会转型等内容。

三、转型期中国社会的结构性矛盾

自20世纪80年代以来的转型和变迁使我国传统社会结构受到了极大的震撼与冲击，整个社会发生了深刻的变化，其不仅带来了国民经济持续稳步的发展，也带来了一些负面影响和问题，正如有学者所指出，社会发生了断裂和碎片化。

（1）社会发展不平衡

多年的经济发展在创造了"中国奇迹"的同时，也将发展不平衡的稗草散布在各个阶层、部门、城乡以及各个地区之间。表现在：一是经济增长和社会发展不协调。我国自改革开放以来经济快速增长，社会财富也快速增加，但是关系到民生的社会保障、义务教育、医疗保障等社会事业发展却相对落后。二是经济发展与自然生态的不和谐。我国经济的快速发展往往以牺牲生态环境为代价，造成了人口、资源、环境之间关系日益紧张的局面。三是区域发展、城乡发展不平衡。城

---

① 郭德宏.我们该怎样看待社会转型[N].北京日报，2003-02-24(ZZZ).
② 鲍宗豪.当代社会发展导论[M].上海：华东师范大学出版社，1999：360.

乡隔绝的户籍制度形成了城乡二元社会结构,长期实行的工农业产品剪刀差政策使"三农"问题成为制约现代化的难题,也使我国成为世界上城乡差距比较严重的国家之一。

(2) 社会分化加剧

社会结构的深刻变化,导致社会阶层的分化和重新排序。一些新兴阶层迅速发展,而原有的主流阶层已沦落边缘。有学者认为,我国自改革开放以来已形成了十大阶层,其中农民阶层和产业工人阶层分处倒数第二和第三位,有的甚至认为我国已形成一个"新无产阶级",即离开农村外出务工的数千万劳动力。尽管社会各阶层在追逐利益的过程中,其行为方式之不道德在本质上并没有多大差别,但由于阶层分化过程的实质是社会各阶层利益的重新分配与组合,或者说是各阶层争夺经济、政治、文化等稀缺资源的过程,因此必然导致某些阶层利益受损并引发阶层间冲突,从而造成社会各个群体之间的隔阂、矛盾和抵触,引发社会的不安定甚至社会动荡。

(3) 利益差距加大

社会转型不仅带来社会结构和经济体制的深刻变化,同时也引起社会利益格局的调整,其中尤以贫富差距的扩大为甚。社会财富日趋失衡已经成为中国现代化发展的一个重要表征。至 20 世纪末,我国 3% 的富裕人口存款已占居民总储蓄存款的 47%,基尼系数达 0.458,至 2005 年已达 0.530,[①]超过了国际公认的警戒线,且仍有加速提高之势。此后我国政府加强了调解,基尼系数逐渐回落到 2015 年的 0.462。[②] 除此以外,中国城乡居民和地区间收入差距也在不断扩大,2004 年城乡居民收入差距为 7.4 倍,为世界之最。与此同时,城乡贫困人口规模亦持续增多。全国目前约有弱势群体 1.4 亿至 1.8 亿人,并且还有进一步扩大的趋势,弱势程度进一步加深。由于财富分配不均衡或不公平而引发的利益分化和差距,带来了一系列的社会问题,包括对立、矛盾、冲突甚至过激行为等。

(4) 社会关系不稳定

近年来,中国社会的治安、犯罪和腐败问题日益严峻,社会关系长期处于不稳定状态,这主要表现在:第一,社会治安案件迅速增多。从 1994 年起的十年间,全国群体性事件的参加人数从 3.2 万人次飙升至 307.3 万人次,100 人以上的事件从 1 388 起上升到 6 831 起[③]。第二,社会犯罪迅速增加。在很多地方,黑恶势力已渗透到领导机关和执法机关,甚至控制了部分政权。第三,腐败现象愈演愈

---

① 参见第 3 期省部级干部进修班社会发展研究方向课题组:《政府与分配公平的实现》,载于《中共中央党校报告选》2005 年第 9 期。

② 数据来源:国家统计局历年发布的全国居民收入数据。

③ 提高构建社会主义和谐社会能力——中央和中央部委领导同志在省部级主要领导干部提高构建社会主义和谐社会能力专题研讨班上的报告[M].北京:中共中央党校出版社,2005:55.

烈。现在已经由个人犯罪发展到集体犯罪、行业犯罪,而且还有各种隐性腐败,如有的专家所指出的寻租性腐败、地下经济腐败、公共投资与公共支出性腐败等。甚至有人指出,我国正在形成一个"腐败了的特权阶层"。这些都说明在社会结构的微观层面积压着大量人民内部矛盾和社会纠纷,社会结构基础层面不够稳定和谐。

第二节　社会转型期调解制度存在的不足

作为化解矛盾的有效手段,调解制度被称为维护社会稳定的"第一道防线"。我国的调解制度在国际上享有"东方经验"的美誉,其以所具有的自身优势,为预防和减少民间纠纷、化解社会矛盾、促进社会和谐发挥了重要的作用。然而,随着我国改革开放的深入和由计划经济转变为市场经济,特别是工业化、城市化、现代化进程的推进,一方面是社会矛盾的激增,诉讼案件逐年递增,乃至出现诉讼爆炸的现象;另一方面,调解制度的纠纷解决能力却呈现急剧下降的态势。相对于社会纠纷的新特点,调解体制的发展则显滞后,仍承袭着原有的模式和体制,其局限性日益凸显。以人民调解为例,其在20世纪80年代达到鼎盛,进入90年代后则开始下滑。统计显示,经人民调解处理的民事案件数量与法院一审民事受案数量的比例已由80年代的17∶1下降为目前的1∶1。在新的社会形势下,从外部看,纠纷的多元化发展是对现有调解机制的巨大考验;从内部看,调解机制自身的不足和制度创新的滞后,限制了其职能优势的充分发挥。主要表现在以下几个方面:

一、关于调解的一些规定不适应目前形势

长期以来,针对调解制度尚没有一部专门的法律加以规范。这使得在制度的具体运用方面,大多依靠各个地方的实践经验的总结,以及最高人民法院等相关部门的有关规定,导致调解制度存在着很大的不确定性。在缺乏相关立法的前提下,其权威性也会受到很大的挑战。因此,人民调解的立法工作得到了立法机关的高度重视和社会各界的广泛关注。经过有关部门、专家学者、人民调解工作者和广大人民群众的热切期盼与呼吁,《中华人民共和国人民调解法》(下简称《人民调解法》)于2010年第十一届全国人民代表大会常务委员会第十六次会议通过,并于2011年正式施行。《人民调解法》是我国第一部专门、系统、完备的规范人民调解工作的法律,全面确立了人民调解制度。它的颁布实施,在我国人民调解制度和人民调解事业发展史上具有里程碑意义,对于加强我国社会主义民主法制建设,充分发挥人民调解的职能作用,构建社会主义和谐社会都有着重要的作用。

在法院司法调解的立法方面,目前主要的依据有《中华人民共和国民事诉讼

法》的原则性规定、《最高人民法院关于人民法院民事调解工作若干问题的规定》《最高人民法院关于适用简易程序审理民事案件的若干规定》等具体应用方面的司法解释。虽然其中有一些涉及调解范围、调解程序等方面的细化规定,但是对于当前社会矛盾纠纷呈现复杂多样化的格局,这些规定还是显得过于抽象,缺乏具体的操作性和针对性。另外《中华人民共和国民事诉讼法》关于司法调解的规定主要集中于第九十三条的规定:"人民法院审理民事案件,根据当事人自愿的原则,在事实清楚的基础上,分清是非,进行调解。"在司法调解中,法官处于主动地位,使得法律规定的自愿原则难以得到很好的实现,导致在司法实践中经常出现非自愿的强制调解现象。

在人民调解的立法方面,目前的法律依据主要来自《中华人民共和国宪法》(2018年)、《人民调解法》(2010年)、《人民调解委员会组织条例》(1989年)、司法部制定的《人民调解工作若干规定》(2012年)以及《最高人民法院关于审理涉及人民调解协议的民事案件的若干规定》(2002年)等相关规定。《人民调解法》虽然完整地规定了人民调解委员会、人民调解员、调解程序、调解协议四部分核心内容,但其相关规定却因时代的发展而呈现出一定的滞后现象。人民调解委员会是依法设立的调解民间纠纷的群众性组织,但在基层调解组织相当薄弱,存在"断层"和"空档"现象,基层调解组织比较松散、人员单一、力量单薄,不少村级调解组织几乎形同虚设,调解员队伍不稳定、素质偏低,调解程序不规范、工作熟悉程度较差,调解组织"五有四落"(有牌子、有专门的办公场所、有调解记录文书、有调解档案、有调解委员会印章,组织落实、制度落实、工作落实、经费落实)达标率低等问题普遍存在。

我国正处于体制转轨、经济转型、结构转换的新时代,社会矛盾纠纷呈现出多样化、复杂化、群体化的新趋势,人民调解工作需要适应时代发展的新要求,加强社会管理、实现群众自治。人民调解历来强调灵活性,新类型民间纠纷的出现,让人民调解组织感到力不从心;人民调解员素质偏低,调解组织发展不均衡;地方财政对人民调解的支持不足,导致调解运行捉襟见肘;现代化法治强调司法解决,导致人民调解的纠纷解决方式受到冲击、人民调解与司法程序衔接不当等问题。这些都是目前困扰人民调解制度发展的重要因素。

二、调解职能有限,自身存在不足

人民调解、司法调解、行政调解由于法律规定的职能限制,其在应对纠纷多元化、发散性趋势时,显得有些捉襟见肘。以人民调解机制为例,目前因其职能所限,存在的局限性表现在:

一是调解组织成员的素质偏低,难以胜任新时期纠纷解决的实际需要。目前我国调解委员会的成员年龄普遍偏大、法律素质偏低,大多没有受过正规的法律专业教育，难以熟练运用法律法规解决纠纷，他们主要是依靠对地方习俗的了解、纠纷解决的经验以及自身的威信，但不能对纠纷作出法律上的分析和判断。这样往往使当事人对调解人员难以信服，调解的效果自然受到影响。

二是调解观念相对落后，调解手段相对单一。调解人员调解纠纷往往侧重于思想教育和道德教化，依靠道德和感情而不是依靠法律和政策来解决纠纷。在固有的"以和为贵"的调解思维束缚下，调解人员通常把缓解矛盾、息事宁人作为首要目标，经常导致无原则地要求当事人互谅互让，而不注重对纠纷当事人民事权利的保护，忽视对纠纷事实的审查和权利义务的合理分配。

三是纠纷处理范围有限。人民调解是社会综合治理的第一道防线，却不是纠纷解决的"万金油"。《人民调解法》第二条规定："本法所称人民调解，人民调解委员会通过说服、疏导等方法，促使当事人在平等协商基础上自愿达成调解协议，解决民间纠纷的活动。"司法部的《人民调解工作若干规定》第二十条规定："人民调解委员会调解的民间纠纷，包括发生在公民与公民之间、公民与法人和其他社会组织之间涉及民事权利义务争议的各种纠纷。"这些规定限定了调委会处理纠纷的范围，即民事纠纷；而违反社会公共道德和轻微刑事违法行为引起的纠纷则被排除在外，没有为当事人提供便捷的解决机制，只能通过其他替代性的纠纷解决方法予以处理。

四是人民调解员专业化水平有限。《人民调解法》第九条规定："村民委员会、居民委员会的人民调解委员会委员由村民会议或者村民代表会议、居民会议推选产生；企业事业单位设立的人民调解委员会委员由职工大会、职工代表大会或者工会组织推选产生。"长期以来，人民调解主要是依靠特定地域或单位的人际关系和相互信任，依靠调解者与被调解者之间的各种关系，通过说服、教育和规劝的方式发挥作用。但市场经济的发展及新类型民间纠纷的出现，对人民调解委员会委员提出了更高的要求，不但需要其懂得法律和政策，更需要其将情理、公共道德和习俗应用到纠纷调解中。在如何快速提升人民调解员文化政策水平、法律知识和业务实践能力以及如何更好地协调、发挥好基层人民法院业务指导作用等方面，尚存在亟需解决的问题。

上述因素导致人民调解在处理群体性矛盾和纠纷中往往显得力不从心。此外，就行政调解而言，由于其受制于行政许可权及诸多法律，管辖的范围相对有限，加之其本身行政色彩浓厚，而且基本上只能处理与自身职能相关的行政类纠纷，其独立性和公平性往往受到质疑，也容易引起当事人的不满。而且，行政调解的效力一直未被明确规定，也是限制其发展的一个重要因素。而诉讼司法调解只能针对诉讼案件，而且不能由法院主动进行调解，相较于大量的民商事纠纷而言，司法调解的数量十分有限。另外，作为司法调解基础的诉讼一般由一方提起并由另一方应诉，这就导致双方之间在处置纠纷的心态上不尽相同，使得司法调解的成功率相对较低，即便双方在调解协议上签字以示认可,但最终真正做到案结事了的也是少之又少。

三、三种主要调解手段衔接协同不够

人民调解由人民调解委员会主持,行政调解由政府部门主持,司法调解则由人民法院的法官主持。三种调解方式由于法律依据、组织机构、职权划分等方面的不同,实际处于各自为政的状态,三者之间缺少有机的衔接。三大调解方式在理论上形成体系,但在实践中缺少信息上的沟通与工作上的配合,未能建立多方参与、统一协调的机构,未能形成内在联系、协同合作的机制,制约了调解优势的充分发挥。而当前矛盾在产生、激化过程中掺杂了诸多因素,矛盾的综合性、交叉性明显,纠纷往往涉及多个部门和多重法律关系。单一行政机关或调解组织受制于自身职权,调解效果不佳。在宏观层面上,由于横向、纵向之间缺少协调,调解组织之间、相关部门之间在处理纠纷时,存在条块分割的格局,没有形成合力,甚至出现互相推诿、无人主管的情况,导致矛盾激化,增加化解成本。

第三节 社会转型期调解制度的改进和完善

一、考虑制定《中华人民共和国调解法》

(1) 制定《中华人民共和国调解法》的必要性

第一,制定《中华人民共和国调解法》是新时期构建和谐社会的需要。随着社会主义市场经济体制的建立和发展及各种利益关系的调整,出现了诸多新的社会纠纷,且其主体、内容日益多样化和复杂化。许多纠纷如不能及时疏导化解,将极有可能发展成为群体性事件,甚至激化为刑事犯罪案件,严重影响社会稳定和经济的持续发展。制定《中华人民共和国调解法》,将保证调解工作的依法进行,使其成为新形势下解决纠纷的更加坚实可靠的"第一道防线",进而达到使社会纠纷疏导、分流、化解的目的。

第二,制定《中华人民共和国调解法》是人民法院公正司法的保障。当前,大量社会纠纷进入司法程序,诉讼不得已成为纠纷解决的首选方式,这就导致了法院和法官不堪诉累,往往超负荷地运转和工作,甚至出现了许多高、中院明文规定某些敏感群体性诉讼不予立案或暂不受理的怪现象。在此背景下,法院经常只能片面地追求结案数量,并进而对审判质量产生影响,难以体现审判工作社会效果、政治效果和法律效果的统一,公正司法、一心为民的理念更是无暇顾及。尽快制定《中华人民共和国调解法》,依法扩大调解领域和范围,强化调解工作,尽可能减少进入诉讼程序的社会纠纷以减轻法院的压力和负担,从而有利于法官办案效率的提高和诉讼成本的降低。这是法院公正、高效、优质地开展审判工作,满足人民

群众日益增长的司法需求的重要保证。

第三，制定《中华人民共和国调解法》是充分发挥调解工作职能的前提。当前各种纠纷呈现出许多新的特点，原有的调解机制已经不能完全适应新形势的需要，阻碍了调解工作职能的充分发挥。通过制定《中华人民共和国调解法》，使其围绕党和国家工作大局，并适应民间纠纷发展的新情况、新特点，在调解公民日常生活中发生纠纷的基础上，积极扩大工作范围，完善组织形式，强化队伍素质；使其结合本地社会经济发展的特点，针对突出的难点热点纠纷开展调解工作，缓解改革进程中的利益冲突；使其充分发挥预防职能，把纠纷的预防作为新时期调解工作的重点，坚持抓早、抓小、抓苗头，把矛盾解决在萌芽状态，以全力维护社会的稳定。

第四，制定《中华人民共和国调解法》是确立调解结果法律权威性的基础。目前，不少社会纠纷不愿进入调解程序，主要是"调解"活动缺乏法律权威，特别是调解结果缺乏法律地位。肖扬就曾指出，凡经人民调解达成的民事性质的协议，人民法院应当予以确认。而制定《中华人民共和国调解法》将起到巩固组织、规范工作、增强权威的作用。一方面，调解组织可以由辖区内公道正派、业务能力强、热心调解工作、群众威信高的调解员、退休法官、检察官、律师、法学工作者等组成，行业性、区域性的自律性调解组织得以发展，调解工作采取多种组织形式，有助于便民利民，及时化解民间纠纷。另一方面，将调解结果通过立法的形式加以确认，从而体现法律的权威性和工作的规范性，有助于使其得到社会的普遍认可。

(2) 制定《中华人民共和国调解法》的可行性

第一，党和国家领导人的重视是制定《中华人民共和国调解法》的前提。党和国家历来高度重视调解工作。早在1954年3月，中央人民政府政务院就颁布了《人民调解委员会暂行组织通则》；1982年，人民调解制度作为人民群众自治的重要内容被载入宪法；1989年，国务院颁布了《人民调解委员会组织条例》，有力推动了人民调解工作的不断发展。2002年4月，胡锦涛同志指出："要建立健全对人民内部矛盾经常化制度化的调处机制，及时处理纠纷，尽可能把各种矛盾和隐患化解在基层。认真处理各种民间纠纷，做好各类调解工作。"在经济体制深刻变革、社会结构深刻变动、利益格局深刻调整、思想观念深刻变化的新形势下，调解工作面临新的发展机遇和挑战。调解的范围、调解的组织形式、调解员的选任方式有了新的发展，人民调解与行政调解、司法调解、仲裁、诉讼等纠纷解决方式的结合越来越紧密。调解制度在组织规范、程序规范和协议效力等方面，都需要通过立法进一步完善，以适应新形势、新情况、新要求。加强调解立法工作，提高法制化、规范化水平，是调解工作与时俱进、创新发展的迫切需要，是及时化解纠纷、增进人民团结、巩固基层政权的必然要求。《中华人民共和国人民调解法》于2010年公布，人民调解立法工作得到了立法机关的高度重视和社会各界的广泛关注,建议制定《中华人民共和国调解法》,建立以人民调解为基础和依托,人民调解、司法调解、行政调解衔接联动的工作机制。

第二,最高人民法院的司法解释为制定《中华人民共和国调解法》确立了法治保障。2004年8月,最高人民法院在全国高级法院院长座谈会上提出了23项司法为民具体措施,形成并印发《最高人民法院关于印发〈关于落实23项司法为民具体措施的指导意见〉的通知》。其中第十七条的具体表述是:"加强对人民调解组织的指导,提高人民调解工作的质量,是多渠道解决矛盾纠纷的一个重要环节。人民法院要按照最高人民法院、司法部《关于进一步加强新时期人民调解工作的意见》和最高人民法院《关于审理涉及人民调解协议的若干规定》的精神,加强对新情况、新问题的调查研究,进一步研究完善衔接诉讼调解和人民调解的工作方式,注意引导群众重视人民调解的作用,积极以简捷经济的方式化解矛盾纠纷。要积极配合当地司法行政部门,采取多种方式、多种途径,对人民调解员进行业务培训,提高人民调解员的法律知识水平和调解纠纷的技巧。"

2004年8月18日,最高人民法院通过的《最高人民法院关于人民法院民事调解工作若干问题的规定》中第三条第一款规定:"根据民事诉讼法第八十七条的规定,人民法院可以邀请与当事人有特定关系或者与案件有一定联系的企业事业单位、社会团体或者其他组织,和具有专门知识、特定社会经验、与当事人有特定关系并有利于促成调解的个人协助调解工作。"第二款规定:"经各方当事人同意,人民法院可以委托前款规定的单位或者个人对案件进行调解,达成调解协议后,人民法院应当依法予以确认。"对于经基层人民调解委员会调解达成的《调解协议书》,当事人一方不服诉讼到法院的,原调解纠纷的基层人民调解委员会就成为"与当事人有特定关系或者与案件有一定联系的企业事业单位、社会团体或其他组织",他们可以被人民法院邀请,协助进行调解工作,不但能够协助进行调解,而且,根据第二款规定的有关精神,在协助调解人调解下达成的调解协议,人民法院也依法予以确认。

第三,政治文明的建设为《中华人民共和国调解法》的制定提供了立法的理论基础。我国传统调解总是与"德治""教化"等国家治理方式密切相关的。在计划经济时代,纠纷的解决是一个政治行为,也被赋予特有的政治内涵。如今调解作为维护社会稳定、教育群众、维护当事人合法权益的重要解决纠纷机制得到了新的发展。而调解的基准也由儒家理论,变为马克思主义的政治意识和党的政策,又变为法律规则和原则。可以说,调解制度已经成为我国司法制度中的一项重要补充制度,它为中国法治建设中如何使道德充分发挥其潜移默化作用,以弥补法治社会中法律所固有的缺陷和弱点,为完善法治以最终实现道德与法治的有机结合,发挥着重要作用。

第四,国际上日益高涨的ADR运动为我们提供了有益的立法经验。如今,调解已不再是中国的"专利",欧美法治国家 ADR 运动正日益高涨,世界各国关于诉讼外调解的立法也得到了蓬勃发展。如大力推行"纠纷解决替代措施"或民间调解;规定诉讼外调解是诉讼的必经程序;确定经调解达成的协议具有与判决书同等的法律效力,可强制执行等措施,使得诸多西方法治发达国家越来越多的民事纠纷都依靠调解(含诉讼外调解和诉讼内调解)解决。此外,欧盟目前正在制定一部适用于欧盟各国的《纠纷解决法》,联合国也正在起草倡导适用调解手段解决社会矛盾纠纷的法律文件。由此可见,用调解的方式解决社会矛盾纠纷,已成为许多国家认同的较好方法之一,调解制度正在全世界范围内得到发展和重视,为《中华人民共和国调解法》的制定提供了有益的借鉴和帮助。

二、加强"大调解"建设

1. 进一步加强调解基础建设。人民调解、行政调解、司法调解的衔接和协同首先是要建立健全的调解网络,因为只有建立健全调解网络,才能确保哪里有纠纷,哪里就有调解组织,才能实现建立协同调解的格局。而建立全覆盖的调解网络,完全没有必要另起炉灶,而是应该进一步加强人民调解网络建设,并以此为基础,整合资源、完善机制,形成全面覆盖的调解网络。

2. 进一步建立健全协调机制。各地有不同特点,但是协调机制的完善与否与上层调解组织的建设有很大关系。因此,区县层面调解组织的层级和地位对衔接与协同在一定程度上起着决定作用。应在建立党委政府主导的联合调解委员会基础上,赋予其较充分的自治权并通过制定相应规范性文件来明确其地位,以便有效协调与法院、检察院、公安局、司法局、信访办等相关部门的关系。街道(镇)调解工作室、居(村)委会调解工作站和人民调解委员会可以在区县层面联合人民调解委员会建立信息报送平台,保证信息的畅通。

3. 健全培训指导机制。要实行由法院、检察院和公安机关参与的基层调解组织培训并实行专职调解干部初任培训和持证调解制度,并通过培训使调解干部掌握调解的基本要求和必备的法律知识,通过考试向调解干部颁发调解干部培训合格证。要实行人民调解指导员制度,同时各相关部门还要定期与不定期地指导基层调解组织工作,并建立工作人员参与调解的调解指导制度。除此之外,还要引导调解员通过参与法庭民事诉讼活动,了解民事诉讼程序,学习法律知识以及法官的调解方法和调解技巧,提高业务能力。

4. 注重其他调解方式与诉讼调解相结合,增强权威性。积极探索行政调解的效力,推进人民调解协议书确认制,通过法院的民事调解书巩固和提高调解协议的法律效力,消除当事人的顾虑;积极探索调解协议便捷执行的新路子,即对单纯以金钱、有价证券为内容的人民调解协议,如果负有给付义务的一方当事人,不履行人民调解协议,无对待给付义务的另一方当事人可以依据人民调解协议,直接向人民法院申请支付令,要求对方当事人履行给付义务;积极探索开展诉前调解和人民调解参与诉讼调解工作。

5. 建立人民调解保障机制。建立人民调解保障机制主要是指政府加大经费投入,通过购买服务的方式,支持各级调解组织的发展壮大,使自治性的调解组织在化解纠纷中发挥更大的作用。建议进一步建立全市、各区县层面的调解经费保障机制。一是实行一事一奖制度,对于调解成功,有效防止民间纠纷转化为刑事案件或非正常死亡案件,或有效防止群体性矛盾转化为上访案件的,实行一事一奖;二是通过年度总结表彰会和三年一度的人民调解工作会议进行奖励表彰,对调解工作成绩突出的单位和个人,实行精神奖励和物质奖励相结合;三是建立调解基金,主要用于聘请有专业特长的调解员,促进调解队伍的专业化和职业化。

三、推进人民调解工作的职业化

人民调解工作在化解社会纠纷、构建和谐社会中具有不可替代的重要作用。在社会转型期,原有调解机制的组织形式、工作方法、队伍结构等已不能完全适应新形势、新情况的需要。如何推进人民调解工作的职业化,以更好地适应新时期对调解工作提出的更高要求,已成为我们需要认真思考的重要课题。

(一)职业化是人民调解工作改革和完善的必由之路

调解工作职业化是民间纠纷多样化、复杂化趋向对人民调解工作的必然要求,是基层法制工作对调解组织队伍建设提出的更高要求,也是新时期调解工作改革和完善的内在需要。当前面临的一系列问题,要求人民调解工作走上职业化的发展之路。

第一,传统的调解领域和方法不能适应纠纷化解需要。传统人民调解主要对家庭、婚姻、邻里等民事纠纷进行化解,而当前调解工作范围不断扩大,已经扩展到交通、医患、劳动、消费等领域。民间纠纷已演变成为个体型、群体型共存的矛盾,传统的调解方法已不能有效地解决纠纷。

第二,调解组织形式及设置不能适应社会发展需要。传统的人民调解组织主要是村(居)调委会和企事业调委会,设置在基层农村、社区和企事业单位。新时期这种配置已不能覆盖全部纠纷领域,于是纠纷主要依靠行政调解和诉讼手段解决。而村(居)调委会对非村(居)领域等发生的纠纷较为陌生,往往力不从心,客观上限制了自身的发展。

第三,调解队伍建设不能适应现实工作的需要。村(居)调委会的人员基本是由村(居)委会和支部成员兼任,其兼职过多,无法专事调解工作。同时,调解员队伍存在的人员不稳定、缺乏专业知识等问题亦制约了调解的发展。调解员要能熟练掌握法律法规、严格依照法律规范、懂得相关专业知识,娴熟运用调解技巧来化解纠纷息讼止纷。

第四，调解经费不能满足工作需要。目前，许多地方还未将调解工作经费列入财政预算，没有建立人民调解专项经费，致使调解员津贴、补贴过低，激励机制尚未形成。

（二）创新管理方式，推动人民调解职业化建设

实践证明，建设一支专业的、职业的、高素质的人民调解员队伍是必要、必须且迫切的。组建调解工作机构，由街道、乡镇政府及有关部门出资聘请专职调解员，有利于探索组建一支社会化的调解员队伍。

首先，我们应该吸收专业工作者从事人民调解工作。通过公开考试、考核，招募符合条件的人员，专职从事人民调解工作。整合利用好区域法律资源，特别是现有的基层法律服务工作者队伍，可以发挥其长期从事基层社区法律服务的优势，积极引导、鼓励、支持他们从事人民调解工作。

其次，应该探索新的人民调解员队伍培训管理形式和机制。提高专业知识培训力度，寻求专家咨询支持，提高操作实践水平。进一步加强与人民法院的沟通和协商，通过选聘人民调解员担任人民陪审员、组织调解干部观摩审判等方式，有效提高人民调解员的法律知识、调解艺术和工作水平。对人民调解员实行持证调解、分类管理，培育发展后备力量。

（三）创新工作机制，建立人民调解工作新格局

为进一步发挥职业化调解的效能，必须创新工作机制，进一步加强人民调解、行政调解、司法调解的工作衔接，形成综合优势，强化人民调解在多元化纠纷化解机制中的基础性地位。

第一，应该大力完善人民调解与司法调解相衔接的纠纷解决机制。探索并鼓励人民调解组织在法院的建议或委托之下，参与诉前等各阶段的纠纷调解，推动人民调解与司法调解的有机结合。如借鉴一些地方成功经验，在基层法院设立"人民调解窗口"，建立人民调解与司法调解相衔接的工作平台等，为诉讼当事人提供人民调解化解纠纷选择途径，降低当事人的调解成本，有效地支持调解活动。

第二，应该依托社会治安综合治理平台，推进部门联动联调。以基层综治中心为联合化解矛盾的平台，通过矛盾排摸、工作例会、联动调处、宣传教育等工作机制，有效地预防、化解纠纷。

社会转型期，社会矛盾比较激烈，调解工作面临着巨大的挑战，进一步推动调解工作的改革与发展，任重道远，意义重大。只有不断加强人民调解工作的职业化建设，人民调解在改革发展中才能永葆青春活力，从而为增强社会自我调控功能、推进民主法治建设、维护社会和谐稳定作出新的更大的贡献。

第十四章
ADR 国际研究与最新进展

第一节 ADR 简介

本书所称的 ADR 是指代替性纠纷解决方式(Alternative Dispute Resolution)的英文缩写。国内学者大都认为 ADR 是一种非诉讼程序,ADR 是对诉讼以外的其他各种纠纷解决方式、程序或制度的总称。对于 ADR 的理解,既可以根据字面意义译为"代替性(或替代性、选择性)纠纷解决方式",亦可根据其实质意义译为"审判外(诉讼外或判决外)纠纷解决方式"或"非诉讼纠纷解决方式"或"法院外纠纷解决方式"等。ADR 的概念源于美国,原来特指美国现代的代替性纠纷解决方式,后来成为 20 世纪逐步发展起来的各种诉讼外纠纷解决方式的总称,现在已被引申为对世界各国普遍存在着的、民事诉讼制度以外的非诉讼纠纷解决方式或机制的总称。①

由于 ADR 是对代替性纠纷解决方式的一个总括性、综合性的概念,同时 ADR 本身是一个包括多个领域的、尚处在不断发展中的纠纷解决机制,其内涵和外延均难以准确界定,因此对 ADR 概念的界定有不同的版本,同时对 ADR 应包括哪些程序也有分歧。笔者通过对国内外有关 ADR 概念和范围的理论研究成果进行比较分析,认为将 ADR 与法院的诉讼程序(民事)或判决之间的合理界定有助于对 ADR 概念的正确理解。

对于 ADR 的理解,有广义和狭义两种。广义的 ADR 概念:认为 ADR 是对诉讼以外的其他各种纠纷方式、程序或制度的总称。目前,我国学者大多认同这一观点,学者范愉认为:"一般而言,代替性纠纷解决方式的概念强调的是与法院的(民事)诉讼程序(或判决)的区别与联系。代替性,是指对法院审判或判决的代替。"②后来又明确将 ADR 定义为:"非诉讼程序是对诉讼以外的其他各种纠纷解决方式、程序或制度的总称。代替性是指对法院审判或判决的代替。"③学者何兵

---

① 范愉.非诉讼纠纷解决机制研究[M].北京:中国人民大学出版社,2000:9-10.
② 范愉.非诉讼纠纷解决机制研究[M].北京:中国人民大学出版社,2000:11.
③ 范愉.非诉讼程序(ADR)教程[M].北京:中国人民大学出版社,2002:16-17.

认为:"替代性纠纷解决方式,又称审判外纠纷解决方式,一般泛指替代传统法院解决纠纷的机制或方式。"①日本学者小岛武司认为:"诉讼外纠纷解决机制与审判及谈判相并列,作为一种民事纠纷的解决办法占据着重要的地位。诉讼外纠纷解决方式是被定位介于谈判与审判之间的方法,为了解决纠纷,由中立的第三人介于当事人之间。诉讼外纠纷解决方式大致可以分为裁断型和调停型两类。前者有仲裁、裁定两种形态,后者有调停、斡旋等多种形态。"②

狭义的 ADR 概念将仲裁和行政机关的准司法纠纷解决方式与一般的 ADR 区别开来,将 ADR 限定在"非诉讼非仲裁的纠纷解决方式"。"在法国,ADR 是不包括仲裁在内的,他们认为 ADR 是指法院判决或仲裁裁决之外的解决争议的各种方法的总称。"③

笔者认为在对广义和狭义 ADR 概念进行区分时,应对诉讼程序本质和 ADR 中的"代替"含义进行重新理解和认识。

美国诉讼制度的基础是对抗制。基于对抗制,诉讼程序由当事人启动并为当事人所控制。对抗制的典型模式就是,由当事人(原告和被告)承担调查、提交呈示证据和提出辩论的责任。当事人之间的纠纷通常是由一名法官作为一个中立、无偏私的被动的裁判者——倾听当事人双方的陈述,并通过当事人所呈现的内容而做出裁断。法官的作用相当于一个公断人,力图确保律师遵守秩序规则。从这一意义上讲,整个的诉讼程序是由当事人,或者更确切地讲,是由律师控制的。对抗制通常是与大陆法系国家所奉行的审问制(也称"纠问制")相对照的。在审问制中,裁判者(法官)在经由调查而发现事实和审判方面发挥着积极作用。然而在当代,随着两大法系之间的相互融合,无论是"纯粹的"对抗制,抑或是"纯粹的"审问制都已不复存在了。在对抗制中,法官发挥着越来越积极的作用;而在审问制中,当事人的控制作用也在日益增长。④

对于 ADR 的概念,美国法律信息网"Introduction to Alternative Dispute Resolution"对 ADR 的定义是:"ADR 是一系列多样化的纠纷解决程序的统称。ADR 程序的共同之处在于'代替'这一概念。每一种 ADR 程序都是对法院判决的一种替代。"相对于通过"打官司"得到的判决(即严格意义上的"公了"),处于这一最后阶段之前的任何纠纷解决方式都可称之为 ADR。⑤ 美国 1998 年《ADR 法》(Alternative Dispute Resolution Act of 1998)的定义是:"在本章中,替代性纠

---

① 何兵.现代社会的纠纷解决[M].北京:法律出版社,2003:103.
② [日]小岛武司,伊藤真.诉讼外纠纷解决法[M].丁婕,译.北京:中国政法大学出版社,2005:1.
③ 闫晓旭.论仲裁与 ADR[J].中国对外贸易,2002(8):19-23.
④ [美]史蒂文·苏本,玛格瑞特·伍.美国民事诉讼的真谛[M].蔡彦敏,徐卉,译.北京:法律出版社,2002:29.
⑤ 范愉.非诉讼纠纷解决机制研究[M].北京:中国人民大学出版社,2000:11.

纷解决方法包括由主持法官进行的裁判之外的任何程序,在这种程序中一个中立的第三方通过第 654 节至 658 节中规定的早期中立评价、调解、微型审判和仲裁等程序来协助解决争议事项。"[1]美国法学家弗来彻认为:"虽然从表面上看,替代性纠纷解决办法是一个有序体系,但事实上它只是一组供当事人任意选择用来避免对抗性诉讼的办法。"[2]还有的美国 ADR 研究者认为:"替代性纠纷解决"已经被定义为"并非由法官主持裁判而是由一个中立的第三人参与协商解决发生争执的纠纷的任何步骤或程序。"替代性纠纷解决包括诸如调解和仲裁方法,以及区别于一系列对抗式诉讼的更多的新的实验性方法。[3]

可见,ADR 的这种"代替",是对诉讼程序中对抗、审判或判决的"代替"。ADR 不是和诉讼程序对立的,而是可以和诉讼程序结合在一起。[4] 那种将 ADR 与诉讼截然分开的作法既不符合当今社会的时代特征,也容易造成 ADR 与诉讼程序之间的矛盾和断裂,使 ADR 得不到法院的支持、社会的认同。这一理解对我国 ADR 制度的构建具有十分重要的意义。在现代社会中,形形色色的 ADR 与诉讼共同构成了一种多元化的纠纷解决机制,从而承担着维护社会秩序这一重要的社会功能。

第二节 日本 ADR 的发展

所谓传统型 ADR 程序,并不意味着这些纠纷解决方式都是直接从传统社会脱胎而来的,而通常是指那些基于本国的实际情况,根据社会成员的传统习惯和法律意识,适应特定历史时期纠纷解决的特点和需求所设计制定的 ADR 程序。因为这种形式往往是从传统法律文化中汲取素材,以特定的文化传统为理念,或在一定程度上具有从传统社会向现代过渡的特性,故称之为"传统型",其经典的形式是仲裁和调解。

相对于西方国家而言,东方国家对传统型的调解似乎更显得情有独钟,以至于许多比较法学家都把 ADR 程序的利用作为远东法系的重要特征之一。这些传统 ADR 程序,往往在纠纷解决方面显示出极大的优越性和作用,甚至曾经能够形成与诉讼制度分庭抗礼的局面,时至今日,也仍然保持着旺盛的生命力,并基本完成了向现代纠纷解决机制的转型。应该说,这些传统型 ADR 程序是现代 ADR

---

[1] 周群,译;郭玉军,校.美国 1998 年 ADR 法规[J].仲裁与法律,2003(1):87.
[2] 范愉.非诉讼程序(ADR)教程[M].北京:中国人民大学出版社,2002:17.
[3] [美]史蒂文·苏本,玛格瑞特·伍.美国民事诉讼的真谛[M].蔡彦敏,徐卉,译.北京:法律出版社,2002:205.
[4] 日本学者伊藤真认为:关于审判上的和解属于调停型,它是作为民事诉讼程序的一个环节来进行的,这一点使其很难与诉讼外纠纷解决方式相联系,但从不通过审判和判决来处理纠纷这一点看,可以将其作为诉讼外纠纷解决方式的一种类型。参见[日]小岛武司,伊藤真,编;丁婕,译.《诉讼外纠纷解决法》,中国政法大学出版社 2005 年版,第 11 页。

的实践渊源之一。然而,随着社会的发展,其功能和地位也在发生微妙的变化,特别是在与当代新建立的一系列现代型 ADR 的相互协调和结合上,表现出许多新的特点和趋势。在日本,相对于调停的盛况,仲裁可以说形势不佳。

一、调停制度的沿革、立法和社会背景

日本调停制度的历史可以追溯到德川时期,但通常认为与近代调停制度直接相关的主要是江户时期的相对济令、内济制度和明治时期的劝解制度。明治二十三年(1890 年)日本正式建立了近代民事审判制度,设立了诉讼中和解和法院内的起诉前和解制度。与此同时,废除了原有的劝解制度。

日本现代民事调停制度的建立始于第二次世界大战之前制定的一系列调停法。首先是大正十一年(1922 年)制定的《借地借家调停法》,之后,又相继制定了《小作(佃农)调停法》(1924 年)、《商事调停法》(1926 年)、《劳动争议调停法》(1926 年)、《金钱债务临时调停法》(1932 年)、《人事调停法》(1939 年)等。其特点是,根据纠纷类型的不同,分别适用不同的调停程序。这些调停制度通过昭和十七年(1942 年)制定的《战时民事特别法》被加以扩大,成为战时纠纷解决的一般制度,与诉讼审判制度形成了密切的联系。第二次世界大战以后,于昭和二十六年(1951 年)制定了《民事调停法》,将除家事和劳动争议以外的各种调停制度加以统一,形成了沿用至今的民事、家事两大调停制度。

日本建立民事调停制度的社会背景是:当时仿照欧洲大陆法系建立的民法制度不适合社会的实际需要,根据民法规范通过诉讼程序解决特定的纠纷,结果往往不尽如人意。因此,急需寻求一种过渡性的途径,缓解西化的法律体系和诉讼制度与本土社会现实的矛盾。

对于日本的调停制度的评价,从基于和平精神、展现良好风俗的礼赞论到抑制权利主张的封建遗留制度的批判,各式各样的评论交错繁杂,不断成为议论的中心。调停制度也就是在此情况下逐渐形成的,日本学者小岛武司教授将其形成路线归纳为:(1)建立专门的调停委员会,作为法院的附设机构,调停委员为法院的非专职职员;(2)聘任有资质和见识的专家为调停委员,并不断提高调停者的素质;(3)明确调停必须基于当事人的意思,其核心是当事人的合意;(4)重视事实调查,灵活运用专门知识,密切与法官的合作,确立合理的实践经验(民事调停案件处理纲要等)。根据这样的政策和决定,调停制度在现代社会中作为一项应发挥与其特质相符作用的制度在不断发展。

二、日本调停的利用及发展趋势

日本调停制度设立后,在很长时间其利用率始终居高不下,而且调停成功率相对较高。然而,第二次世界大战以后调停制度的利用率在 1968 年达到最高点

(78 955 件)之后,开始呈逐年下降的趋势。1974 年,已减至 42 933 件。调停成功率最高时达到 73%,1974 年为 59%(最低时为 56%)。1974 年日本最高裁判所根据各界的意见,对《民事调停法》作了部分修正,目的在于将调停扩大至各类纠纷的解决,例如交通事故和公害纠纷的领域,然而其结果并不是特别理想。直到最近,利用民事调停解决的纠纷,无论是数量还是与审判的比率都继续呈减少的趋向。其原因既有社会发展和当事人在纠纷解决中选择的变化,也有因诉讼程序改革和其他 ADR 程序的建立带来的影响。同时,也表明这一制度本身存在着某些问题,不能满足当代社会解决纠纷的要求。然而,尽管如此,很少有人认为应该取消这一制度,而在致力于探讨改进和加强其机制的运作。日本在 20 世纪 70 年代以后,更加注重多元化纠纷解决机制的协调发展。一方面,发挥诉讼中和解的功能;另一方面,各种行政性和民间纠纷解决机构应运而生,在解决特殊类型纠纷中发挥着日益重要的作用。例如,目前行政性的纠纷解决机构有:公害调整委员会、劳动委员会、建设共事纷争审查委员会、消费生活中心等;民间的纠纷解决机构有:东京都贷款业协会、东京银行协会、东京票据交换所拒付票据专门委员会、日本证券业协会、清洗赔偿问题协议会、东京都牙科医师会医疗事务处理委员会、东京都住宅建筑交易业协会、房地产咨询所、房地产正当交易机构、日本广告审查机构、日本信用咨询协会等,医药品、家电产品、生活消费品等各类产品领域均设有各种法律或律师咨询中心,为公民的纠纷解决提供法律援助。

第三节 现代型 ADR 在美国的兴起与发展

一、"好讼"与 ADR 偏好的争论

早在 1831 年托克维尔就指出:"正在形成的美国民主之中,产生于美国的任何政治问题几乎都迟早要作为司法问题来解决。"因此,长期以来,美国是一个被认为人民"好讼"的国家,美国也被描述成为万事依赖法庭解决纠纷、期望法官成为社会冲突的最后仲裁人的一个具有独特诉讼文化的国家。然而,据美国《司法》杂志(1989 年 2 月号)统计,联邦法院归档的诉讼中有 90%的案件并未通过审判,而是通过和解、调解等方式获得解决的。[①] 历史学家杰罗德·奥厄巴奇(Jerold S. Auerbach)用大量材料证明美国公众对于法律和法庭的态度在不同历史时期是不同的。

他认为:"美国的纠纷解决方式一直以来都比我们当前受限的法律观点所能提供的解决方式更加多样和复杂。藏在我们历史经验角落里的是些神秘的实验,

---

① [美]J.弗尔博格,李志.美国 ADR 及其对中国调解制度的启示[J].山东法学,1994(4):50-52.

以验证一种对法律文牍主义传统的抗制。在众多不同的社会共同体中，纵观整个美国历史，法治明显被拒斥，而倾向于用另外的手段来理顺人际关系，解决人与人之间产生的无可回避的纠纷。非法律的纠纷解决手段的成功，一直有赖于社会共同体的共识。如何解决纠纷，从相反角度说，是如何（或是否）维护社会共同体……历史上的仲裁和调停是优先的选择。它们表达了在没有正式法律、没有基于社会共同体成员相互接近和信任的平衡过程情况下社会共同体的司法意识形态，它们的兴盛是作为共同体自治的一种本土方式。拒斥纠纷的法律解决的社会共同体，由地理、意识形态、信仰、伦理和经济追求做了不同的定义。然而，它们所见识的一个同一点是显著的。尽管它们各有不同，但它们适用同一个程序，因为它们对于社会共同体存在的本质有着共同的确信：共同的门路、责任和信任。戴德姆的创始人（17世纪马萨诸塞州基督徒的乌托邦社会成员）、费城的贵格教徒、奥奈达的约翰·汉弗莱·诺伊斯的追随者（一个19世纪的乌托邦公社）、旧金山的华人和明尼苏达州的北欧人，甚至商会成员，他们都很容易形成一种共同的解决纠纷的蓝图。出于对法律和法律人的怀疑，他们所发展的冲突解决模式，反映了他们的共同努力方向：超越个人冲突，实现社会和谐，实现没有法律的司法。"①

可见，学者对美国纠纷解决方式的表达和实践有不同观点。美国ADR的实践早已存在，美国现代ADR的发端甚至可以追溯到19世纪中叶。就总体而言，直至20世纪20年代之前，美国法院对于ADR程序的态度并不积极。正如美国法学家弗来彻指出的，"替代性纠纷解决办法在每一种文化中都有其历史渊源，但美国联邦法院系统接受替代性纠纷解决办法还是在1925年通过《联邦仲裁法案》之后。在此之前，美国法院一直对替代性纠纷解决办法持排斥态度，要么拒绝执行其决定，要么把合同中的仲裁条款看成是可任意取消的。自从《联邦仲裁法案》通过后，最高法院作出一系列决定，鼓励使用和执行替代性纠纷解决办法达成的协议。1983年，最高法院决定：若当事双方对某争议是否可由仲裁解决存在异议，则法院应判决由仲裁解决该争议。现在美国联邦法院正积极地使用替代性纠纷解决办法，通过尽早解决争端来改善法院的诉讼程序"。②

二、ADR及其理念的发展

有学者认为：美国近几十年ADR的迅猛发展，除了与其诉讼制度和诉讼压力有关的各种原因和理念等因素之外，还必须提到的是，美国是一个多民族、多文化的国家，这种多元化的社会结构也是其发展多元化纠纷解决机制的社会条件之一。

---

① ［美］博西格诺，等.法律之门［M］.邓子滨，译.北京：华夏出版社，2002：627.
② 范愉.非诉讼程序（ADR）教程［M］.北京：中国人民大学出版社，2002：71.

对于多元化的社会结构,传统的看法多从冲突理论论述多元化纠纷解决机制的必然性,而具体研究美国的历史却非如此。菲利克斯·格罗斯在其《公民与国家——民族、部族和族属身份》一书中指出:纽约市现在有各种文化、族裔和宗教背景不同的群体超过 120 个。在下一个千年之初,根据纽约城市计划司的预测,在 2000 年,纽约白人人口将大大下降。白人在历史上第一次成为人口中的少数,他们将在一个有 750 万人口的城市失去 559 000 人口。白人人口比例将下降到 35%;而少数民族人口比例将扩大:西班牙裔人口,主要是波多黎各人和多米尼加人,占 29%;亚裔和其他人口占 10%。据统计,大约一半的亚裔人口是华人。这种差异,当然并不纯粹表现为"种族"上的,而是表现为文化差别上的。未来的问题是,如何在一个公民国家里建立一个秩序良好的社会,以支撑这种变动,尤其是在这样一个管理难度很大的城市。尽管存在很多问题,纽约还是运作得很好。纽约市长卢迪·朱里安尼在对这个预测发表评论时说:"纽约市的代议政府并不对差异性过分担忧,而是在这种存在差异的情况下,努力寻找那些把我们联系在一起的东西。"他是根据纽约市政府的坚定传统讲这番话的,这个传统可以追溯到 1930 年代和拉·迦尔迪亚任职时期,甚至还可以追溯到更早。纽约市面临的问题当然是如何采取适当途径把新来人口整合到美国文化中去,整合到一个既高效又充满活力的社会中去。纽约成为一个世界性实验室,它的实验尽管有许多缺陷,但仍然产生了有意义的结果。这里,让我们再次重申,关键是要建立一个具有充分的弹性、能够对我们时代急剧的社会变化作出迅速反应的社会。[①] 此外,以民众对纠纷解决过程的参与为特征的陪审制度,已成为民间创造发展的各种自治性纠纷解决方式的基础;经验型的普通法体系,还为发展实践先行的法院附设 ADR 提供了适宜的环境。

正是基于差异整合的理念,ADR 在美国经历了若干发展阶段,其中每一阶段都伴随着一定的理念特征,范愉根据美国学者的归纳,将美国 ADR 发展历程大致归纳如下[②]:

(1) 劳动纠纷与"社会干预"理念

美国现代 ADR 的正式应用,始于 20 世纪 30 年代的劳动争议调解。其主要目的之一,是通过能够影响双方的局外的中立者,劝说劳资双方为了维护更重要的社会利益而作出妥协,这种方式被称为"社会干预"。至今,在处理劳动争议时,为了尽快结束纠纷,达成社会所期望的目的,仍然经常由调解人积极地采用所谓"强力调解"进行干预。

(2) 家事调解与"治疗"理念

---

① [美]菲利克斯·格罗斯.公民与国家——民族、部族和族属身份[M].王建娥,魏强,译.北京:新华出版社,2003:179-182.
② 范愉.非诉讼程序(ADR)教程[M].北京:中国人民大学出版社,2002:79.

20世纪30年代,继劳动纠纷之后,美国开始在婚姻家庭法领域推行调解。1939年,加利福尼亚州设立了调解法院,对离婚案件当事人采用以调解代替审判程序的方式进行处理。因担任家事调解的调解人多具有心理学方面的素养,遂将"治疗"理念带入了调解之中。具体而言:就是促使当事人正面认识纠纷的根源在于感情上的争点,在调解人认为适当的场合,鼓励当事人继续维持双方的关系。虽然在这方面,家事调解人之间的意见并不统一,但一般都认为家事调解应更多地考虑人际关系而不是法律方面的争点。

(3) 共同体纠纷解决与"增强自治能力"

20世纪60年代,在美国联邦政府的资助下,设立了全国性的"近邻司法中心"。同时,在各地也出现了积极建立ADR的趋势,在州政府、教会、慈善团体和其他地域组织的资助下纷纷设立了社区调解中心。由于这一运动是为了建立强有力的地域联系纽带,并且使法院和既存的国家组织能够依靠社区解决纠纷,所以调解被视为增强个人自治能力的授权性方法之一。在此,调解与既存的制度乃至法律规范保持一定距离。由纠纷当事人通过自己的力量发现争点,找到解决纠纷的最佳途径。社区纠纷调解运动采用了当时盛行的"传统"式调解,这种模式强调程序的任意性和调解人的"非指导性"作用,调解人会特别注意使用既无拘束性也非判断性的询问方法,避免将自己的有关利益、价值和解决方案等见解强加于当事人。20世纪70年代,这一运动发展减缓,主要是因为地域性的社区司法中心逐渐让位于由中产阶级的志愿者运作的"纠纷解决中心"。但是,这种重视"增强自治"和"当事人自己解决纠纷"以及"共同体内的纠纷自主解决的价值"的思想方法,仍然对全国社区的纠纷解决继续发挥着重要的影响。

(4) 案件管理运动与"促进和解"理念

从20世纪70年代末到80年代,美国出现了诉讼高峰。在这种背景下,为了把法院从积案的压力下解放出来,法院内形成了一个案件管理运动,即为了迅速地处理案件,法官和法院职员都开始参与对诉讼进行积极的管理。作为实现这一目标的手段之一,各种ADR应运而生,被应用到案件管理中。其目的是为了节约法院的资源,尽可能在诉讼程序的早期阶段促成当事人达成和解。由此,也可带来降低当事人诉讼费用的效果。这对于在传统的诉讼中经常处于被告立场上的企业界等主体来说尤其富有魅力。很多作为被告的企业和议会的利益集团主张,不仅应自由应用诉讼前的ADR,而且应在法院设立强制性的ADR。在这种思潮的推动下,设立了以大企业为成员的公共资源中心,促进ADR的利用,并由此创立发展了诸如小型审判等形形色色的新型ADR。

"促进和解"理念则是在所谓"博弈论"(Game Theory)学术研究的支持下得以发展起来的。随着学者对和解促成诱因模式的论证,从传统的社会科学到应用经济学、统计学分析等各个领域,都开始进行纠纷解决的分析研究。在政府和财团的支持下,全国纠纷解决研究所等机构开始进行新型 ADR 程序的研究和试验。这些研究的成果,很多都被审判制度特别是联邦法院所采用。《民事司法改革法》(1990)要求各联邦地区法院在 1993 年底以前制订出在民事审判中"减少费用和迟延的计划",其中大多数法院的计划都把改革措施落实在利用 ADR 和促成和解上。

案件管理运动、产业界参与的纠纷解决以及与此相关的"促进和解"理念,使得 ADR 发生了重大的变化。以往,ADR 本质上是调解的同义语,仅限于解决劳动争议、家事纠纷和社区纠纷等。然而,在促进和解运动的推动下,诞生了许多新的综合型 ADR。而且,ADR 也已不再拘泥于原来的非指导性原则,主张可以适时利用强制性诱因以促成和解的达成。从此,ADR 被纳入诉讼和商事纠纷解决机制的主流,而调解人或 ADR 专家们也开始从注重心理学及社会科学的方法转而注重接受法律技术方面的训练。

(5)"合作性问题解决"理念

到了 20 世纪 80 年代,作为 ADR 发展的新成果,社会开始重视"合作性问题解决"。美国产业界对日本企业的所谓新式经营方式——如何动员企业的全体成员,参与到从方针建议到产品质量监督的合作工作中进行研究思考,开始在美国的企业推广这种成功的管理方法。在纠纷解决领域,1981 年费希尔和尤利教授出版了小册子《谈判成功之道》,对各种合作性纠纷解决办法进行了综合研究,为普及这一方式作出了重要的贡献。他们否定了传统的通过竞争进行交涉的途径,提倡一种被称为"原则性交涉"的合作途径。这一途径致力于发现相互的利益,寻求对双方都有利的解决方案。利益协调虽然是调解的应有之义,但他们的理论却使现代的读者耳目一新。由此,合作性纠纷解决途径,从企业界开始推行,借用了传统的调解的某些方法,逐步发展为一种新型纠纷解决机制。20 世纪 80 年代后期,这种方式被广泛应用于解决有关公共政策方面的纠纷,提倡一种让所有"利害关系人"合作解决纠纷的计划。利益协调论也成为纠纷解决和 ADR 程序的重要理论基础之一。

(6)"评价性"理念

20 世纪 90 年代初,作为调解人参加调解活动的律师人数激增。这是由于随着诉讼附属型 ADR 的发展,要求调解人或其他中立第三者对诉讼争议的法律问题具有一定经验。因而律师参与 ADR 的需要或机会不断增加,律师在传统的非指导性调解中很难得心应手。他们善于根据自己的经验或专门法律知识,与当事人一起进行现实的探究,对可能作出的判决进行预测。例如 JAMS(Judicial Arbitration and Mediation Service)这一组织,就是以退休法官充当 ADR 的中立主持者,其原因是他们确信,当事人在多数情况下希望听到某些权威人士对该案件如果在法院将会如何处理作出提示。因此,一种新型的、"评价性"的 ADR 应运而生，它与传统的调解模式有所不同，但与处理劳动纠纷的"强力调解"具有某些共性。这种方式以受过专门训练的律师作为调解人，而处理结果的效力，则根据纠纷的种类以及当事人的诉求而有所不同。

（7）"转变性"理念

与"评价性"调解形成鲜明对照的，是所谓"转变性"（Transformational）的理念。这种理念在传统的模式中虽然也隐约可见，但近年来被重新审视，受到推崇。这种理念就是把调解作为使当事人发生转变的机会，也就是说，通过提高自省（即个人对自身价值或长处再度确认，恢复面对生活中各种问题的能力）以及认同（即设身处地去理解他人所持的立场或所提的问题，唤起共鸣感受）的方法，捕捉"能促进道德增进"的机会。

"转变性"方式强烈反对那些在调解人的指导下形成的、对当事人关于利害关系和解决方案的见解而形成的指导性调解，强调发挥当事人自主性的作用，认为应该避免调解人介入当事人关于利害或价值，以及解决方案方面的思考。然而，这种立场对传统的调解也持反对态度，认为其解决问题的方式具有相当的高压性，剥夺了当事人相互面对、通过自己的努力寻求纠纷解决的道德自治的机会。人们认为，"转变性"方式在解决家事纠纷以及当事人之间具有特殊关系的纠纷较为适宜。在近年来，有关离婚后对子女的双重监护（父母双方共同成为监护人），往往是通过这类调解实现的。这种方式同时适合与其他方式相结合加以灵活运用。

三、ADR 的机构设置和发展

20 世纪以后，美国先后成立了为数众多的机构和组织致力于推进 ADR。例如，1929 年成立的美国仲裁协会（American Arbitration Association，AAA）、20 世纪 30 年代成立的商事改善机构（Better Business Bureau，BBB）、1968 年成立的近邻司法中心（Neighborhood Justice Center）和全国纠纷解决中心（National Center for Dispute Settlement，NCDS），以及 1979 年成立的公共资源中心（Center for Public Resources）和司法仲裁调解机构（Judicial Arbitration and Mediation Service，JAMS）等。

美国 20 世纪 60 年代末急速发展的 ADR 多为非营利性组织机构所创立，例如美国仲裁协会，它在全国设有 35 个办事处，每年处理约 6 万件纠纷。1980 年代以后成立的中小型的和按行业或地域划分的 ADR，其形式多样，不胜枚举。1970 年代中期以后，专门解决商事纠纷的营利性 ADR 机构开始出现，并在 1980 年代获得突飞猛进的发展，其中有几个全国性的机构发展很快，例如 1979 年成立的司法仲裁调解机构，从 1988 年到 1992 年，年收入增长了 826％，1992 年处理的纠纷达到 4 万件。

值得注意的是,美国目前的调解机构对纠纷当事人之间的关系问题的关注。例如,"CPR 国际正义预防与解决协会"是由置身于非诉讼纠纷解决方案前沿的全球前 500 家跨国公司、著名律师事务所、政府机构、非政府组织和法学院等实体混合组成的国际性非营利机构。CPR 的任务就是在解决公众与个体纠纷方面率先革新并促进先进方法的推广执行,另外还作为主要的国际性机构,旨在避免、管理和解决商业或其他方面的纠纷。在其编印的《中美商业纠纷调解手册》前言中,认为调解的一个显著特点就是它的灵活性。其形式多样,可分为评估、促成、私下和与法庭挂钩等。如果当事人欲在诉诸仲裁机构或法庭之前使纠纷尽量得到解决,调解可成为多层次处理办法的一部分。对于调解,不同的地区有不同的要求。然而,调解的基本特点却并不改变:即保密、结果在当事人控制之下、低廉的直接和间接费用及调解人的中立性。

各州法院附设的 ADR 是在 20 世纪 80 年代中期以后开始激增的。各州纷纷通过立法推动 ADR 的发展和利用,仅 1989 年就制定了 34 个与 ADR 有关的州法,而提出的法案则超过 140 件。20 世纪 70 年代到 80 年代,部分联邦法院开始尝试建立法院附设 ADR。1990 年的《民事司法改革法》堪称美国 ADR 发展史上的重要里程碑,它以联邦议会立法的形式对改革民事诉讼程序和推广 ADR 作出了明确规定。这次改革被称为历史上第一次"基础性的改革",该法令要求美国所有的联邦地区法院制订改革计划,即"减少费用及延迟计划"。为此,各法院都把 ADR 的利用作为改革的重要组成部分。同时,确定了 5 个地区法院为试验法院和 10 个先导法院作为民事司法制度改革的试点,要求其中 13 个法院采用 ADR,从而开始在全国的联邦法院范围大规模地推广应用法院附设 ADR。目前,实际上所有法院都在不同程度上采用了 ADR,以致 ADR 已经被称为"美国民事诉讼中不可缺少的部分"。

四、ADR 发展的特征及启示

通过上面对美国 ADR 理念、发展沿革和机构设置等分析,美国 ADR 的发展过程大致有以下几个特征:

首先,ADR 的发展经历了一个实践探索和理论认识的过程。在这一过程中,建立在现代经典法治理念上的司法诉讼在社会生活中占有重要地位的美国,随着社会的发展变化,面对"诉讼爆炸"的现实危机,在后现代主义思潮的影响下,依据在差异中重视整合社会关系的理念,最终采取了灵活的应变措施,以多元化的纠纷解决机制替代和补充司法的中心地位。表现为:对当事人自治的提倡和重视;鼓励当事人通过利益衡量及协商妥协解决纠纷;赞成并积极试验和推行各种新型 ADR,以替代诉讼和审判。随着实践的突破,法学家、社会学家和哲学家也从理论的高度对 ADR 给予支持,不仅博弈论为 ADR 提供了一种纯理论模式,经济分析法学也从效益分析的角度为 ADR 作出了合理性论证。

其次,美国 ADR 的发展得到了从政府到社会、从法院到当事人、从产业界到理论界的全方位支持,其中法院的民事司法制度改革直接促进了 ADR 的革命,使其发展到一个新阶段。与此同时,民事诉讼程序改革还推动了法院职权主义和法官调解的发展,使美国的纠纷解决机制和民事诉讼制度从整体上发生或正在发生一场深刻的变革。

最后,从 ADR 的运作方式看,传统与新型形式共用,自治性与强制性手段并存,功能各异的 ADR 围绕法院及其判决形成了一个辐射圈,构成了一个多元化的纠纷解决系统。美国的法院附设和强制性 ADR 发展极快,而 ADR 在法律上的建构也步步紧跟,继 1990 年《民事司法改革法》之后,有关 ADR 的法案连续出台。1996 年 10 月克林顿总统签署了《行政纠纷解决法》(Administrative Dispute Resolution Act of 1996),允许政府部门利用 ADR 解决其合同等纠纷,承诺政府机构遵守仲裁协议约束。1998 年 10 月克林顿总统签署了《ADR 法》(Alternative Dispute Resolution Act of 1998),进一步推动 ADR 的利用,并授权联邦地区法院制定具体规则。目前,许多州都已经制定了《ADR 法》。今天,ADR 已成为美国多元化纠纷解决机制的重要标志,其影响波及全世界。

第四节 英国 ADR 的发展

一、行政法庭

英国在很久以前就采取了限制扩大法院权限的方针以保证司法的质量,它在纠纷解决方面一个重要的特点是赋予行政机关准司法职能,建立了形形色色的行政法庭(Administrative Tribunals)以发挥独特的作用。凡属基于行政法规而发生的案件,都由属于行政机关的行政法庭审理。据统计,目前英国各类行政法庭有 2 000 多个,大致分为以下几类:(1)不动产方面,如土地法庭、农业土地法庭、租金裁定法庭等;(2)公民福利方面,如国民保险法庭、工伤事故法庭、国民卫生服务法庭、医疗上诉法庭等;(3)运输方面,如交通管制委员会、运输法庭、铁路运河委员会等;(4)工业与就业方面,如工业法庭、劳资法庭等;(5)外国人入境事务,如入境申诉法庭;(6)其他,如专利上诉法庭、商标上诉法庭、增值税裁判所、纪律处罚法庭等。

目前,各种行政法庭每年审理的案件多达数以百万计。行政法庭的成员往往不是法律专家,未受过专门的法律训练,但要求他们是所处理案件方面的专家,并由纠纷双方有关的代表参与纠纷的处理。例如,农业土地法庭要求有地主和农民参加、医疗上诉法庭必须有医生参加等。行政法庭因程序简便、非形式化、审判较少拖延、费用低廉而受到当事人青睐。行政法院在纠纷解决中主要适用行政法规,并拥有较大的自由裁量权,它们与普通法院在管辖权上没有严格明确的划分。然而,为了对这种行政性纠纷处理的裁量进行制约,允许当事人在不服行政法庭裁决时可以向高等法院上诉。

此外,英国法院的和解率非常高,法院在促进和解方面的态度十分积极。

二、ADR 程序

英国的 ADR 在劳动争议领域历史悠久。目前,由专门的咨询调解仲裁机构(Advisory Conciliation and Arbitration Service,ACAS)负责解决个人和团体的劳动争议,并且向当事人提供咨询建议,此方式已成为解决劳动纠纷的主要手段。

在其他领域,近几十年,英国一直没有中止对民事诉讼制度的革新,尤其是 20 世纪 90 年代以来,英国推行了民事诉讼大变革。1994 年 3 月,英国司法大臣兼上议院议长迈凯勋爵(Mackay)委任沃夫勋爵对英格兰和威尔士民事法院的现行规则和程序进行全面审视,其目的简而言之就是简化诉讼程序,改革诉讼规则,简化专业术语,消除诉讼拖延,降低诉讼成本,增加诉讼的确定性,强化公正审判,促进社会公众对司法的接近。1995 年 6 月,沃夫勋爵提交了《接近司法》中期报告。1996 年 7 月,《接近司法》正式报告出版,同时出版的还有《民事诉讼规则草案》,其中建议制定一个最高法院和郡法院统一适用的规则,以取代《最高法院规则》和《郡法院规则》,这一草案便是英国现行《民事诉讼规则》的前身。《接近司法》报告批判英国民事诉讼实行过分的对抗制,诉讼程序复杂,诉讼成本高企,诉讼迟延盛行。沃夫勋爵指出,数个世纪以来,英国民事司法制度改革不断向前推进。他倡导,应尽可能避免民事诉讼,民事诉讼应少一些对抗多几分合作,不过于繁琐,诉讼周期更短,诉讼成本更低,诉讼结果更可预测以及更加实事求是。他建议,当事人(在经济上)应该处于更加平等的地位,司法和行政应有更清晰的划分,民事司法制度应进一步适应诉讼当事人的需要。民事司法制度变革的核心是诉讼文化的变革,即由传统的律师控制案件进程,转轨为法院对诉讼程序进行管理和控制。

在这个背景下,英国的民事诉讼法有了一个重大变化——"沃夫勋爵的改革"(Lord Woolfs Reform),即法官在审理一个案件之前,给当事人 28 天的时间,要求当事人先行调解;当事人可以选择机构调解,亦可由专家调解,如果调解成功,双方达成和解协议,提交法院,由法官予以确认,发生法律效力。在英国,已有了专门从事 ADR 业务的机构,如:有效争议解决中心(Centre for Effective Dispute Resolution,简称 CEDR)、设在伦敦国际仲裁院内的国际争议解决中心(The International Dispute Resolution Centre)以及城市解决争议中心(City Disputes Panel,缩写为 CDP)等。这当中,尤以有效争议解决中心,即 CEDR 最为重要。

伦敦国际仲裁院内的国际争议解决中心已成立多年了。近几年出现较大起色,而沃夫勋爵的司法改革,对 CEDR 来说,无疑是一个莫大的福音,更是使其发展迅猛,声名远播。目前,CEDR 已是欧洲乃至世界最具影响力的 ADR 中心。据有关资料统计,自 1999 年 4 月至 2000 年 3 月,CEDR 共受理了 550 个案子,其中 30% 为纯外国当事人,调解成功率在 85% 以上。案件受理的范围涉及所有商业领域及其他领域,如:货物买卖、建筑工程、IT、电子通信、金融、保险、雇佣合同、海事争议以及个人之间伤害赔偿、机构之间发生的争议等。CEDR 建立了调解员数据库制度,即将英国的和其他国家的有一定专业背景和工作经验的人士的有关资料储存在数据库里,供当事人在个案中参考选用,但在具体的调解案件中,则不限于数据库里的人士。世界上知名的企业也会被输入数据库,并与他们保持经常性的联系,一旦他们之间发生争议,CEDR 就会成为他们首选的地方。CEDR 还在每年的夏季,对调解员进行培训(夏季培训计划),到目前为止,已有 10 000 多名来自世界各地的律师接受了 CEDR 的培训。现在,CEDR 的业务范围已不仅限于调解当事人之间的纠纷,他们的工作甚至会影响到英国政府乃至欧盟的决策。在白宫、世界银行和欧洲委员会上,也常常会发现 CEDR 的代表们正在演讲的身影。

英国近年商事调解的快速进步对于欧洲商事调解的发展起到了正面影响。法国成立了争议解决中心,意大利成立了 ADR 中心。2002 年,由意大利 ADR 中心举办的 ADR 大会,参加者达 700 多人。由前 CEDR 主任 Bill Marsh 领导的国际争议管理公司,目前就 ADR 政策和改革向一些中东欧国家的政府提供咨询意见,其中包括斯洛伐克。斯洛伐克政府正将调解引入人民商事和刑事两个法律体系。①

第五节 德国 ADR 的发展

德国在 20 世纪 70 年代之前,对发展 ADR 程序显得十分保守,这是因为德国在第二次世界大战后经济和社会的发展一度相对缓慢,直到 20 世纪 70 年代才结束了战后发展期,进入了现代社会。在此期间,社会理念的变化也相对滞后,美国由于经济高速发展而产生的一系列社会问题,在德国尚未引起充分的注意。

一、ADR 的迅速发展

尽管 ADR 在德国的发展起步不久,但从其发展情况看,亦呈现出远大的前景。20 世纪 70 年代以后,美国和日本等国 ADR 的发展引起了德国的重视。

---

① 康明.英国商事调解近况[J].仲裁与法律,2003(5):111-118.

1977 年、1981 年和 1982 年，德国连续举行了三次有关 ADR 的大型研讨会，并且提出了在现有的和解所、调解机关和仲裁所之外，再建立其他新的制度的提案，并继而进行了尝试。随着时间的推移，普通公民对各种 ADR 程序已开始有所了解，法学界也在积极推进。20 世纪 90 年代，德国在实现统一之后，出现了一些新的社会问题，正是这种多元化社会的出现，在司法和民事诉讼中也引起了连锁反应。由此，德国也开始感受到了因诉讼量增加而产生的压力。为了更好地节约司法资源，及时地解决纠纷，德国先后制定了《司法简便化法》(1990 年 12 月 17 日)和《司法负担减轻法》(1993 年 1 月 11 日)，并再次修改了民事诉讼法，力图进一步减轻司法的负担，简化诉讼程序。同时，进一步发展 ADR 也成为德国社会和法律界日益关注的重要问题。

二、ADR 程序的类型

德国的 ADR 程序形式多样，具有低廉迅速、处理灵活、程序简便、通俗等特点。20 世纪 80 年代至 90 年代以来，ADR 程序的使用率又有逐步提高的趋势。目前德国的 ADR 程序既有行政主导型的，也有民间团体主导型的；既有根据法律规定而设立的，也有自发建立的 ADR 机构。主要类型有以下几种：

（一）根据法律设立的 ADR

根据法律设立的 ADR，可分为强制性和非强制性两类：

1. 强制性 ADR 是起诉前的必经阶段。主要有：

（1）发明专利方面的纠纷，在起诉前必须首先向联邦专利局所设的仲裁所申请仲裁。

（2）有关著作权使用费的纠纷，在提起诉讼之前，应当向专利局所设的调解委员会提出申请。

（3）有关不正当竞争的纠纷，根据反不正当竞争法，州政府应在工商协会设置协商所，在消费者或消费者团体提出申请时，由一名精通法律、符合法官法规定之法官资格的人担任委员长，并且由等额的工商业者和消费者委员组成委员会。

（4）有关机动车事故补偿基金的纠纷。

（5）职业培训中的纠纷，在向劳动法院起诉之前，应由特别的委员会试行解决。

（6）雇主与经营协议会之间的纠纷，可通过协商所解决。

（7）根据民事诉讼法的新规定，争议标的额在 1 500 马克以下的小额案件和邻里纠纷等，必须在诉讼前进行调解。

2. 非强制性的 ADR 不是诉讼的必经程序，主要有：

（1）仲裁。

（2）中介人。这是在柏林等七个州，根据州法所设的历史悠久的 ADR 程序。

中介人是一种民间的名誉职务,主要解决个人间的纠纷,这些纠纷一般为轻微的刑事案件,如侮辱、侵入私宅、轻微人身伤害等,以及民事纠纷。中介人由任期五年的地域团体的代表机关选任,无需特别的专门培训。中介人在进行民事纠纷调解中原则上不得强制当事人参加,但有些州的法律规定当事人有到场参加的义务,否则可处以罚金。在未设中介人制度的州,也有类似的机构。例如慕尼黑有民事案件调解所。然而,近年来,这种制度的利用一直在减少,其作用已日渐衰退。

(3)汉堡公共情报和解所。该州未设中介人制度,但和解所与其作用基本相同,主要职能是法律咨询,同时还为贫困当事人提供法律援助,经费由州政府的劳动—社会局拨付。

(4)工商协会的调解。20世纪70年代为了解决消费者纠纷,设立了工商协会和手工业协会以及各种行业工会的调解所,处理有关买卖合同及承包合同的标的物瑕疵、履行逾期等申诉,无需支付手续费。可通过书面申请要求进行调解,但不能进行仲裁。

(5)手工业协会的调解。根据手工业法,主要解决手工业者与顾客之间的纠纷。手续费低廉,由双方当事人分担。

(6)律师协会的调解程序。在律师协会设立和解所,主要解决律师之间的纠纷以及律师与委托人之间的纠纷。

(二)法律没有明确规定的 ADR

1. 由各手工业者工会主持的 ADR。与手工业协会并列,很多独立的手工业者工会组建了自己的仲裁所。如:自动车手工业会,解决有关修理的必要性、保修、修理费及代用车提供等方面的纠纷。仲裁委员中有律师、自动车鉴定人、自动车工会的代表等。洗涤业、鞋业、收音机电视业等工会也都设立了类似的仲裁所。

2. 旧车贩卖业的中央自动车业联盟在所有的州都设立了仲裁所,解决本行业经营者与顾客之间的纠纷。

3. 建筑业协会的 ADR。有多种形式,例如,建筑师协会所设的调解所、手工业协会所设的建筑调停所等,后者也可以进行仲裁。

4. 房地产租赁调解所。由中立法律家、承租人协会成员以及房主工会的成员代表组成。

5. 工商协会内所设的有关电子出版物领域的 ADR。

6. 医师协会所设的 ADR。20世纪70年代以后,针对不断攀升的医疗赔偿责任纠纷,建立了三种模式。第一种是在医师协会建立调解所,调查纠纷的原因。对请求能否成立作出结论。第二种是设立纯粹的医学上的专家鉴定委员会。第三种是介于二者之间的鉴定—调解所,各州所采取的模式各有不同。这类机关由医师和具有法官资格的法律家组成,不需手续费,费用由医师协会负担。目前此种 ADR 利用率很高,评价较好。从结果看,对患者有利的处理占27%~28%。

7. 仲裁鉴定。这是根据当事人的仲裁契约对事件的个别重要事实或要件事实所作的、对法院有拘束力的鉴定,不过,它并不是一种独立的制度,而是在其他程序中使用的 ADR 方式。而且,这种仲裁鉴定不排除法院对该事件的审判和判决。就性质而言,包括确认性的、权利创立性的和权利变更性的仲裁鉴定。此方式经常用于商品、建筑物质量等方面的鉴定。

第六节　澳大利亚 ADR 的发展

作为一个多元化的移民国家,澳大利亚很早就开始利用 ADR 程序。进入 20 世纪 90 年代以来,则开始出现推进 ADR 的新浪潮。在澳大利亚,ADR 的概念在内涵和外延上基本相当于广义的调解。

一、ADR 的方式

在澳大利亚 ADR 被经常利用的方式有:

(1) 谈判(交涉,Negotiation),其中又分为双边谈判和第三方主持下的谈判两类。

(2) 调解,包括第三方消极参与的调解,即"conciliation",和第三方积极介入的调解,即狭义的"mediation"。二者的区别在于:前者的中立第三方的作用只是提供供双方当事人进行谈判的场所和程序,不介入纠纷解决本身;后者则强调中立第三方的介入和主持,即由第三方帮助双方当事人整理争点,交换意见,相互协商让步,并在双方要求的基础上进行协调,提出解决方案。作为调解的开始程序,一般分为两种。第一种情况是根据双方当事人的合意进行。即当事人根据事先在合同条款中对纠纷发生时的处理方法所作的约定,向调解机关提出申请。第二种情况是根据法院或其他政府机关的意见,将纠纷付诸调解解决。由法院或政府机关向调解机构提出委托,并亲自参与调解过程(例如由法官担任调解员)。

(3) 仲裁。

二、ADR 机构

在澳大利亚,从事调解等 ADR 程序服务的,大体有三种类型的机构:

(1) 政府设立的公共性的机构。例如,新南威尔士州由政府设立的公共性的纠纷解决机关——公众司法中心,受理各种类型的纠纷。

(2) 民间团体设立的纠纷解决机构。如家事调解中心即为民间团体、澳大利亚商事纠纷中心则是以非营利性有限保险公司形式运作的。

(3) 法院附设的调解。在联邦法院和各州法院,都把调解作为案件处理的一环,根据需要加以采用。法院的调解一般有两种形态:一种是由法院委托调解组织进行处理；另一种则是法院自行依调解程序进行调解。联邦家庭法院通常把调解作为必经阶段。新南威尔士州的土地计划环境法院根据当事人的合意进行调解，所达成的和解协议具有法律效力。在劳动争议方面，澳大利亚联邦政府根据《澳大利亚调解和仲裁法》建立了调解和仲裁委员会（ACAC），其主要职能是：促进劳资间的友好合作；鼓励调解并提供调解的方法，以达到缔结友好协议的目的，从而防止和解决劳资争议；提供防止和解决协议中未曾解决的劳资争议（包括恐吓性的、即将来临的和可能发生的劳资争议）的方法。其解决非常迅速，但至少要求以法律形式来处理，并有技巧性；促进遵守和执行协议，并为防止和解决劳资争议进行裁决；鼓励建立雇主和雇员代表机构的组织，并根据法令进行注册；鼓励对按上述要求注册的机构进行民主管理，并鼓励该机构成员充分参与机构事务。

（4）ADR 理论研究和法院推动

澳大利亚对调解的理论研究也十分重视，特别是针对其实践中的特点、优势和问题等，既进行了大量深入的、系统的理论分析和实证研究，又提出了许多具体对策和改进措施。其中，"新衡平法论"、纠纷解决的"连续性理论"和"女权运动"等有关理论研究，针对当事人地位不平衡问题采取的对策，以及调解员的培训等制度建设都独具特色而且成效显著。同时，在调解的制度化和通过法律进行规范化方面，也在循序渐进地进行。

此外，澳大利亚的法院从 1991 年开始，经常连续设立"和解周"，在一定期间内，法院对各类案件都进行调解，效果很好。

可见，尽管各国 ADR 的发展所处的社会环境、文化背景以及实践动因迥然不同，形式与重点也千差万别，但随着现代社会的发展，其作用日益重要这一趋势应是确定无疑的。当代世界各国无论制度如何，都必须适应社会的客观需要，既要在纠纷解决中尽可能地节约司法资源和诉讼成本，又要考虑为当事人提供更多的选择机会；既要及时地解决纠纷，又要最大限度地维护社会正义。这就是 ADR 在发展中面临的根本问题。因此，解决纠纷的方式、机构、理念等应做到相互衔接融合，而非互相对立。

第七节　ADR 在中国的发展

一、ADR 在中国的发展现状

（一）ADR 在纠纷解决中尚未发挥应有作用

1. 司法诉讼一元主导，纠纷解决资源分配严重失衡

由于社会生活的复杂性和丰富性，要在立法中穷尽所有可能，把所有社会纠纷都纳入法律的框架中解决，只是一种法治理想。法制建设的发展、立法获得的长足进步、法律的数量大幅度增加，这些使得法律适用成为一个技术含量很高、耗费大量时间精力的过程。市场经济的发展完善、人们的经济交往和社会关系日益复杂、人们的权利意识的不断觉醒等，使得司法诉讼承受很大的压力，包括诉讼数量的激增、诉讼费用的高昂、诉讼结案率的降低等，这些都显示出了司法诉讼的局限性。

我国正在着力发展法制现代化，法院和诉讼成为法制最重要的基础和最集中的体现。人们的社会交往和社会行为最现实的、最科学的标准和最后的防线就在于"合不合法"。有纠纷、有矛盾诉诸法律，到法院告状被认为是有知识、有理性的表现。主流媒体和官方意见也鼓励和提倡人们到法院解决纠纷。一时间，为权利而斗争、走上法庭成为社会的时尚。在诉讼日益增加的同时，以调解为象征的非诉讼纠纷解决机制，被作为落后于时代的事物而遭到冷落，似乎正逐渐走向衰退甚至消亡。这直接的后果就是，导致了人民法院审结案件数量逐年大幅度上升。

通过诉讼解决纠纷是要耗费一定的国家资源的，在可以通过非诉讼的方式解决纠纷的情况下，所有的纠纷都进入司法诉讼领域是不符合经济效益原则的，也是不应该的。不是所有的司法判决都能产生正义，但每一个司法判决都会消耗资源。所以，在社会资源和司法资源优化配置的意义上，也不应该是司法诉讼统管一切。

诉讼案件的急剧增加，导致法院压力和法官的工作量加大。然而我国法官尤其是基层法院的法官由于整体素质不高，影响到裁判质量、结案率、执行力度等，司法的权威性因此受到损害。法官绝大多数都在基层法院，朱苏力先生在《送法下乡》中有精彩的论述："我们发现，在文化水平上，现有的法官确实与理想状态的法官相距甚远……目前中国基层法官队伍大致有以下三个来源：一是正规院校毕业的法律和非法律毕业生……这类人数不到10%；二是从当地招考或政府其他部门调入法院的，这些人数大约有30%；其他是复转军人，大约超过50%。"在法官的司法素质整体不高的情况下，过于强调司法诉讼的一元主导地位，难以满足社会发展的需求，也不符合法律内在发展的规律。随着司法诉讼规模的不断扩大，大概率甚至是不可避免地要加剧司法腐败和司法不公正，这也会增强民众对司法和法官的负面评价。

2. 司法资源利用上的不公平

过多的诉讼案件、较低的社会经济发展水平、法官的整体素质有待进一步提高，使司法诉讼成为一种相对稀缺的资源，并不是所有诉讼当事人都可以充分利用。法治的根本之义在于人们可以据此建立对自己行动的合理预期和预测，并在产生纠纷后获得司法救济。而人们由于时间、精力、财力、社会地位及知识水平等的差异,没有也不可能享受到平等的司法资源。社会中的弱势群体,遇到纠纷,往往息事宁人,忍气吞声,除非万不得已,不会诉诸法律。而即使选择诉讼解决,由于知识水平相对较低和对诉讼成本的考量,也不会占到优势。司法资源利用上的不平等会使人把财富地位等社会资源与获得司法救济错误地联系起来,势必会影响一般人对诉讼的态度和积极性。

3. 诉讼与 ADR 没有形成一个机制整体

除了诉讼一极独大的弊端外,ADR 内部的各种纠纷解决方式各自独立,没有形成相互衔接、互相补充的体系。从业人员大多没有经过专业培训,程序设置与纠纷处理结果缺乏权威性,限制了 ADR 在纠纷处理上的应有作用。

虽然意在强调非诉讼纠纷解决的正当性、合理性,但仅是相对于司法诉讼为主导的一元纠纷解决机制而言,从没有也不能否定诉讼的重要性、基础性和权威性。诉讼或非诉讼应根据纠纷的性质、复杂程度、法律的明文规定等选择任一种方式,而不应不问青红皂白、盲目地去法院打官司,并认为似乎只有诉讼才是最佳的解决纠纷的方式。虽然我们强调纠纷方式选择的意思自治,但也应确立一个原则:司法诉讼是最高、最权威的定纷止争的方式,通过其确立司法诉讼的权威性,提高人们守法意识和对法律的信仰,对那些法律已有明文规定,确立了诉讼方式及解决程序的,应避免法律规避和违法现象的发生。二者应相互衔接,相互配合,构成解决纠纷的体系,在效力上相互贯通,在执行上层层保障,合理分配各种纠纷解决资源。具体表现为:调解、和解、仲裁等主要的非诉讼方式适度发展,充分发挥作用,加强诉讼与 ADR 程序的衔接。

一个较理想的社会状态即是法律规制和社会自治的有机结合,避免法律垄断和法律霸权,避免诉讼的随意性和盲目性。与司法诉讼相比,非诉讼纠纷解决方式具有一种优势,即其基于中国基层社会生活的丰富性可以保护基层民众的权益,这是一种很大的优势,包括调解在内的非诉讼方式在中国有着悠久的历史,有着坚实的群众基础。再加上其简易性、适应性、自治性及平等性等特点,应该成为纠纷解决机制的重要组成部分。因此,在现代法治的建设进程中,建立以诉讼为中心的多元化纠纷解决机制是社会的需要。

(二) ADR 存在和发展的社会环境尚需完善

就整个社会而言,司法诉讼是纠纷解决的最后途径和最后防线,在法治已成为一种意识形态和政治话语的条件下,人们会不自觉地选择诉讼作为纠纷解决方式。这样导致的一个直接后果是,加剧了社会矛盾的激化和社会对抗,使社会关系紧张。ADR 的存在与发展需要一个较为成熟的社会环境,现代法治的原则和价值得到大多数人的尊重和遵守。而我国处在社会主义初级阶段,正在初步建立市场经济体制,不仅体制性和结构性的矛盾和问题急需解决,而且市场经济运作所需的软环境也很不成熟。自治协商、道德诚信、传统习惯等一系列重要的价值和社会规范尚未得到相应发展,而以司法诉讼为主导的司法一元纠纷解决机制会进一步阻碍其逐步成熟。成熟的社会环境不仅是经济、文化发展与法治建设的基础,也是非诉讼纠纷解决机制不断发展完善的基础。当今中国处于社会转型期,社会结构已经发生了深刻的变化,原有的民间社会规范和秩序维护机制发生了重要变化,新的规范和机制尚未成熟完善。在此情况下,以非诉讼方式为重要组成部分的多元纠纷解决机制的建立完善需要一个长期的过程。

(三) ADR 处理结果的公正性与有效执行缺乏保障

ADR 对程序的要求不高,缺乏对纠纷双方的有效约束,处理结果的公正性得不到保障。ADR 能体现纠纷当事人的意思自治,但是其反面则意味着纠纷解决是否公正取决于双方的社会地位、社会关系等因素,这就使纠纷解决的公正性变得不确定。一个农民或者下岗工人和社会强势群体的成员发生纠纷,如果起诉至法院,在法院主持下解决纠纷,其效果与采用非诉讼纠纷解决方式的效果是不一样的。如果由双方私下解决,我们有理由怀疑其公正性。虽然诉讼作为纠纷解决的主渠道,其弊端显而易见,但其优势也十分突出。对于弱势群体而言,一旦他们选择诉讼的方式解决纠纷,诉讼的程序和制度设计会过滤他们和对手的社会地位、社会关系、社会角色以及在社会资源分配上的强势地位等实质的规定性,双方成为法律程序体系中的一个角色、一个符号,通过独立的程序和实体法律,来减少当事人间存在的事实上的不平等,能够得出公正性的纠纷处理结果。

意思自治和自由、国家权力和法律的缺席,以及 ADR 的程序相对于司法诉讼具有的合意性和随意性,这使当事人有了规避法律的可能。与诉讼不同,非诉讼纠纷处理的结果一般依靠社会舆论和个人自律来实现,这些软性力量不足以切实保障纠纷处理结果的有效执行。由于种种原因,当事人对非诉讼解纷方式的功能、程序和优点了解不够,难以利用或利用不足;而非诉讼解决方式的处理结果缺少法律强制力保障,当事人出现反悔的现象比比皆是。这些都严重动摇了人们对非诉讼纠纷解纷方式的信心。

非诉讼纠纷解决方式都是存在于法律调整范围内并被法律允许的,是具有合法性的。然而,当人们不能通过正常的法律途径来解决问题时,并不当然地就会求助于我们所希望的其他合法的非诉讼方式,地下的、非法的 ADR 此时会应运而生,比如通过正常手段解决不了的纠纷,当事人私下求助于黑社会,用这种非法的手段来实现自己本来合法正当的权益;法院已经作出判决,但是由于各种原因判决无法执行,所以当事人不得已把判决书卖掉,让有"能力"实现权利的人使用合法的或非法的手段来执行判决。ADR 虽然具有很大优势,但是在执行上缺乏保障,还会引起一些社会问题。

二、ADR 在中国的完善

1. 加强立法，建立国家对 ADR 的制度支持

制定专门的法律法规、规章制度，消除 ADR 程序的随意性和任意性，并使 ADR 的处理结果有相应的强制力保证能够切实执行。加大国家对 ADR 财政经济支持，如法律援助和诉讼费用补贴等引导当事人，不要因为生活琐事，动辄采用诉讼的方式，使其认识到 ADR 的经济划算，简易方便，从而愿意并积极采取该种方式解决纠纷。同时，进行相应的制度设计保障 ADR 沿着规范化、法治化的轨道发展。

2. 发挥民间团体的作用

ADR 的发展中，要更多地发挥行业协会和各种社会团体、组织的作用，它们因其民间性的特点更易被当事人接受，有些含有相当技术含量的纠纷确实需要发挥行业内、团体的技术和人才优势，如产品责任纠纷、医疗事故纠纷、环境污染等。

3. ADR 的发展要纳入法治发展的轨道

ADR 是在"法律阴影下的讨价还价"，其发展要限定在法治的范围之内，仍然要以正式法律为前提，"通过具体的诉讼活动还能够进行广泛深入的社会启蒙，培养社会主体的现代法律意识，同时，也能逐步建立司法和法院的权威。"[①]在法律调整的范围内，拓展民间习惯、传统惯例、职业道德、行业规范等的生存空间，贯彻公序良俗、诚实信用等理念，发展公平、民主、和谐的现代法治社会。

4. 建立健全多元纠纷解决机制

虽然本书立意在于分析强调 ADR 的重要性，但大量的纠纷解决都是综合性社会规范起作用的结果，包括法律、司法经验、民间习俗、个人习惯、伦理道德、习惯法、个人经验等，这要求社会纠纷的解决机制需要相互配合、相互协调，因而建立健全多元纠纷解决机制极为必要。法治并不必然是以单一的国家权力及其价值观（国家意志）为基准的法律规则之治，多元化的价值理念、多元化的行为模式以及多元化的纠纷解决方式将会使现代法治更富有活力；社会法治化程度可以与自治化程度并行不悖、同向发展。法治社会固然必须有司法的权威，但这并不意味着必须由司法垄断所有的纠纷解决。现代法治国家能够也必然要允许、保障、鼓励各种纠纷解决方式的存在与发展，各种非诉讼的纠纷解决方式将会有更大的发展空间。

---

① 范愉.当代中国非诉讼纠纷解决机制的完善与发展[J].学海，2003(1)：77-85.

参 考 文 献

[1] 包建华.美国民事和解及调解制度研究[J].法制与社会,2011(31):35-38.
[2] 鲍宗豪.当代社会发展导论[M].上海:华东师范大学出版社,1999.
[3] 博西格诺,等.法律之门[M].邓子滨,译.北京:华夏出版社,2002.
[4] 布莱克.法律的运作行为[M].唐越,苏力,译.北京:中国政法大学出版社,1994.
[5] Buerger M E, Petrosino A J, Petrosino C. Extending the Police Role: Implications of Police Mediation As a Problem-solving Tool[J]. Police Quarterly, 1999, 2(2):125-149.
[6] 陈合权,等.治安管理学[M].北京:中国人民公安大学出版社,2007.
[7] 陈小君.合同法学[M].北京:高等教育出版社,2003.
[8] 陈依卓宁.中美治安调解之比较概述[J].法制与社会,2008(22):100.
[9] 程宗璋.立法法与改进我国政府立法工作论要[J].天津城市建设学院学报,2001,7(3):211-217.
[10] 崔卓兰.新编行政法学[M].北京:科学出版社,2004.
[11] Edwards C. Changing Policing Theories for 21st Century Societies[M]. Sydney: The Federation Press, 1999.
[12] 2007年最高人民法院工作报告,2017年最高人民法院工作报告,2018年最高人民法院工作报告[EB/OL].[2020-01-09]. http://www.court.gov.cn/zixun-xiangqing-82602.html.
[13] 范愉,史长青,邱星美.调解制度与调解人行为规范——比较与借鉴[M].北京:清华大学出版社,2010.
[14] 范愉.当代中国非诉讼纠纷解决机制的完善与发展[J].学海,2003(1):77-85.
[15] 范愉.调解的重构(上)——以法院调解的改革为重点[J].法制与社会发展,2004,10(2):113-125.
[16] 范愉.多元化纠纷解决机制与和谐社会的构建[N].厦门日报,2005-11-07(14).
[17] 范愉.非诉讼程序(ADR)教程[M].北京:中国人民大学出版社,2002.

[18] 范愉.非诉讼纠纷解决机制研究[M].北京：中国人民大学出版社,2000.
[19] 范愉.纠纷解决的理论与实践[M].北京：清华大学出版社,2007.
[20] 范愉.以多元化纠纷解决机制保证社会的可持续发展[J].法律适用,2005(2)：2-8.
[21] 菲利克斯·格罗斯.公民与国家——民族、部族和族属身份[M].王建娥,魏强,译.北京：新华出版社,2003.
[22] 费孝通.乡土中国 生育制度[M].北京：北京大学出版社,1998.
[23] 弗尔博格,李志.美国ADR及其对中国调解制度的启示[J].山东法学,1994(4)：50-52.
[24] 高明.帛书老子校注[M].北京：中华书局,1996.
[25] 关于加强东海区海上渔事纠纷调处工作的通知（东海政字〔2006〕102号）[N].中国渔业报,2006-12-11(2).
[26] 广州日报大洋网.胡锦涛在省部级主要领导干部提高构建社会主义和谐社会能力专题研讨班开班式上发表重要讲话[DB/OL].http://news.sina.com.cn/o/2005-02-20/10215149361s.shtml.2005年2月20日.
[27] 郭德宏.我们该怎样看待社会转型[N].北京日报,2003-02-24(ZZZ).
[28] 韩弢.我国治安调解制度法律问题研究[D].呼和浩特：内蒙古大学,2011.
[29] 何兵.现代社会的纠纷解决[M].北京：法律出版社,2003.
[30] 何萍.论构建和谐社会的马克思主义哲学资源[J].学术月刊,2006,38(9)：20-26.
[31] 侯钢.浅析我国海事行政调解制度[J].中国水运（下半月）,2010,10(5)：49-50.
[32] 胡建刚,张先福.正确认识公安机关治安调解的作用和意义[J].山东警察学院学报,2005,17(6)：110-113.
[33] 胡云志.浅议在经济转型升级的新形势下如何做好企业安全保卫工作[EB/OL].（2018-01-02）[2020-01-10].http://www.g3mv.com/yc/2018/1012697.html.
[34] 胡志斌,汪涛.关于治安调解和诉讼调解链接运行的思考[J].公安研究,2007(10)：63-66.
[35] 黄志毅.人民调解的创新与变革[D].广州：中山大学,2005.
[36] 黄忠舫.治安调解适用分析[J].武汉公安干部学院学报,2006(2)：53-56.
[37] 惠生武.警察法论纲[M].北京：中国政法大学出版社,2000.
[38] 贾辉.论行政调解制度[EB/OL].[2020-01-12].http://epub.enki.net/grid2008/detail.aspx?filename=2003100255.nh&dbname=CMFD2004.
[39] 江伟,杨荣新.人民调解学概论[M].北京：法律出版社,1990.

[40] 江伟.民事诉讼法学[M].北京：北京大学出版社,2014.

[41] 康明.英国商事调解近况[J].仲裁与法律,2003(5)：111-118.

[42] 柯恩.现代化前夕的中国调解[M].王笑红,译//强世功.调解、法制与现代性：中国调解制度研究.北京：中国法制出版社,2001.

[43] 克丽斯蒂娜·沃波鲁格.替代诉讼的纠纷解决方式（ADR）[J].河北法学,1998,16(1)：58-59.

[44] 李宝记,李永源.治安调解的法律技巧[J].武汉公安干部学院学报,2014,28(4)：17-20.

[45] 李耳.道德经[M].邱岳,注评.北京：金盾出版社,2009.

[46] 李钢.论社会转型的本质与意义[J].求实,2001(1)：55-57.

[47] 李钢.社会转型代价论[M].太原：山西教育出版社,1999.

[48] 李海青.正义、共识与良序——和谐社会的人学解读[J].求实,2005(1)：34-37.

[49] 林端.儒家伦理与法律文化[M].北京：中国政法大学出版社,2002.

[50] 刘翼.治安调解制度研究[D].长沙：湖南师范大学,2009.

[51] 卢昌彩,陈强.海洋与渔业行政调解机制探索与完善[J].中国水产,2012(1)：37-40.

[52] 罗瑞卿.过渡时期公安机关的基本任务和几个具体政策问题[M]//罗瑞卿论人民公安工作.北京：群众出版社,1994.

[53] 迈克尔.D.贝勒斯.法律的原则——一个规范的分析[M].张文显,译.北京：中国大百科全书出版社,1996.

[54] 聂福茂,余凌云.警察行政法学[M].北京：中国人民公安大学出版社,2005.

[55] 裴兆斌,张淑平.治安调解：适用条件的解读与重构[J].理论与现代化,2009(1)：107-112.

[56] 棚濑孝雄.纠纷的解决与审判制度[M].王亚新,译.北京：中国政法大学出版社,1994.

[57] 齐树洁.民事司法改革研究[M].厦门：厦门大学出版社,2000.

[58] 强世功.调解、文化与治理——中国调解制度研究的三个范式[EB/OL].[2020-01-14]. http://www.sachina.edu.cn/Htmldata/article/2005/10/415.html.

[59] 石先广.人民调解、行政调解、司法调解有机衔接的对策思考[M]//纠纷解决：多元调解的方法与策略.北京：中国法制出版社,2008.

[60] 史蒂文·苏本,玛格瑞特·伍.美国民事诉讼的真谛[M].蔡彦敏,徐卉,译.北京：法律出版社,2002.

[61] 史卫民.论我国行政调解的适用范围与法律效力[J].理论月刊,2012(1)：

114-116.

[62] 《书立方》编委会.论语[M].重庆：重庆出版社,2010.

[63] 提高构建社会主义和谐社会能力——中央和中央部委领导同志在省部级主要领导干部提高构建社会主义和谐社会能力专题研讨班上的报告[M].北京：中共中央党校出版社,2005.

[64] 童倩.我国 ADR 的法律构建[J].法制与社会,2007(5)：167-168.

[65] 王鉴.全党动手抓好今冬明春的社会治安工作[J].法学,1982(12)：9-10.

[66] 王青.浅析涉外渔事纠纷及其对策[J].海洋科学,2000,24(3)：28-30.

[67] 吴英姿.法院调解的"复兴"与未来[J].法制与社会发展,2007,13(3)：35-45.

[68] 吴忠民.略论 20 世纪中国的社会转型[C]//中国现代社会转型问题学术讨论会论文集,2002.

[69] 相启俊,刘海亮.论治安调解的适用[J].山西警官高等专科学校学报,2009,17(2)：59-63.

[70] 小岛武司,伊藤真.诉讼外纠纷解决法[M].丁婕,译.北京：中国政法大学出版社,2005.

[71] 小岛武司.诉讼制度改革的法理与实证[M].陈刚,等译.北京：法律出版社,2001.

[72] 肖飞.和谐警民关系的构建[J].河北公安警察职业学院学报,2009,9(1)：57-60.

[73] 肖三.社会治理视角下的基层治安调解工作研究——以河姆渡派出所为例[D].宁波：宁波大学,2017.

[74] 肖扬.充分发挥司法调解在构建社会主义和谐社会中的积极作用[N].法制日报,2006-09-30(1).

[75] 肖扬.进一步完善多元化纠纷解决机制,推动和支持人民调解工作不断开创新局面[J].中国司法,2007(8)：7-8.

[76] 协调处置重大渔事纠纷作业指导书[S].海南省海洋与渔业厅质量管理体系第三次文件作业指导书,HNHY/ZY-YJ-02-2010.

[77] 谢立中.西方社会学名著提要[M].江西：江西人民出版社,1998.

[78] 徐锦.我国海事行政调解制度存废论[J].海大法律评论,2007(0)：378-395.

[79] 徐显明.和谐社会与法治和谐(代序)[M]//徐显明.和谐社会构建与法治国家建设——2005 年全国法理学研究会年会论文选[M].北京：中国政法大学出版社,2006.

[80] 烟台市中级人民法院课题组.传统调解制度的弊端及改革思路[N].人民法院报,2004-11-21(ZZ1).

[81] 闫晓旭.论仲裁与 ADR[J].中国对外贸易,2002(8)：19-23.

[82] 杨波.海上渔事纠纷引发的治安案件的预防与控制[J].海洋开发与管理,2007,24(2):58-62.

[83] 叶志坚.《共产党宣言》与和谐社会构建——重读《共产党宣言》的几点认识[J].中共福建省委党校学报,2007(1):2-5.

[84] 应松年.行政法学新论[M].北京:中国方正出版社,2004.

[85] 张江河.论利益与政治[M].北京:北京大学出版社,2002.

[86] 张小涛.治安调解与和谐社会构建[J].许昌学院学报,2007(4):126-128.

[87] 赵春忠,沙正荣,王林.论完善海事行政调解制度[C]//2004年度海事管理学术交流会论文集.武汉,2004:101-103.

[88] 郑晶.美国ADR制度的最新发展[J].厦门大学法律评论,2006(2):186-218.

[89] 美国1998年ADR法规[J].周群,译.仲裁与法律,2003(1).

[90] 周依苒.浅析治安调解在社会治理新视阈下的价值功能及其完善[J].新思路,2017(8):63+73.